Qualitätsmanagement und Fehlerkultur
Mit Fehlern gewinnbringend umgehen

质量管理——以盈利的方式管理差错

［德］克劳迪娅·布鲁克纳（Claudia Brückner） 编著

何　晖　马博婧　译

机械工业出版社

大多数企业，无论对管理者还是对员工来说，"差错"一词都带有负面含义。为了从差错中吸取教训，提高质量并节省成本，必须重新思考如何对待差错。本书采取一种积极应对差错的态度，在企业中创造信任和提高透明度，并采用金钱或非金钱的方式进行激励。本书展示了应该如何从差错中吸取教训，节省成本并提高过程质量；如何将控制质量管理差错和精益管理方法相结合；如何提供工作辅助工具、检查清单和实施指南。

本书适合从事质量管理工作的人员参考。

Qualitätsmanagement und Fehlerkultur Mit Fehlern gewinnbringend umgehen/by Claudia Brückner/978-3-446-46701-9

© 2021 Carl Hanser Verlag，Munich
All rights reserved

本书中文简体字版由 Carl Hanser Verlag 授权机械工业出版社在世界范围内独家出版发行。未经出版者书面许可，不得以任何方式抄袭、复制或节录本书中的任何部分。

北京市版权局著作权合同登记　图字：01-2022-3110号。

图书在版编目（CIP）数据

质量管理：以盈利的方式管理差错 /（德）克劳迪娅·布鲁克纳编著；何晖，马博婧译.—北京：机械工业出版社，2024.1
ISBN 978-7-111-74795-6

Ⅰ.①质… Ⅱ.①克… ②何… ③马… Ⅲ.①质量管理 Ⅳ.① F273.2

中国国家版本馆 CIP 数据核字（2024）第 046971 号

机械工业出版社（北京市百万庄大街22号　邮政编码100037）
策划编辑：贺　怡　　　　　责任编辑：贺　怡　王彦青
责任校对：高凯月　牟丽英　　封面设计：马若濛
责任印制：邰　敏
中煤（北京）印务有限公司印刷
2024年5月第1版第1次印刷
169mm×239mm·15.25印张·1插页·292千字
标准书号：ISBN 978-7-111-74795-6
定价：89.00元

电话服务　　　　　　　　网络服务
客服电话：010-88361066　机　工　官　网：www.cmpbook.com
　　　　　010-88379833　机　工　官　博：weibo.com/cmp1952
　　　　　010-68326294　金　书　网：www.golden-book.com
封底无防伪标均为盗版　　机工教育服务网：www.cmpedu.com

前　　言

为了满足市场不断增长的需求，企业必须持续向前发展。全球化带来的结果是创新周期的进一步缩短，新的发展比以往任何时候都更加重要——想想电动汽车就知道了。激烈的市场竞争要求每个企业都要具备强烈的变革意愿，而员工的知识水平、创造力和学习能力则是其中的核心。

发挥创造力和学习能力的前提条件是允许一种"无畏"的态度存在，即从差错中学习、找到改善的机会，而非追究责任。这种无畏的态度基于信任和透明化，并应有相应的激励。

从差错中吸取教训以降低成本并能使企业不断得到改善意味着什么？人的作用是什么？可以运用哪些方法和工具？本书将回答这些问题，且给出相应的策略和流程。它将帮助企业引入差错管理，也可作为参考书使用。在第1章先回顾了历史；第2章是一些基本的思考，包括差错的定义和如何处理质量成本；第3章阐述差错管理的策略、支柱和价值；第4章通过差错管理提供的系统应用、重要方法和工具，介绍了差错管理的定义；第5章介绍了企业在引入差错管理时应完成哪些重要步骤；第6章介绍了差错管理和质量管理之间的关系，在此还介绍了重要的传统方法以及哲学理念；第7章介绍了反映德国差错管理价值的重要研究成果，哪些因素对于公开和透明处理差错是必不可少的，并在此过程中，概述了在数字化时代，重要性凸显的新方法和流程。其中，第2～6章后，都对所阐释的观点进行了概括。

在阐释内容之外，书中还提供了重要的工作辅助，介绍了差错管理的方法和工具。

祝愿大家在探索差错管理的内容中心情愉悦，并在今后的实践中收获成功。

于内卡滕茨林根

克劳迪娅·布鲁克纳

目 录

前言
第1章 引言 ……………………… 1
1.1 回顾历史 ………………… 1
1.2 问题立场 ………………… 3
1.3 参考文献 ………………… 5
第2章 质量管理和成本下的差错 ……………………… 6
2.1 质量管理系统的核心范畴 ……… 6
2.2 理解差错的标准 ……… 8
2.3 差错的定义 ………… 10
2.3.1 差错的性质 ………… 11
2.3.2 可能出现的差错 ………… 12
2.3.3 差错的分类 ………… 12
2.4 和质量相关的成本 ……… 13
2.4.1 预防差错成本 ………… 14
2.4.2 质量管理的宣传费用 ……… 15
2.4.3 检查成本 …………… 15
2.4.4 内部差错成本和外部差错成本 ………………… 16
2.5 质量成本方法的进一步发展 …… 19
2.6 质量成本核算是质量控制的组成部分 ……………………… 21
2.7 要点简述 ……………… 22
2.8 实用一览 ……………… 22
2.9 参考文献 ……………… 23
第3章 差错管理的支柱和价值 ……… 24
3.1 差错管理概念 …………… 24
3.2 差错管理的基础 ………… 25
3.2.1 害怕差错 …………… 25
3.2.2 差错策略 …………… 26
3.2.3 舒特科夫的三个支柱模型 … 33
3.2.4 企业文化下的差错管理 … 35
3.2.5 差错管理的价值 ……… 38
3.2.6 差错管理的关键要素 …… 40
3.3 要点简述 ……………… 41
3.4 实用一览 ……………… 41
3.5 参考文献 ……………… 42
第4章 系统应用下的差错管理 … 44
4.1 差错管理的定义 ………… 44
4.2 差错管理的方法和工具 …… 46
4.2.1 记录差错的重要方法 …… 46
4.2.2 差错分析的重要方法 …… 53
4.2.3 寻找解决方案的重要方法 … 60
4.2.4 解决方案的实施方法 …… 71

目　录

- 4.3 差错处理工具 …………………… 74
  - 4.3.1 根据美国汽车工业行动集团（AIAG）和德国汽车工业协会（VDA）的失效模式及影响分析（FMEA）…………………… 75
  - 4.3.2 基于 8D 报告的差错处理 …… 85
  - 4.3.3 通过 A3 报告消除差错 ……… 93
- 4.4 差错管理与差错文化之间的关系 …………………………………… 95
- 4.5 要点简述 ……………………………… 96
- 4.6 实用一览 ……………………………… 97
- 4.7 参考文献 ……………………………… 97

第 5 章　引入差错管理 …………… 99
- 5.1 差错管理的重要节点 ……………… 99
- 5.2 评估一家公司是否为差错管理做好准备 ……………………………… 101
- 5.3 任命项目负责人和项目团队 …… 101
- 5.4 定义、分类差错，并设置差错的容差 ………………………………… 104
- 5.5 规范责任和界定问责 …………… 105
- 5.6 识别项目的机会和风险 ………… 107
- 5.7 树立公开沟通的榜样 …………… 107
- 5.8 创建准则 …………………………… 108
- 5.9 计划并召开启动会议 …………… 110
- 5.10 通知员工 ………………………… 111
- 5.11 计划和实施培训 ………………… 111
- 5.12 举办状态研讨会 ………………… 114
- 5.13 要点简述 ………………………… 115
- 5.14 实用一览 ………………………… 115
- 5.15 参考文献 ………………………… 116

第 6 章　在质量管理中锚定差错管理 ……………………………… 117
- 6.1 差错管理和精益管理 …………… 117
  - 6.1.1 精益管理的基本原则 ……… 118
  - 6.1.2 差错管理作为精益管理的组成部分 …………………… 119
  - 6.1.3 差错管理和风险管理 ……… 130
  - 6.1.4 差错管理和经典管理的风格 ……………………………… 133
  - 6.1.5 差错管理和沟通 …………… 136
  - 6.1.6 差错管理和冲突管理 ……… 146
  - 6.1.7 差错管理和 CIP …………… 151
  - 6.1.8 学习文化是差错管理的一部分 ……………………………… 157
- 6.2 要点简述 …………………………… 175
- 6.3 实用一览 …………………………… 175
- 6.4 参考文献 …………………………… 176

第 7 章　恐惧文化到差错管理 …… 180
- 7.1 成功因素之管理者 ……………… 182
  - 7.1.1 敏捷管理 …………………… 184
  - 7.1.2 数字化管理 ………………… 186
- 7.2 成功因素之沟通 ………………… 188
  - 7.2.1 自下而上的沟通 …………… 188
  - 7.2.2 与车间管理层的沟通 ……… 189
  - 7.2.3 数字通信 …………………… 190
- 7.3 成功因素之员工激励 …………… 192
- 7.4 成功因素之方法论能力 ………… 194
  - 7.4.1 框架 ………………………… 194
  - 7.4.2 设计思维 …………………… 196
- 7.5 成功因素之学习型组织 ………… 198
  - 7.5.1 视频 ………………………… 200
  - 7.5.2 微学习 ……………………… 200
  - 7.5.3 混合式学习 ………………… 200
- 7.6 参考文献 …………………………… 201

后记 ………………………………………… 204

附录　供下载的附加材料 ………… 207

第 1 章
引　言

1.1　回顾历史

1. "差错管理"的定义从何而来？

"差错管理"一词源于社会学和经济学，用来描述人、文化、社会系统和社会是如何处理差错及其后果的。

从文化发展早期，人类就开始有意识地处理差错这一专题。

埃克恕·舒特科夫（2008年）在文章《差错管理的成功策略》中，马丁·崴格特（2004年）在《差错的嘉奖》一书中，对差错管理的历史沿革做了一番描述。其中写道，对于差错和失误的关注，在千年以前就有据可查了，这可从古代流传下来的神话和古希腊的戏剧加以证实。舒特科夫接着写道，特别是在《荷马史诗》的英雄史诗部分，有处理差错的精彩见解，此书将会介绍其中的部分内容。想想看，这发生在遥远的几千年前。奥德修斯对待差错的处理可作为案例，在那个时期，他就构建壁垒以防止差错的发生。为了防止跟随海妖的歌声而去，他让朋友们用蜡块堵住耳朵，并且把自己绑在桅杆上，这样一来，他既可以听着海妖的歌声，又能使自己免于沉船。

对差错的科学研究则较晚。它可出现在各个学科中，尤其是心理学。心理学在研究差错方面有悠久的历史，可追溯到19世纪初。

西格蒙德·弗洛伊德在精神分析和心理动力学的框架内研究了失败的影响，并在此期间分析了差错的来源。

在 19 世纪末，其他研究者如鲁道夫·梅林格和卡尔·迈尔（1895 年），分析了语言、听力和书写的差错。对差错的来源进行了分析，研究成果在于对差错进行了分类和加工。

1881 年，对差错的研究进入心理学领域，如詹姆斯·萨利在《心理学概要》（1892[⊖]年）一书，成为第一个对感知差错和记忆差错进行分类的心理学家，且尝试为公认的差错找到认知上的解释原则。

直到 20 世纪初，差错管理的研究才得到加强，赫尔曼·魏玛和阿瑟·基布林（Weingardt，2004 年）等科学家尝试解释差错的心理，西格蒙德·弗洛伊德则研究无意识的差错。

在当时，材料和测量的误差、差错和预防差错也开始受到关注，成为职业安全的重点。

突破出现在 20 世纪中叶至 20 世纪末期，关注点转移到了差错风险上，处理差错被纳入企业管理中。

2. 差错研究的诞生

1980 年 7 月 1 日认作是来自工程学、神经学、社会科学，尤其是心理学等不同领域的 18 位科学家齐聚美国缅因州的哥伦比亚瀑布举行会议，文献一致认为这一天是差错研究的诞生日。

会议的缘由是 1979 年 3 月 28 日哈里斯堡附近三英里岛核电站 2 号机组发生了核反应堆事故。

事故的起因源于不同范畴的一连串小差错，而几乎导致了一场可怕的灾难。

1）技术。

2）操作人员。

3）运营者。

科学家们聚集在一起得出结论，没有足够的研究和数据可以确定某些行为差错的可预测性和原因。尽管如此，这次相聚促成了来自不同领域科学家之间的工作联系，以开展科学研究的合作。

在英美地区，科学界和公众对差错问题的关注度明显增加。特别在技术和心理学范畴，对差错研究问题的兴趣提升了。迄今为止，对于差错研究的结论和起点，还没有跨领域的全面阐述。

⊖ 原书时间为 1985 年。——译者注

> 总之，研究差错的科学家得出的结论是，人为的差错永远不是问题的真正原因，而它总是由流程、基础设施、沟通、公司透明度、管理风格等造成的。

此结果一直没有得到重视。

在20世纪60年代，美国的军火公司引入的零差错准则引起了轰动，引入的原因是考虑到当时从事生产员工的积极性和技能未受到重视。该方法使质量管理成为重点，目的是让员工更多地参与去消除差错，确保消除出现差错的原因后，差错不再重复发生。

这就假设所有差错都是可避免的，但实际操作中是不现实的，因为只要有人参与的工作，就会发生差错，因此零差错原则可基本认定为悖论。

> 每个组织的目标应是引入一个可实践的差错管理，尽可能最大化地避免差错并使有获益的得到处理。

1.2 问题立场

哪里会出现较多的差错？总的来说，即人工作的地方。也就是说不能完全被机器人或机器所取代的生产制造和管理，这是人们主要的工作领域。

出于畏惧，很多管理者和员工不能恰当地处理差错。一旦发生了差错，多数情形是寻找责任人。这带来的反应是道歉、找借口和辩解。为什么是这样的呢？因为在多数情况下，失败和差错会给员工带来很大的压力。但人们却忽略，这并不能挽回差错的影响，反而会造成不良的企业氛围，且又会导致出于害怕不承认差错或根本不再上报差错。出于畏惧，员工会更加专注于不再犯错，而这又会导致新的差错。这会降低员工承受风险的意愿，但是创新须从差错中学习并改进，这需要承担风险。

注意：
犯错的人，通常最多只会收获经验（奥斯卡维尔德）。

因此在大多数公司里会听到对差错管理的呼吁。为什么？人们可能认为，类似的差错管理目前在很多公司里占据优势，但实际情况却远非如此。

据我作为公司顾问和审计师的经验，很多公司与此情况的距离还很遥远。很多还不能解释"差错管理"的概念，在被问及时仅能提到员工的参与或提高公司的透明度。如果对积极的差错管理背后的意义一无所知，则会很难开展和执行。

从古至今一样，人是要为大多数差错原因负责的。但在生产流程或之后发生的差错，会占用较多的资源，并由于质量缺陷造成较高的成本。这种成本在之前的供应阶段未能加以考虑，因此会导致边际和盈利的缩小。

研究显示，差错成本占据公司质量成本的很大一部分。此成本核算，会在成本控制环节确定。由此通常会带来检查、再加工或报废成本及培训和额外的运输费用。

> **注意：**
> 时至今日，很多公司和组织实施的仍旧是避免差错而非从差错中寻找改进的方法。

与此同时，很多企业都引入了根据不同标准而制定的质量管理系统。对质量管理系统的一个重要要求，即避免差错。基础的标准规定了很多要求，以便透明化和有组织地处理差错，但这仅考虑了系统而忽视了人。

错误应被避免，因此首先会寻找责任人。差错一直都带些负面的含义，公司的员工和管理者也常常持此态度。员工通常会害怕犯错，因为会担心受到如警告等限制。这种情况恰恰说明，差错只是被处理而未被看成是改进的潜力。

当发生差错的多数情形下，并不会对其进行分析，取而代之的是立即给员工下指令。因为一个正确的差错分析需要很多的资源，很多员工围坐在一起，有条理地仔细研究各种构成要素。但会经常缺少做此事的时间和方法。特别是中小型企业，很难实行。

这种态度对有建设性地处理差错毫无益处。开诚布公地对待差错，将其视作改进机会（执行和策略层面）的意识，构建内部的差错管理，一直被很多组织所忽视。

对待差错的开诚布公是处理此事的至高原则，但人的情绪，如羞愧、不安全感、自我怀疑和害怕，阻碍了差错的公开。人们因此倾向于闭口不提差错或将其隐藏而寻找"好的理由"，然而这是短视的。从长远看，这常常会导致情况的恶化（舒特科夫，2019年）。

必须要有一个思维的转变，把差错视为机会并从中学习。只有这样才能通过处理差错实现改进。

> **注意：**
> 差错管理是质量管理中的任务。如果缺少管理层的支持，企业文化无法深刻转变。

为了达成这一目标需要怎样做，如何能让差错管理为质量管理和员工带来更多附加值，怎样可以有收益地处理错误，此书都有相应的介绍。

1.3 参考文献

Brückner, Claudia (Hrsg.): *Qualitätsmanagement. Das Praxishandbuch für die Automobilindustrie.* 2., vollständig überarbeitete und erweiterte Auflage, Hanser, München 2019

Hochreither, Peter: *Erfolgsfaktor Fehler! Persönlicher Erfolg durch Fehler.* BusinessVillage, Göttingen 2005

Kretschmar, Gerd: „Umgang mit Fehlern – Warum Fehler machen das Zweitbeste ist, was Dir passieren kann". Von *https://www.gerd-kretzschmar.de/umgang-mit-fehlern/*, 2016

Löber, Nils: *Fehler und Fehlerkultur im Krankenhaus.* Gabler, Springer, Wiesbaden 2012

Meringer, Rudolf; Mayer, Carl: *Versprechen und Verlesen. Eine psychologisch-linguistische Studie.* Göschen, Stuttgart 1895

Personal-Wissen: „Irren ist menschlich: Fehlerkultur in deutschen Unternehmen". Von *https://www.personal-wissen.de/7231/irren-ist-menschlich-fehlerkultur-in-deutschen-unternehmen/*, 2017

Schüttelkopf, Elke M.: „Erfolgsstrategie Fehlerkultur: Wie Organisationen durch einen professionellen Umgang mit Fehlern ihre Performance optimieren". In: Ebner, Gabriele; Heimerl, Peter; Schüttelkopf, Elke M.: *Fehler – Lernen – Unternehmen. Wie Sie die Fehlerkultur und Lernreife Ihrer Organisation wahrnehmen und gestalten.* Peter Lang, Frankfurt am Main, 2008

Schüttelkopf, Elke M.: *Lernen aus Fehlern. Wie man aus Schaden klug wird.* 3. Auflage, Haufe, Freiburg im Breisgau 2019

Weingardt, Martin: *Fehler zeichnen uns aus.* Julius Klinkhardt, Bad Heilbrunn 2004

Wirtschaftslexikon 24: „Null-Fehler-Programm". Von *http://www.wirtschaftslexikon24.com/d/null-fehler-programm/null-fehler-programm.htm*, 2020

第 2 章
质量管理和成本下的差错

> **重点：**
> 1）哪些是质量管理的核心领域？
> 2）有哪些差错和可能出现的差错？
> 3）标准是如何处理差错的？
> 4）什么是差错成本？
> 5）人们应如何处理内部和外部的差错？
> 6）质量成本投入是如何继续发展的？
> 7）什么是质量成本核算？

对差错的识别和纠正不可避免地会出现很大的改进，这恰恰是一个公开、透明化的差错管理的基本组成部分。

处理差错和纠正其产生的后果及预防措施是质量管理的核心任务范畴。

2.1 质量管理系统的核心范畴

每家企业都会尽其可能地让重要的利益方获得满意。前提是利益相关方对企业的期待和要求是可知和确定的。

质量管理的主要任务是在顾及所有框架条件下，为管理、生产和服务流程提供支持，以实现指定的期许和要求。此外，还须定期检查其效率和效益。这就要引入质量管理系统的四个核心任务，用于从计划、执行到结果的控制。从差错和差错成本的角度，对这几个方面进行解释。

1. 质量计划

在质量计划内确定质量目标。接下来要确认，为了保证质量目标的实现，哪些流程和要素是必不可少的。在此任务范畴内，还将计划必要的质量检查和质量改进的步骤。

2. 质量控制

1）质量控制是基于满足质量要求而设立的。质量控制的一个重要组成是记录差错。这可直接影响在偏差发生时排除差错，或是在可能发生差错前的预防措施。这种偏差可以通过产品相关环节查明：质量特征/产品规格可根据确认的检查计划（检查工具、抽样检查、检查周期等），在中期质检和产品质检时加以控制。

2）除了纠错外，还包括排除差错原因。

3. 质量保障

为了能持续不断地制造好产品，质量保障包括准备、生产和检查阶段所有组织上和技术上的必要措施。质量保障的基础是质量管理计划。

4. 质量改善

质量改善是质量管理中的组成部分，其设立目的是提升满足质量要求的能力。

> **注意：**
> ISO 9000：2015 定义了质量管理核心任务范畴。

质量管理的任务范畴可以形象地概括为"计划、执行、检查、处理"循环，即所谓的戴明环（见图 2.1）。

公开差错也可作为（运营和战略）改进机遇的意识，促使越来越多的组织建立内部差错文化。

质量控制是其中非常重要的步骤，差错检测和差错分析是这个环节的重点。这能在偏差发生时立即排除故障，或通过预防措施提前避免可能发生的差错。这些偏差可以通过和产品相关的环节查明：质量特征/产品规格可按照确认的检查计划（检查工具、抽样检查、检查周期等），通过中期质检和最终产品质检加以控制。对于以流程为导向的质量管理系统，业务流程的偏差可通过流程指标或额外的流程审查来确定。

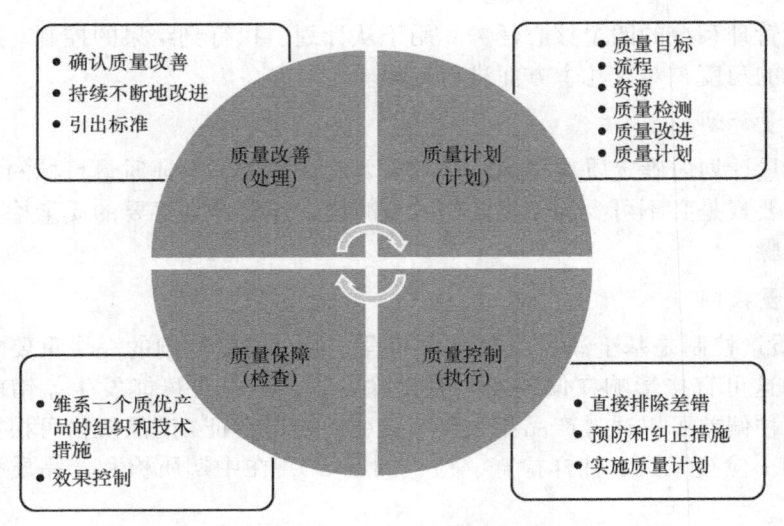

图中文字：
- 确认质量改善
- 持续不断地改进
- 引出标准
- 质量改善（处理）
- 质量计划（计划）
- 质量目标
- 流程
- 资源
- 质量检测
- 质量改进
- 质量计划
- 质量保障（检查）
- 质量控制（执行）
- 维系一个质优产品的组织和技术措施
- 效果控制
- 直接排除差错
- 预防和纠正措施
- 实施质量计划

图 2.1 戴明环的质量管理任务范畴

如在质量控制下发现了差错，在预防处理差错和规避差错的策略外，构建了以下纠正周期：

1）发现差错。
2）查明差错原因。
3）排除差错原因。

纠正差错应由跨学科的团队执行。由于产品和生产流程持续增加的复杂性，可使用相应的方法分析差错产生的原因，如 8D 报告（见 4.3.2 节）。

质量控制包含了用于避免差错的大部分流程，所以成为降低成本的重要工具。

2.2　理解差错的标准

从基础出发，阐释标准是如何处理差错的也很重要。所有标准讲的都不是差错，而是不符合标准。作为使用标准处理差错的案例，这里会介绍 DIN EN ISO 9001：2015，因为它是所有其他标准的基础。在 DIN EN ISO 9001：2015 里并没有差错的定义。它存在于 ISO 9000：2015 中。

在 ISO 9000：2015 中，差错被定义为未满足要求。这一普适的表述阐明，在质量管理系统中，只要没有达到某个要求或期望，即可定义为差错。这些差错可以在质量管理系统的任何一个环节出现，不仅限于普遍认为对产品质量直接发生影响的生产流程。对于符合 ISO 9001：2015 标准的质量管理体系，这意味着所有不符合标准要求的情况，也必须按照标准要求作为差错处理。

从广义上看，ISO 9001：2015 对发生的差错的表述，即不符合标准，但允许被称为差错。

表 2.1 是 ISO 9001：2015 中处理不合规的条款。

表 2.1　ISO 9001：2015 中处理不合规的条款

标准节选	解释
8.3.3e）	须考虑由产品类型和服务差错而可能导致的后果
8.5.1g）	控制生产和提供服务时，必须包括防止出现人为差错的成熟操作条件
8.7.1	基于不合标准的产品，企业内必须实施适当的措施，且这能对合格品产生影响
8.7.2a）	描述不合格产品的重要的文件信息
8.7.2d）	不合格产品决策负责人的文件信息
9.3.2 c）4）	对管理层的测评，必须包含对不符合标准及整改措施的评价内容
10.2.1	为了避免重复犯错，对不符合标准和由此发生的投诉必须采取适当的措施
10.2.2	存在针对属于不符合标准类型的措施、后果的文件信息

在 ISO 9001：2015 的第 8.7.1 节和 8.7.2 节，可以找到包括在产品制造和提供服务中，处理不符合标准产品的要求。

在 ISO 9001：2015 标准的第 10 节"改善"中涉及处理差错，即通过纠正和预防措施，可排除的差错。这不仅指有缺陷的产品或服务，而是指在质量管理体系中可能发生的所有差错（包括不符合法律和法规要求、不符合客户要求、流程不稳定以及与 ISO 9001：2015 标准要求和产品规格相关的，所有不符合标准的情况等）。

> **注意：**
>
> 标准对差错的处理提出了要求，但它没有提到如何对待公司中可能造成差错的人。它只介绍了在出现不符合标准时，需要做出的反应、措施和记录结果。

这说明，差错在发生前是有机会避免的。这就需要运用不同的方法：
1）排除差错原因。
2）减少差错发生的频次。
3）限制差错的影响。

因此，必须要对差错进行记录，以开展问题的分析并实施纠正方法。

人在标准内有位置吗？企业中由人引发的差错比例挺大。"甘蔗没有两头甜"，所以只有从差错中学习的原则和开放的差错管理得到促进时，才有可能减少差错的发生。

因此，重要的是人为差错的类型，例如：
1）未执行指定的、确定的流程。
2）只执行了部分流程。
3）不正确地执行了流程。
4）错误地执行了流程。
发生这些的原因是什么？
一是由于知识的不足，二是缺乏技能，三是缺乏兴趣。这需要进行详细的分析，而不应该立即追究责任。这类单纯的差错管理已然不够用了，继续丰富其架构是必要的，因为这样不仅能规避差错，还能通过处理差错获益。

2.3 差错的定义

差错通常都属无心而为，是偶然的事件或常被描写为非意愿的。在大多数情况下，差错并不是源于某个原因或某个人，而是系统和/或人为因素造成的一连串事件造成的。如"工程师开发了有缺陷的产品，因为他的可用预算或资源太少（系统性）或因为缺少权限和能力（个人）。"（曼德尔，2017年）。此外，还应注意，差错并不都是负面的，它可以在某些情况下给出提示，哪些是失效的或者不再发挥作用的。员工在企业中、在生活中，都会遇到或大或小的差错。

一个差错若反复出现，可将其称为一个重复的差错，很有可能是因疏忽导致的。差错重复出现，很可能是因为没有从差错中吸取教训。从这点来看，每个员工应该加强责任感并避免差错。差错管理的基本任务不是避免所有差错，这是不现实的。但是通过已存在的差错管理，是可以避免差错重复发生的。即差错不能简单地被认为是"差错"，而必须开展分析。

通常一个差错即未满足某一要求，例如：
1）未能满足客户的要求。
2）未能满足一个产品的特征或一个产品特征的要求。
3）流程测量值在公差或限制值之外。
4）错误实施的任务。
5）未注意预定要求。

> **注意：**
> 差错都会在企业内产生成本并由此降低经济效益。此外，还会降低客户的满意度，最坏的情形是导致客户的流失。

在质量管理中的差错定义通常如下："未满足一个指定的要求"（ISO 9000：

2015）。这个定义包括未满足一个或多个质量或可靠性特征。如果现存的质量管理系统存在部分缺失，也会被定义为差错。人们把差错区分为内部发现的和外部发现的。

杜登对差错的定义是"不对的，和正确有偏差的"。什么是正确？什么是错误？每个企业都要明确，什么对于自己是正确的，什么是不对的，什么是差错，什么不是差错。

> **注意：**
> 在划分其他类别之前，差错首先分为：
> 1）内部差错。
> 2）外部差错。

内部差错指在客户参与之前的差错。

必须仔细分析和处理这些差错，因为它们会导致高昂的成本，最重要的是会导致客户的投诉。但前提是存在一个准许报告这些差错的系统。这就要求企业内有一种无畏的环境。

外部差错通常是指被投诉，这样的差错同样会导致高昂的成本，它首先破坏的是企业形象且极大地降低客户满意度。

2.3.1 差错的性质

埃德蒙森提供了另一种方法，对差错进行划分，见图 2.2。

1. ● 可纠正的差错
2. ● 不可避免的差错
3. ● 明智的差错

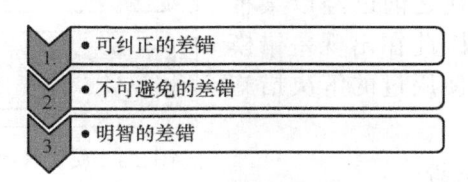

图 2.2 差错的划分（埃德蒙森 2012）

1. 可纠正的差错

这种差错首先指的是常规差错。通常存在于自动化和标准的流程中，因为在这种流程中员工的注意力会随着日常工作而降低，进而会导致差错率的增加。例如：在流水线的工种或统一的分类或挑拣及计件工作。

这类差错可以通过辅助方法解决，如通过扫描自动传动装置上的分拣过程或在标准化的核对表单上打勾。丰田采用的是所谓的拉绳法，如果未按计划作业，流水线的每个员工都可以拉绳叫停流水线。如果差错没有在一分钟内排除，流水线就会停止，直至找到或者排除差错为止。

2. 不可避免的差错

不可避免的差错指的是偶然的差错，比如IT系统的崩溃、机器和装置的故障。如果排除了这类差错，就有机会成为可避免的差错。

这类偶然性的差错必须特别加以注意，因为是未知的，所以会容易传导给客户。这类差错引发的投诉可以占到公司总投诉量的一半以上。

3. 明智的差错

可以从明智的差错中获取经验教训，学到东西。它可支持寻求新产品、新服务或新的业务范围。航空运输业提供了很好的案例，在 Impulse 白皮书中曾经提及：根据估算的数据，在20世纪30年代全世界无数的小制造商制造了大约10万种不同的飞行器，其中大部分被证明是存在构造问题的。但恰恰是这种对理想设计原则的大规模求索和无数次失败，迎来了现代的航空业（Impulse，2016年）。

2.3.2 可能出现的差错

差错分析前，需要明确可能出现的差错。由于企业的不同，将差错系统化是非常困难的。图2.3所示为质量管理系统中可能出现的差错。

在测评时，应考虑差错的不同类别：

1. 已知和预知的差错

这种类型的差错在之前已经以某种形式出现和记录过。因此在出现差错模式时，可以马上引入使用过的解决措施和方案。

2. 已知和意外的差错

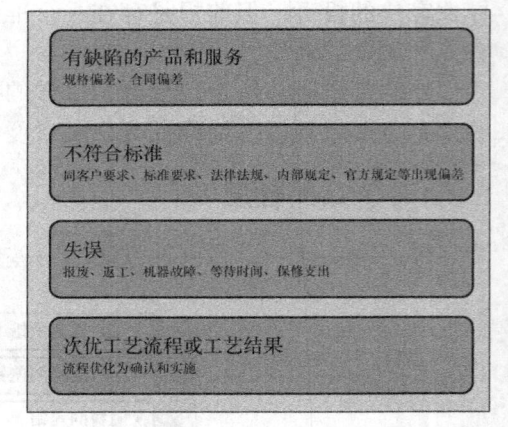

图2.3　质量管理系统中可能出现的差错

这个类型的差错，之前已经在一个流程的其他地方发生过一次。在这种情况下，不能引用之前使用过的方法。而需要在解决类似差错途径的协助下，找到新的解决办法。那么快速地排除差错是可行的。

3. 未知的差错

这种差错的出现带来了全新的情况。这种差错必须要先划分类别。制定解决问题的策略是不可缺的。

2.3.3 差错的分类

为了评估差错，根据其在类别里带来的后果，对差错进行归类是不可或缺的，见图2.4。这样才能形成适用的方案并实施。

1. 严重差错

1）必须是已知的差错，之前已经处理过。
2）对环境产生影响，比如使人有危险。
3）给产品、机器和设备带来危险。

2. 重大差错

有很大可能会导致产品的失效或减少产品的一个或多个功能。

3. 轻微差错

1）降低产品功效的可能性较小。
2）对于使用或经营单位的影响很小。

图2.4　常见差错类别

为了节约成本，必须在产品和服务的早期保证产品质量，这样才能避免差错。因此下一节介绍如何处理和质量相关的成本。

2.4　和质量相关的成本

将监测和评估的质量费用（非质量的成本）和企业的成本结构联系起来是可行的。通过这种做法，就可以将一个质量管理系统内的所有费用进行考量。

> **注意：**
> 在20世纪40年代中期，监测和跟踪质量成本是从通用公司开始的。

一个差错会导致费用的产生，这是无争议的。提取质量管理中发生的成本，并对其进行数据分析是非常实用的。这样可以为企业的整体业绩做贡献，并能持续不断地帮助改进流程。所以一个组织应该仔细考量实施成本核算是否是无意义的。

质量成本或和质量相关的成本所指的都是由于质量差或是为了避免质量差而产生的成本。如果成本是用来保证预期质量的，就要谈到合规成本；相反，因为质量缺陷而造成的费用，即不合规成本，也就是差错成本和差错的后果成本。

一般来说，传统的成本核算系统并不是为了满足质量管理的特殊信息需求而设立的。所以质量控制的重要任务是构建补充现有成本核算的质量成本核算，这有助于记录和导出企业内部各个领域的质量成本。

图2.5是根据DIN 55350-11：2008对与质量相关的成本的划分。

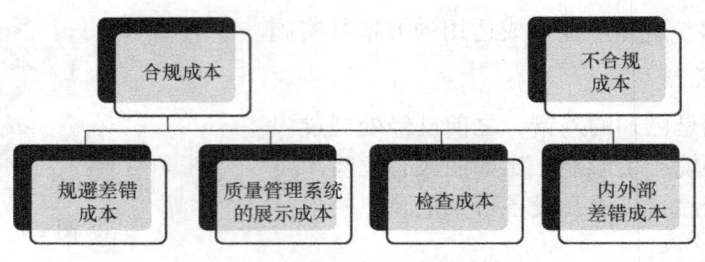

图 2.5　与质量相关的成本的划分

> **注意：**
> 与质量相关的成本的划分如下。
> 1）规避差错成本：包括因分析和排除差错原因而产生的费用。
> 2）质量管理系统的展示成本：包括所有和质量管理系统相关的费用。
> 3）检查成本：定期检查费用，并不是因为具体差错而产生的。
> 4）内外部差错成本：由差错而产生的费用。

这四个类别可通过高一级的类别，即合规成本和不合规成本，更加清晰地概览且易于采集。

合规成本是由规避差错成本、质量管理系统的展示成本、检查成本和内外部差错成本组成。相反，不合规成本是来自不可计划的和不可避免的检查成本、差错成本。接下来将列举重要的质量成本并加以简要说明。

2.4.1　预防差错成本

预防差错成本是指组织内所有部门采取预防和纠正措施而发生的费用。

1）预防差错的质量计划：质量计划是对产品和服务创建过程中的质量保证措施进行计划。根据技术规格，需要对不同的质量特征进行选择、分类和权衡。这种成本非常容易确定。

2）内部质量调查：为了落实产品的生产，应确定制造产品所需的员工、设施、制造设备和资源的适用性。

3）外部质量调查：通过系统审计或流程审计，确定现有供应商的质量能力、须购产品或已购产品的质量检测。

4）检查计划：因确定计划、准备质量检查及确认评估结果而发生的成本。

5）开发并尝试构建试验资源：确定由检查资源、开发和开展前期测试和试验所产生的费用。

6）质量管理培训：确定筹备和实施内、外部培训计划发生的费用。对员工开展有关企业质量管理基本原则和质量方法的教育和培训，是非常必要的。

7）质量改进计划：为了改善质量能力的内部行为和增强质量意识而发生的费用。这类费用也可以收取。

8）同竞争对手的质量比较：确定竞争对手单位的质量包括质量要求比较（基准）方面的全部分析所产生的费用。

9）质量控制：在加工流程中，引入纠正措施和监测所产生的费用。

10）内部质量审计、管理审查：包括所有内部质量审计（系统审计、流程审计和产品审计），所有管理评审和质量管理介绍所产生的费用。

11）质量管理的管理：所有质量管理要素的管理和行政（包括组织内的管理负责人）所产生的费用。此费用主要由人力成本和物料成本组成。

12）预防差错的其他任务：不能归属到以上预防差错成本的质量费用。

2.4.2 质量管理的宣传费用

重要的宣传费用发生在：

1）组建质量管理系统的费用：制作质量管理文件的内部费用，开展培训、讲座和座谈可能产生的顾问费用。

2）认证的准备费用：内部审计、追踪措施、可能的外部顾问费用。

3）认证：现场认证的费用、人工费和证书的费用。

4）质量管理人员：进修费用、工资和物料费用。

2.4.3 检查成本

检查成本是由所有计划内和计划外的质量检查所产生的。通过常规的质量检查，确定产品是否满足质量要求，避免出现继续加工已经出现瑕疵的产品到达客户端，所有这些费用被称为检查成本。这意味着在合规成本和不合规成本中，它都会产生。重要的检查成本有：

1）检查人事费用：资质费用和工资。

2）货品入库、期中检查和终端检查费用：货品在入库、车间期间的终端数量和质量检查费用。

3）验收费用：委托方（客户）或受托人验收质量的检测费用。这些也可能是官方机构。

4）采购检查物料费用：购买所有检查物料的资本和准备金。

5）检测设备的运行和维护费用：所有检查设备和辅助工具的运行、维护、校准和调整的费用。

6）质量评估费用：对设备进行基本质量检查的费用、对设备进行质量检查以达到要求或预期资质的质量评估费用。

7）实验室检测费用：由内部或外部实验室开展的与质量相关的检查和确定

单位材料的费用。

8）检测文件费用：根据产品责任和安全要求，制作、存档和管理质量检查文档产生（质量管理要素）的费用。

9）其他检查费用：无法明确分配到质量检查和上述质量成本要素及其他质量检查活动的费用和采购成本。

2.4.4　内部差错成本和外部差错成本

差错成本指在质量要求的框架下，没有满足其中一项要求所产生的成本。它可分为内部差错成本和外部差错成本。

企业内的产品和服务，从设计到发货的所有环节，都有可能发生内部差错。

> 🔔 **注意：**
> 在企业内和未发送到客户之前发现的差错为内部差错。

投诉或索赔是公认的外部差错，外部差错在产品到达客户端或提供服务后才被发现。可依据法律执行的产品或服务的投诉被称为投诉。

> 🔔 **注意：**
> 外部差错由客户发现。

下面列举并简要说明了最重要的内部和外部差错成本。

内部差错成本：

1）次品：内部确认的次品。

2）返工：为了使产品重新满足质量要求，内部确认和执行的必要返工。

3）分类检查：可通过内部或外部公司实施。通过分拣工作，将好的部分和坏的部分彼此分开。分类检查可在生产中和最后进行。

4）重复检查：如果在一个生产批次中出现差错，通常要求重复的、进一步的全面质量检查，这会产生额外的费用。

5）质量相关的数量偏差：由可避免的差错造成的浪费，其后果是产出量小于期望值。

6）价值减少：由于质量缺陷，产品无法按照初始核算的价格出售。这导致收入减少，从而引发价值减少。

7）差错分析：解决问题过程中产生的费用。

8）其他内部差错成本：内部确认的其他差错成本，不能正确划入其他内部差错成本要素的成本。

外部差错成本：

1）次品：在委托人（客户）验收前确认的次品。

2）返工：在委托人（客户）验收前确认的返工。

3）保修和商誉：因为保修服务（比如客户的投诉），或因为保修服务过期，或因为委托人（客户）和质量相关的合理申诉，为维护组织的商誉而产生的成本。

4）产品责任：在生产商和产品责任框架内，由于质量缺陷造成的物质损害、人身伤害和财产损失的规定。

5）其他外部差错成本：外部确认的差错，无法划入其他质量成本要素的其他成本。

1. 处理内部差错和外部差错

处理企业内部差错或外部差错的流程是相似的。它们都可通过 Excel 表格手动完成或由软件操作。差错的认定和投诉管理意味着"大"的解决方案，中小企业较少使用。

很多企业通过下列方式处理内部差错和外部差错：

1）差错原因通常并非系统化确认和分析，而是相关人进行判断。

2）无论从长期还是短期来看，如果出现差错的原因是已知的，并非通过结构化的方法确认和执行的。

3）在许多企业里，认定差错原因是比较困难的。一方面由于缺少相应的知识，另一方面不能找出排除差错同排除差错原因之间的区别。

4）处理措施不进行归档，企业无法建立起知识积累。

5）特别是中小企业，经常使用通用软件记录差错和其处理方法，比如 Excel，这就很难找到已经实施过的解决方案。

6）不重视记录差错文档的原因多种多样，以下是一些举例：

① 行政的开销太高。

② 占用太大的容量。

③ 员工对差错的后果没有认知。

④ 员工担忧后果。

⑤ 无法确认改进的潜力。

⑥ 无法系统化地确认和记录差错成本。

2. 10 倍法则

预防差错和发现差错的成本在产品的不同阶段会成倍地增加。这些阶段包括提出概念、开发产品、开发样品种类、培育产品系列、确定产品系列，直到向客户交付产品。

> 😊 **注意：**
>
> 处理差错应该了解，差错发现得越迟，造成的费用就越多。所以应尽可能在交付客户前发现问题，此外差错需要尽早在内部的增值链中发现。

质量管理10倍法则指出，预防差错和排除差错的成本在每个阶段都会增加10倍：如果在计划和开发过程中没有预防差错，而是在构建工作步骤和流程（工作准备、流程组织）时才发现差错，或者甚至在制造、最后的检查或在客户端才被发现，那么其成本会比在计划和开发阶段的预防差错成本增加1000倍（见图2.6）。

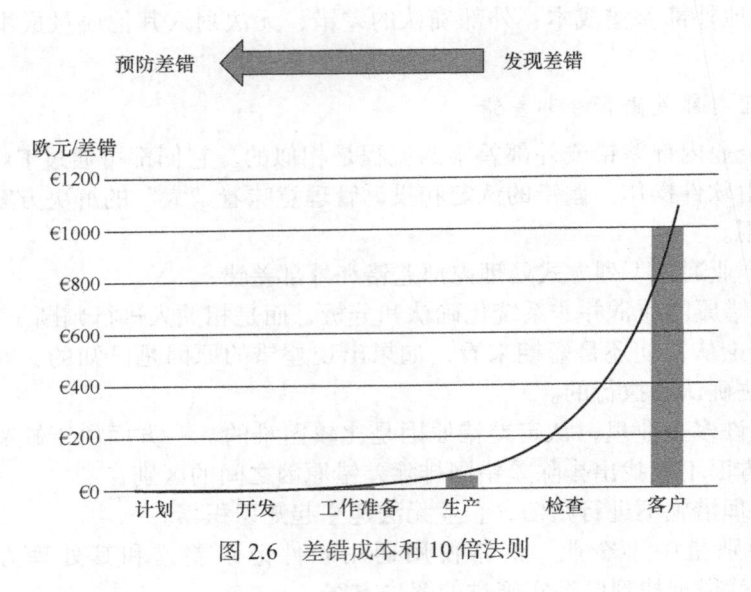

图2.6　差错成本和10倍法则

> **注意：**
>
> 20世纪70年代，日本、美国和英国对产品缺陷和质量缺陷原因的研究，对10倍法则进行了证实。所有分析都得出了相同的结果：70%的产品瑕疵在开发、构建和工作准备中就已经存在。生产流程对最终的质量影响是次要的。20世纪90年代初德国机械设备制造业联合会（VDMA）对"质量相关的成本"这一主题的研究，使德国也证实了这个结论（施努尔）。

因此尽早地发现差错和排除差错是非常有利的。排除差错的成本越低，产品的生产就越经济。

企业如果不想降低竞争力，就必须适应市场的新要求。记录质量成本是非常适合呈现质量弱点的经营手段。这种透明化易于对质量政策进行决策，也是投资决策的基础。

10倍法则表明，必须公开对待差错且不能掩盖差错。但只有企业愿意转变思维、引入改变、支持差错管理，这些才能实现。

2.5 质量成本方法的进一步发展

在过去，传统的质量成本分类往往导致讨论的增加和划分困难。

菲利普·B.考斯的方法在实践中得到越来越多的肯定，将质量成本分为合规成本和偏差成本（见图2.7）。

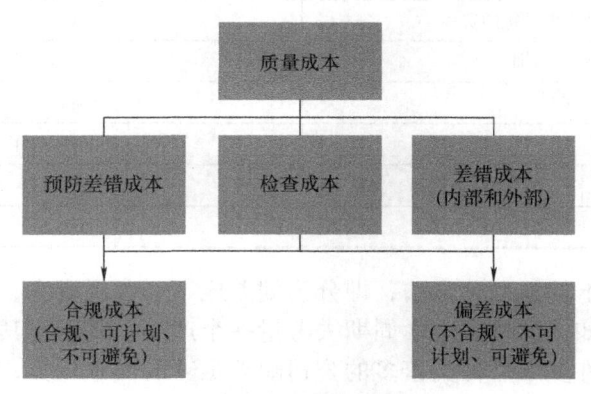

图 2.7 同质量相关成本的划分

合规成本可看作是为了满足客户期望的必要投资。这些是为了预防差错和部分非常必要的检查成本。偏差成本包括差错和差错后果成本、部分非必要检查成本。此成本对于公司的业绩没有贡献，而是资源的浪费。

合规成本具有间接成本的特征，包括为满足要求和保证产品质量无瑕疵而产生的成本。这些成本包含质量性预防措施、质量培训或定期质量检查的成本。如果通过强化预防措施来降低偏差成本，那么就会增加合规成本所占的比例。由于这些都是间接成本，因此必须对质量成本核算进行相应调整。与质量原因相关的质量成本需要基于流程进行成本核算。

偏差成本是按照客户要求排除已经发生的偏差（比如返工费或保修费、质量保障的成本）。这类成本具有直接成本的特征，通常是可明确计算在产品成本内的（见表2.2）。

表 2.2 合规成本和偏差成本的示例

合规成本	偏差成本
质量计划	停机时间
质量规定	次品成本
改进质量水平的任务	投诉成本
验收检查	未来的销售损失

（续）

合规成本	偏差成本
期中检查	报废费用
离厂检查	保修和商誉
产品行为测试	数量偏差
展示质量管理系统的费用	返工成本
雇员培训	产品责任
……	产品召回成本
	回收费用
	减值
	……

对于质量成本的新划分方法，即分为偏差成本和合规成本，不仅有优点，也有一些缺点。例如，从整个生命周期去考量一个产品，并确定其质量成本是比较困难的。此外，许多产品种类繁多的公司缺乏足够的成本核算，而不能根据质量原因的因素划分成本。在通用的成本类型、成本费用和成本单位核算的辅助下，记录拓展的质量成本比较困难。基于流程的成本核算是质量成本分摊变形的前提条件。

另一种广泛流传的方法引入了流程效益的分类方法。公司流程根据其用途分为有用的、支持性的、无用的和失误的流程效益。即同质量相关的成本是根据不同的流程效益类型来确认的。这种方法试图呈现出全增值链，将客户的价值或利益纳入了考虑范围（见图2.8）。

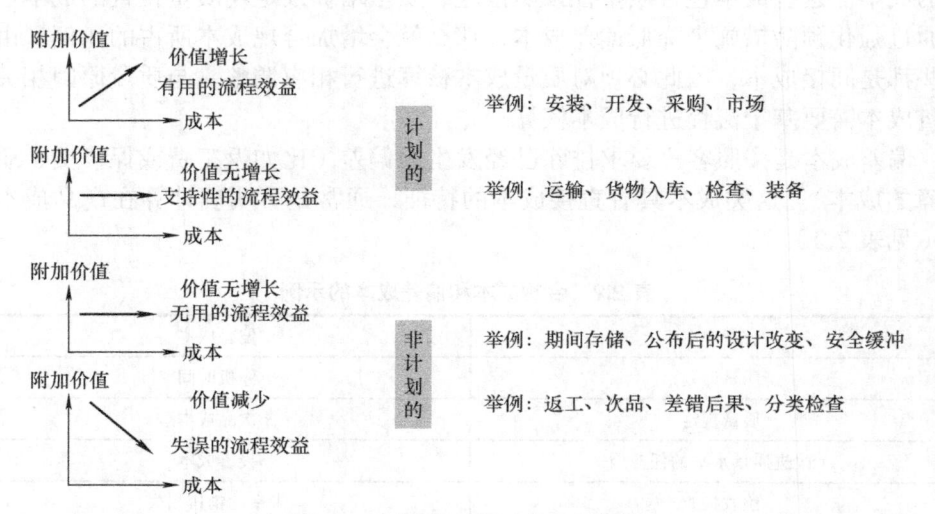

图2.8　不同流程效益类型的方法

1）有用的流程效益：所有价值链的流程（主要流程）的总和。
2）支持性的流程效益：辅助价值链的流程（支持过程）的所有流程。
3）无用的流程效益：附加值链条不完全，会导致计划外的流程。
4）失误的流程效益：由于无效流程导致的计划外事件。

在考虑流程成本的时候，将不同的流程效益类型纳入其中，可以更简单地识别浪费和亏损，从而可以快速采取措施减少浪费和亏损。

2.6 质量成本核算是质量控制的组成部分

质量成本记录为企业在计划、控制系统内的策略和行动决策，以及质量控制的经济性提供信息和论证辅助。图 2.9 所示为质量成本核算在质量控制下的分类。

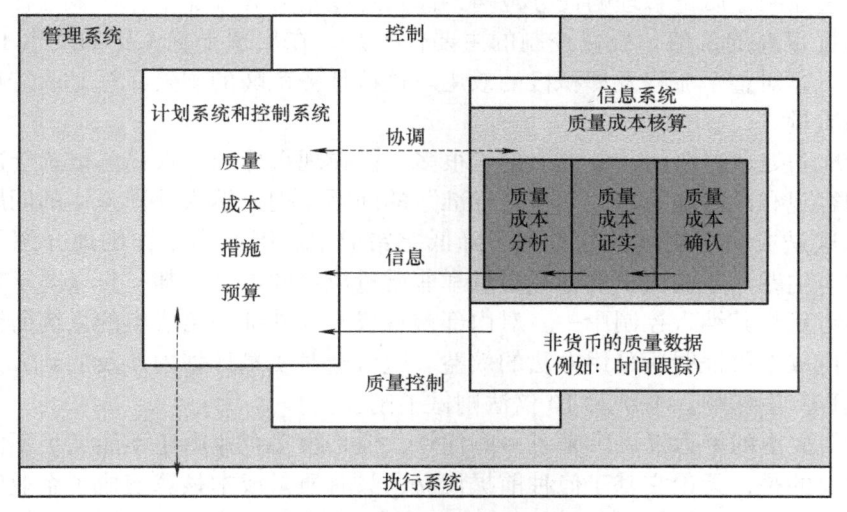

图 2.9 质量成本核算在质量控制下的分类

质量成本核算被定义为控制质量的信息系统之一。通过证明和加算参考对象，如差错、差错发生位置、产品或流程的质量成本，而获得同质量相关的计划、目标和控制的信息基础。质量成本分析是质量控制的保证（纯粹的质量成本计算）。

> 😊注意：
> 只有通过分析才能披露造成高质量成本的薄弱点。为了确定最有效的措施，除了快速了解薄弱环节外，额外的原因分析是必要的，除了质量成本核算外，还要引入其他信息系统。

质量成本核算应以决策为导向，在实施以决策为导向的评估时，记录必须是客观的。总之，可以确定分析、质量计划和成果控制巩固了质量控制。

为了结束 PDCA 循环，需要将质量管理的认知整合成为方法并评估。

选择实施的措施需要两个步骤：第一，需要确定能排除薄弱环节的方法；第二，选取能最大化改善质量且经济上可行的方法。

在定义了改善质量措施和降低质量成本的方法后，要根据控制循环的原理对使用的措施进行监测和评价。根据 ISO 9001：2015 和其他执行标准的要求，这些确定的措施可成为持续改善流程中的一部分。

在引入差错管理道路中的下一步是系统的差错管理，将会在下一章介绍。

2.7 要点简述

质量控制是质量管理的任务范畴，涉及对差错的处理加工。代表它在差错管理中占据很高的价值。质量控制的主要任务是，在出现干扰（比如发生了差错）的情况下，对整个流程发挥积极的效用。这些任务范畴的主要目标是改进项目和产品的质量。

标准和处理差错的话题也谈论了很多。但在现行标准中人仍然被置于次要地位，却客观和冷静地处理"不符合标准"的问题。把人纳入处理差错的问题尤其重要，这是成功的钥匙，且有利于降低差错成本。因此本章详细地介绍了差错成本这个主题。企业内虽然存在质量和非质量成本的数字，却一直未要求对其进行详细考量将其纳入控制中去。对内部差错成本和外部差错成本的系统研究是核心。降低成本可证明所采用方法的效益。这就会对质量计划内涉及的新方法或调整的流程产生影响。本章对 10 倍法则做了阐释。

质量成本的努力发展带来了一些优点，但是很多企业内还不能满足不同的要求。重要的是，无论它基于何种前提设立，只有质量成本核算变成了企业管理的固定的一部分，才能对成本进行持久的研究，才能获得改善并发挥控制作用。

2.8 实用一览

对差错主题的深入研究：

1）更好地理解哪些是质量管理中处理差错的核心领域，应该如何处理差错。

2）明确了标准是如何处理差错的。

3）为企业内建立对差错的统一理解奠定基础，自觉地了解差错是如何定义的，如何区分质量，有哪些差错的可能性和差错级别，以及把这些应用于差错管理的指导原则。

4）指出了差错可能导致的成本，如何将结果应用于改进。
5）证实了发现差错越晚，差错成本就越高的 10 倍法则。
6）参考通过不同方法提取质量成本。

2.9　参考文献

Berg, Claus: *Qualitätscontrolling – Grundlagen und Instrumente des Qualitätscontrollings*. GRIN, München 2009

Brückner, Claudia (Hrsg.): *Qualitätsmanagement. Das Praxishandbuch für die Automobilindustrie*. 2., vollständig überarbeitete und erweiterte Auflage, Hanser, München 2019

DIN 55350-11:2008: *Begriffe zum Qualitätsmanagement – Teil 11: Ergänzung zu DIN EN ISO 9000:2005*. Beuth, Berlin 2008

DIN EN ISO 9000:2015-11: *Qualitätsmanagementsysteme – Grundlagen und Begriffe (ISO 9000:2015)*. Deutsche und englische Fassung, Beuth, Berlin 2015

DIN EN ISO 9001:2015: *Qualitätsmanagementsysteme – Anforderungen (ISO 9001:2015)*. Deutsche und englische Fassung, Beuth, Berlin 2015

Duden: „Fehler". Von *https://www.duden.de/rechtschreibung/Fehler*, o. J.

Edmondson, Amy, C.: *Teaming. How Organizations Learn, Innovate, and Compete in the Knowledge Economy*. 1. Edition, Jossey-Bass, San Francisco 2012

Geiger, Walter; Kotte, Willi: *Handbuch Qualität. Grundlagen und Elemente des Qualitätsmanagements: Systeme – Perspektiven*. 5., vollständig überarbeitete und erweiterte Auflage, Vieweg & Sohn, Wiesbaden 2008

Hering, Ekbert; Triemel, Jürgen; Blank, Hans-Peter (Hrsg.): *Qualitätsmanagement für Ingenieure*. 5., überarbeitete Auflage. Springer, Berlin, Heidelberg 2003

Impulse Medien: *Fehlerkultur. Lernen Sie in drei Schritten, wie Sie durch einen positiven Umgang mit Fehlern erfolgreicher werden können*. Impulse Whitepaper Nr. 4. Von *https://www.impulse.de/management/unternehmensfuehrung/fehlerkultur/2875105.html*, 2016

Jochem, Roland: *Was kostet Qualität? Wirtschaftlichkeit von Qualität ermitteln*. 2., überarbeitete und erweiterte Auflage, Hanser, München 2019

Mandl, Christoph: *Vom Fehler zum Erfolg. Effektives Failure Management für Innovation und Corporate Entrepreneurship*. Springer, Wiesbaden 2017

Müller, Erich: *Qualitätsmanagement für Unternehmer und Führungskräfte*. Springer, Berlin, Heidelberg 2014

Online-Verwaltungslexikon: „10er-Regel der Fehlerkosten". Von *https://olev.de*. Online-Werk, WEKA MEDIA, Kissing 2020

Schnurr, Roland: „Fehlerkosten". Von *https://www.sixsigmablackbelt.de/fehlerkosten-10er-regel-zehnerregel-rule-of-ten/*, o. J.

Weidner, Georg E.: *Qualitätsmanagement. Kompaktes Wissen – Konkrete Umsetzung – Praktische Arbeitshilfen*. 3., überarbeitete Auflage, Hanser, München 2020

Wirtschaftslexikon 24: „Fehlerklassifizierung". Von *http://www.wirtschaftslexikon24.com/d/fehlerklassifizierung/fehlerklassifizierung.htm*, 2020

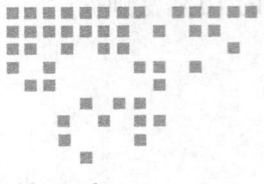

第 3 章

差错管理的支柱和价值

> **重点：**
> 1）差错管理是如何定义的？
> 2）人们为什么经常害怕承认错误？
> 3）差错策略都有哪些？
> 4）舒特科夫的三个支柱模型是怎样的？
> 5）企业文化和差错管理是如何相互作用的？
> 6）差错管理下的价值观有哪些？

3.1 差错管理概念

差错管理的概念是社会学家提出的并迅速地被纳入经济学范畴内。作为专业概念，差错管理出现于 20 世纪下半叶。1979 年在美国哈里斯堡发生的核反应堆事故，通常被科学研究领域认为是差错管理的诞生。

差错管理没有统一的定义。柏林小组的网页可以找到一个很好的定义，区分它和错误管理之间的差别。这个定义指出，差错管理的核心是处理差错的方式、方法而不是系统论。

差错管理的定义描述了企业（或者一组人）内部如何处理差错和失败。差错管理可以用以下问题来概述：

1）对于差错的反应有哪些？

2）哪些差错会出于对负面结果的恐惧而被隐瞒或公开谈论？

3）差错会被惩罚还是一起被建设性地评估？

4）由于方法"尝试和错误"是进一步发展的条件，因此会接受差错的风险吗？

5）离开安全的道路是禁止的吗？（科内被·格拉驰，2020 年）

差错管理下，考量差错的一个积极途径是不将差错视为错误或失败，而是将其作为学习和继续开发系统的机会。员工在积极的差错管理中对于后果并不害怕，而是会把差错汇报给相应的部门处理。

> **注意：**
> 犯错是人之常情，善于承认错误是明智的（Errare humanum est et confiteri errorem prudentis）。引用自耶柔米教父，教皇达马苏斯一世。

另一个标志性的特征是承担风险的意愿，允许犯错，打开改善的通途。也就是说，差错管理的一个标志是，尤其鼓励能从差错中学习。因此，一个积极的差错管理对创新管理、知识管理和学习文化起到了支撑作用。在开放的学习文化氛围下，学习的固步不前或停滞改进流程是不易发生的情形。

3.2 差错管理的基础

3.2.1 害怕差错

为什么人们会害怕承认错误呢？答案非常简单，因为差错是一种标志。如果出了差错，会被认作是失败者，所以人们会经常不上报差错（舒特科夫，2019 年）。

1）有些人认为出现的差错太小，不想麻烦别人。

2）很多差错会在私下被迅速处理了，所以不会出现在任何的记录中。

3）缺乏差错的意识，认为这是不重要的，而当作多余的工作付出。

4）时常还会出现这样的情况，从员工来看，差错是会让人不舒服的，所以最好不说以避免出现不愉快的对话。

5）最重要的原因一定一直都是对于结果的惧怕。一方面是社会后果，对于周围环境负面情绪的反应；另一方面是经济上的后果，担心可能会影响到奖金、加薪或职位的升迁，或是目标的实现，比如团队的目标；第三是来自劳动规则方面的后果，由于差错而带来和其相关的警告或辞退的可能性。

6）很多担心额外的工作付出，像记录差错和处理差错，因此会拒绝上报。

在"德国是这样工作的"研究中（SThree 公司），是 SThree 人力咨询公司定期开展的一个调查，对 1243 名工作者询问（81% 职员，19% 自由职业者），害怕因为失败而带来哪些后果。
1) 49% 担心失去认可。
2) 42% 担心失败会被负面的传播。
3) 41% 认为会妨碍职业生涯。
这个调查也显示，员工非常愿意接受开放的差错管理。
1) 86% 希望一个积极的差错管理。
2) 66% 希望差错和失败为持续发展而所用。
3) 63% 希望开放地处理差错，即
① 管理层可以承认差错。
② 失败发生后，激励取代惩罚。
此研究成果显示，开放的差错管理在企业内的价值和其需求度是怎样的。
下面章节对常见差错策略的解释，对于阐明差错管理的意义是不可或缺的，因为透明和开放的差错管理，除了差错管理的系统论内，还必须融入差错策略。

3.2.2　差错策略

差错管理的哲学要求是，首先要区别和阐释现行的差错策略。

在差错研究的过程中，专家开始将差错策略视为竞争的要素。

一些人呼吁零差错的策略，另一部分人则支持避免差错，出现了差错的友好性。通过创新带来的市场优势宣告了差错的开放性。

> **注意：**
> "处理差错是一个自觉的认知表现。对差错的认识和处理差错策略支撑了个人和社区的发展，促进了人类的进化。"（舒特科夫，2008 年）

图 3.1 所示为差错策略基础概览。

1. 无差错（零差错原则）

在每个企业中，都存在着不允许出现的差错，因为它会带来销售额的损失或损害名誉，还可能带来灾难性的后果。基于此原因，每个企业都应该能够识别这类差错及其风险，企业管理层显然需要对识别这类差错负起责任。

差错策略			
无差错 （零差错 原则）	避免差错 （质量 管理）	差错 友好性 （愿意 承担风险）	差错 开放性 （学习型 组织）

图 3.1　差错策略基础概览

在质量管理中有一个广为人知的策略，即零差错策略，或称为零差错管理、零缺陷或零差错原则。此策略是一个非常复杂的策略，故本书只介绍一些概况。

注意：

零差错原则追溯到菲利普·B.考斯比，作为零缺陷策略（零差错策略）的先锋，在20世纪60年代，他因提出此概念获得了美国国防部的嘉奖。

考斯比认为，零差错原则有助于全面提升企业的竞争力，其目标是缩减返工、次品和加班的支出。

零差错原则的基本思想是，不允许出现一般的和可接受的差错，但是零差错的要求是不现实的，因为只要有人工作的地方，就会出现差错。它的目标是尽可能达到零差错。零差错原则因此形成了这些认知和方法，即人是如何犯错的，如何生产无差错产品和无差错的服务，该如何处理差错。这意味着给企业带来损失的差错，在发生的时候即可被消除。

零差错并非意味着，出现差错的员工会按照规定被处理或要求承担差错而带来的后果。对差错的惩罚会导致隐瞒差错。零差错原则是一种要求转变态度的哲学。

为了尽可能达到零差错的目标，需要从思想上转变对于差错的处理。需要让其成为流程中的一个正常部分并加以执行，且允许公开谈论。

为了实施零差错生产，避免差错原因、差错影响和差错结果的策略是必要的。最高的目标是，偏差的原因在生产前就已被规避。

了解零差错策略下的以下概念是非常有意义的：

1）偏差。
2）差错。
3）故障。
4）损失。

注意：

根据DIN 55350-12标准的偏差：一个特征或者一个特征的从属值或者参考值之间的区别。根据DIN 55350-11标准的差错：不满足一个要求。

根据DIN 40041标准的故障：一个单元缺少，故障或者不完全满足所要求的功能。

根据DIN 31051标准的损失：一个单元在低于一定的磨损储备极限值后的状况，导致功能单元在使用方面出现不允许的损害。

差错和偏差发生可以发在产品和服务上。故障和损坏归属于产品，因为涉及产品的功能或者损耗程度。

零差错原则可以实现的最高目标是，差错和偏差在出产前即已避免。这样才能在早期识别潜在的差错。

零差错原则的一个重要观点是对于原因、作用和后果的考察。零差错原则支撑了质量能力、生产性能和准时率，这些可以确保制造出高质量的可靠产品。

规避差错原因的方法和企业的基本要素有关，比如：
1）员工的资质。
2）员工的激励。
3）组织的建设和运转。
4）企业生产资料的质量能力。

零差错产品的基础是企业在各方面生产完美产品的意愿。这就存在不接受差错的风险。但是考斯比的理论不是基于员工需要面对差错的后果，更多的是寻求态度上的转变。企业的员工需要明确，差错即意味着高成本，所以每个人都要尽力避免出现差错。

2. 避免差错（质量管理）

质量管理源于持续拓展的无数理念，其中也有处置差错的内容。质量管理的普遍目标是避免差错。这就要力争避免发生差错，而不是不允许差错。出现差错时，应尽早识别并对其原因进行分析，这样才能保证尽早采取抵消措施。

质量管理源于20世纪90年代的纯粹质量控制并改良成为质量保障，且一直影响到今日。质量保障和质量控制因此成为质量管理的固定组成部分，见图3.2。

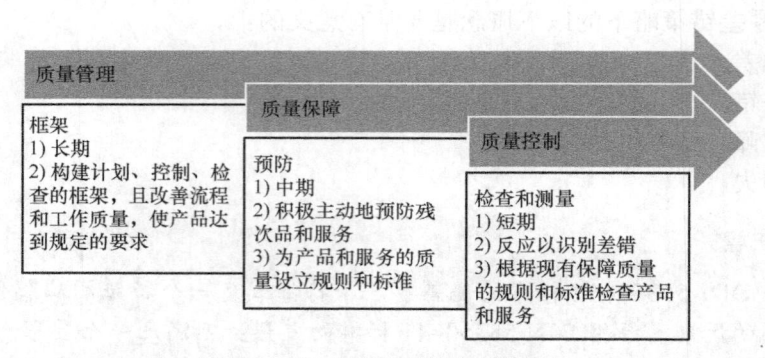

质量管理	质量保障	质量控制
框架 1）长期 2）构建计划、控制、检查的框架，且改善流程和工作质量，使产品达到规定的要求	预防 1）中期 2）积极主动地预防残次品和服务 3）为产品和服务的质量设立规则和标准	检查和测量 1）短期 2）反应以识别差错 3）根据现有保障质量的规则和标准检查产品和服务

图3.2　质量保障和质量控制的融合

如图3.2所示，质量管理的效力和以下两部分密不可分：
1）以流程为导向的质量保障。
2）和产品相关的质量控制的作用。

如次品的发生或必要的再加工会产生直接的差错成本。或是在产品发出或提供服务后的投诉处理，名誉或者维修导致的高成本。

因此在质量管理中会提到10倍法则，它指出在生产地点直接消除差错，大概需要一个单位的成本，在之后的流程中大概是10个单位，在生产终端为100

个单位，流入市场后由于声誉损失和繁杂的召回和返工行为需要 1000 个单位的成本。

基于这个原因，努力在产品和服务生产阶段早期识别差错是合乎道理的，即尽可能在发货前和被客户识别之前。

> **注意：**
> 预防好于补救。

预防性的防止（质量保障）差错比后期消除差错（质量检查）较为复杂。

规避差错必须有明确和流畅的程序，并在企业的所有部门实施，才能实现跨职能的质量管理。

> **说明：**
> 工业 4.0 给质量管理带来了新的挑战。
>
> 首先涉及的是质量保障。由于企业环境的变化，质量管理的方法要与其相适应。发展中的工业 4.0 将为工作领域构建新的范例、方法和技术以及先进的数字化效率和生存能力。
>
> 数据交换、质量检查、质量保障将会首先提出新要求，例如，改变标准化的、智能的生产和流程。针对测量技术和数字化方法的新要求，例如，失效模式及影响分析，更多信息可参考瑞内·吉姆（Rene Kiem，2016 年）的专业书。

3. 差错友好性（愿意承担风险）

差错友好性是一个公开的创新，但也具有风险性的策略。此策略的目标同样是无缺陷的产品，但同时要求创新。

差错友好性意味着"首先对偏离预期事情过程的特别投入和关注。这是一种自然界对待事实，及愉悦或不愉悦惊喜的通用方式"（维尔茨克，1984 年）。

但根据文献，规避差错（僵化的质量管理）和差错友好性（接纳风险的创新管理）是相互排斥的。魏格特（Weingardt）在他的书中支持这一理论："规避错的基本态度越明确，愿意接受非寻常和非计划事物、重新学习和适应新情况的意愿则越小"（魏格特，2004 年）。

这就需要论证，涉及一个组织的不同部门。质量管理首先涉及的是生产和创新管理、研究和发展。

> **注意：**
> 经过实践和尝试，才有可能使产品获得新的发展。

这代表，学习来源于发生的差错，由此又获得产品的改进和新理念。差错得到有意识的支持和准许，从而支持创新和学习的过程，同时又带来了对差错的抵抗力。改善产品的建议和理念会带来进一步开发流程的新认知，因此在多数情况下，开发流程中的差错被认为是积极的。

一个允许差错友好性存在的企业，会延续持续不断的改进其流程和发展质量。差错友好性也代表着，接受差错的处理并将其融入工作步骤当中，使其成为重要的质量特征。

这就引出了如何能从出现的差错中学习的问题？下文将介绍基于规避差错的开放的差错策略。因为有人工作的地方，就会有差错。这就需要创造一个员工承认差错，并仍能获得领导信任的氛围。这对员工和管理层提出了新的要求。需要发展新的技能和能力。

4. 差错开放性（学习型组织）

最后一个基本的差错策略是差错的开放性。它使规避差错和差错友好性平分秋色。差错开放性的基本思想是通过对差错的分析，确定原因并形成正确方法，避免差错的重复发生。

舒特科夫（2019年）将几个问题进行了归纳，通过测试可以得知是否对差错持有开放的态度（见表3.1）。

表3.1 差错开放性的问题

问题	是	否
有明显的差错意识吗		
是否对职责范围内的差错可能性有广泛的了解		
通常对差错有敏锐的洞察力吗		
能区分严重差错和一般差错吗		
当有疑问（可能是严重差错）时，是否会寻求他人的建议		
是否提前预料到严重错误		
能快速发现严重差错吗		
是否会立即指出严重差错		
会谈论严重的差错吗		

> 工作辅助：差错开放性的检查清单。
> 登录网站 https://plus.hanser-fachbuch.de/，用相应的访问代码访问工作助手，并下载差错开放性的检查清单。

问题答案"是"的越多，代表人对差错的态度越开放。

彼得·豪和艾特（2005年）在他的书中表达了以下核心说法："差错是学习的一部分，只要行动，就会犯错！不行动就不会出错。"他为差错管理奠定了基石。他还介绍"差错管理证实了人类学习行为的认知，在怎样的情况下人会出现差错，以及如何利用这些差错获得未来的成功。在成功企业的差错管理中，人通过差错学习的行为得到了认可和利用。这为已经发生的差错和隐藏其中的潜力，带来了开放、信任和热情。"

艾克·舒特科夫（Elke Schüttelkopf）深入研究了差错管理和差错策略并强调："差错开放性让有意义、有责任意识的处理差错发生成为可能"。此外还应和差错友好性相结合，以富有成效并利于学习的加强对差错的处理，同时保护系统免受不期望和不可逆转的错误。

彼得·M.曾格（Peter M.Senge）在20世纪90年代初期就介绍过一个"学习型组织"的概念。他指出，通过开放的处理差错可带来前景。他提到，原则上一个为员工带来机会的企业，可发展成一个学习型的组织。

这让学习型组织的关系变得清晰，也是对差错持开放态度的基础。

> **注意：**
> "一个学习型组织是一个将变化视为正常且接受变化的组织，具有相应的学习的组织学文化和组织机制，并可利用这些进行高强度的学习"（商业百科词典24网站，2020年）。

在文献中可找到关于学习型组织的很好理念和表述，描写的非常详实且经常被谈及。概括而言，学习型组织是以图3.3所示的原则为基础的。

然而，仅靠"学习型组织"以及差错开放性的策略不足以建立透明和充满信任的差错管理。

差错管理的基本思想在接下来的两章中介绍。

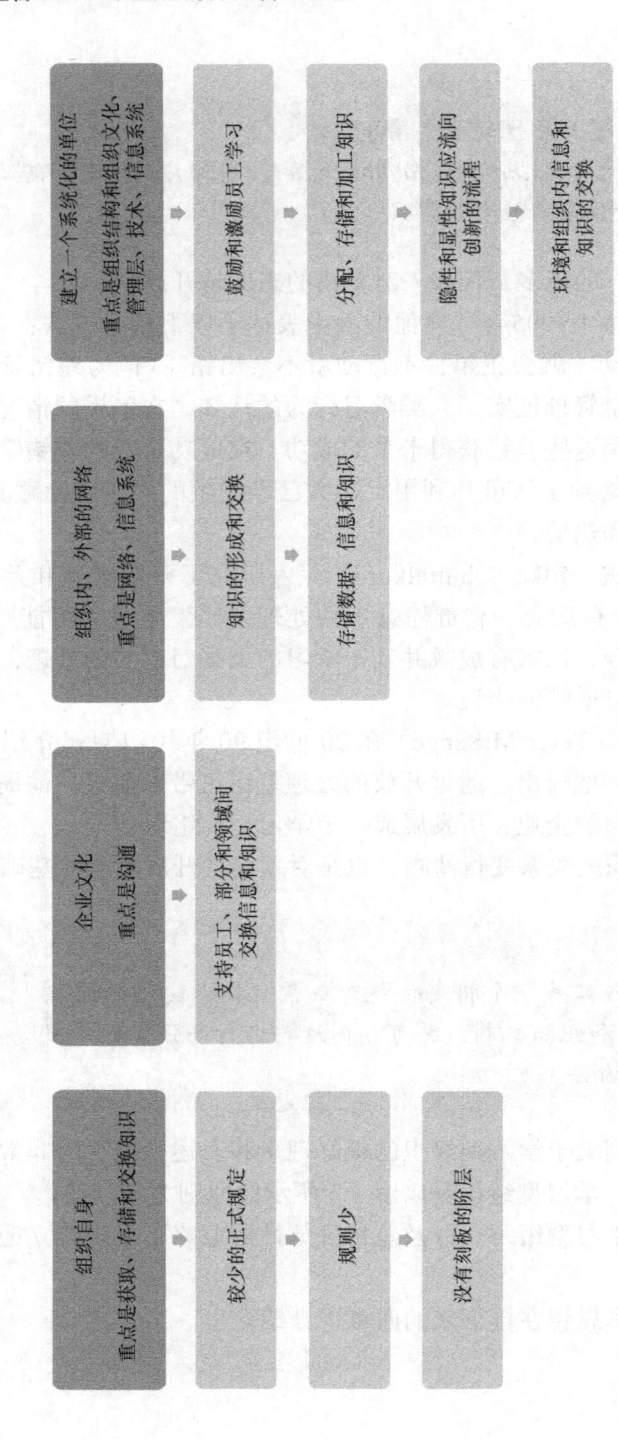

图 3.3 学习型组织的原则

层面	重点	过程	结果
组织自身	重点是获取、存储和交换知识	较少的正式规定 → 规则少 → 没有刻板的阶层	
企业文化	重点是沟通	支持员工、部分和领域间交换信息和知识	
组织内、外部的网络	重点是网络、信息系统	知识的形成和交换	存储数据、信息和知识
建立一个系统化的单位	重点是组织结构和组织文化、管理层、技术、信息系统	鼓励和激励员工学习 → 分配、存储和加工知识 → 隐性和显性知识应流向创新的流程 → 环境和组织内信息和知识的交换	

3.2.3 舒特科夫的三个支柱模型

在每个企业中都有应对和处理差错的方式方法。差错管理呈现的不应是企业如何处理差错,而是创新的学习和由此对差错的考量。根据舒特科夫,差错管理是基于三个支柱的,如图 3.4 所示。

支柱1	支柱2	支柱3
标准和价值 • 企业文化 • 处理差错的指南	技能 • 为了落实指南,员工在精神上、情感上、社会性和方法论的技能	工具 • 员工为了在组织结构中建立价值和标准而需要的工具

图 3.4 根据舒特科夫差错管理的三个支柱

1. 第一支柱:标准和价值作为差错管理的基础

企业内规定差错分类、处理差错及其风险,考量差错后果的通用标准和价值规定。

标准和价值还体现了差错管理在企业中的权重。

所有人都遵守规定的标准和价值,差错管理才能存在。

企业的管理层和员工也需具备一定的技能,以保证标准和价值的执行。

2. 第二支柱:执行的技能

此支柱的内容关乎员工能将指导理论转化为现实,所需要的精神上、情感上、社会性和方法论的技能。

这意味着,员工应受过良好的培训,了解应该如何单独和集体处理差错及其导致的风险和后果。员工应定期提高和扩展此类技能。员工还应该了解,差错并不意味着羞愧,而是能帮助自己更好地了解事务并获得改进。

在文献中,精神上、情感上、社会性和方法论技能可看作是差错管理中重要的因素。图 3.5 所示为建设性差错管理的因素。

员工和管理层根据事件的不同,制定出相应的差错策略,并使这些因素发挥效用。

质量管理——以盈利的方式管理差错

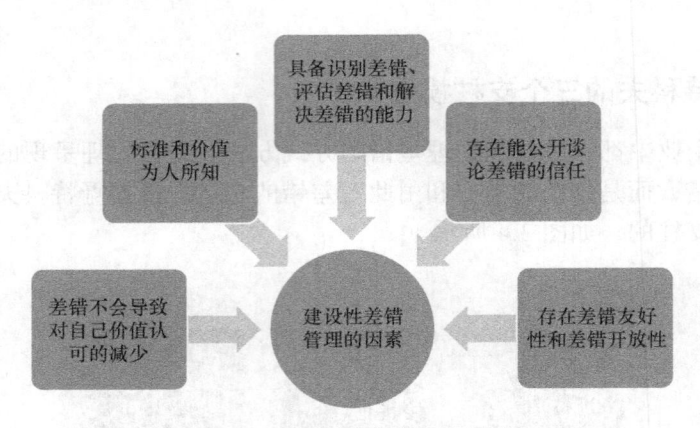

图 3.5 建设性差错管理的因素

> **注意：**
> 员工愿意从差错中学习是一个建设性差错管理的前提条件。

管理层必须确保员工能够和准许这样工作。这需要管理层具有排除严重差错的技能。轻小的差错可以由当事人自己排除。这就特别要求管理层具有社会性技能和智慧，才能理性地和员工打交道。

这也意味着，企业的管理层：
1）需要建立差错管理，允许员工从中学习。
2）必须具备沟通的能力。
3）了解能从差错中学习的工具。
4）能制定处理差错的规则和指导原则。
5）践行管理行为，使无指责的讨论差错成为可能。
6）为针对可能发生或已经发生的差错进行讨论而提供时间。

> **注意：**
> 如果希望学习积极地处理差错，就应该学习有建设性地处理差错。

这里强调建设性的差错管理，仅靠公司确定的标准和价值是无法成立的，员工和管理层的个人和集体能力对富有成效的差错管理是非常必要的。

如果缺少必要的手段，标准、价值及技能也能发挥较好的作用。其中决定性的因素，是公司现有的方法和技术可以处理差错。

3. 第三支柱：工具

方法、技术和工具构成了第三支柱。方法的种类越多，差错管理的水平就越高。

即使企业使用了这些工具，只有企业员工和管理层掌握的方法措施越多，才能快速和顺利的根据差错的发生和种类加以利用，才能说是有效的差错管理。

根据舒特科夫的说法，三个支持解决了有效的结构差异化。但还需要考虑其他指标，即从属的四个维度（见图 3.6）。

1）规避差错的维度，力求避免或减少昂贵的差错和/或高风险的差错成本。

2）差错友好性的维度，力求促进差错和差错情形。通过有意识地允许这些情形，能促进创新和学习流程，同时能减少差错。

3）信任维度是核心，因为只有信任才能开放地、合作地处理差错。信任不应只想到对员工的信任和员工间的信任，还应有自信。

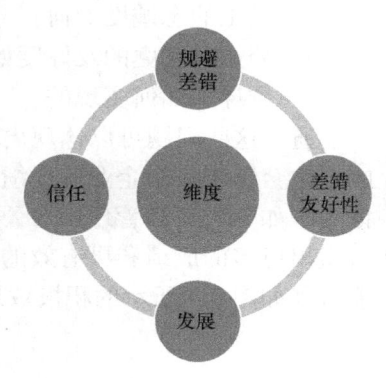

图 3.6　四个维度

不应立即寻找差错相关责任人，而应先关注系统的问题。这需要开诚布公的沟通，才能在寻找差错的时候，互相尊重且协同合作。

4）发展维度体现了公司在学习流程、改变和从差错中学习的水平。信任和发展是开展规避差错和差错友好性两个核心差错策略的明确基础。

3.2.4　企业文化下的差错管理

企业文化构成了差错管理的基础，就像企业文化会影响员工的普通行为，差错管理影响对差错的处理。这种影响并不通过直接的指示形成，而是间接地通过说服、思维模式、价值观和行为准则等，这些都是企业文化的例证。

这个基本前提是，将差错文明化并且将其视为改进的机遇，这就尤其对管理层处理差错的敏感性和方式方法提出了要求。这意味着必须是透明化的。员工不允许将差错视作自身的弱点而是改善的起点。他们必须可以从管理层获得足够的信任，才能关注到差错而不是将其隐瞒。

这意味着，企业将处理差错明确地写入了企业的指导原则。即成为管理的基本原则，所有管理层对此都了解。

很多百科辞典和相关文献都有关于企业文化的定义。克里斯提娜·德埃灵（2020 年）非常恰当地描述了企业文化的特点，并将处理差错融入其中。

企业文化特征即企业的性格，并由此而带来的行为方式：

1）如何面对同事、客户、合作伙伴（沟通行为）的。
2）决策是如何制定的。
3）员工是如何定义公司的。
4）怎样处理差错的。

5）员工是如何以解决问题的导向进行思考和行动的。
6）如何评估成绩和贡献的。
7）员工的忠诚度如何。
8）公司对家庭的友好度如何。
9）领导力如何实现的。

通过这些问题可以体现出，企业文化可以对管理层和员工的行为有深入的影响。这会影响一个企业的成绩，且对客户的满意度和员工的激励产生作用。事实证明，如果员工和管理层对公司认同，其波动幅度会大大降低。这也表示，他们可做出更多的成绩和更有效的工作。一个建立起来并经过实践的企业文化，尤其能带来如图 3.7 所示的积极效果。

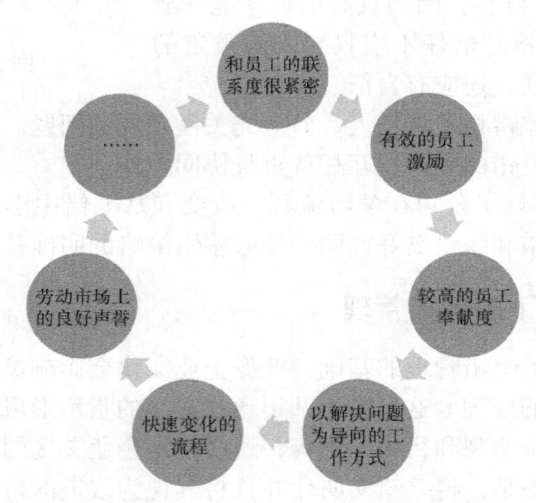

图 3.7 企业文化的积极效果（德埃玲，2020 年）

> **注意：**
> 在文献中有分析和描写企业文化的许多种模型。
> 1）根据埃德格·晒恩（Edgar Schein）的组织文化。
> 2）根据玛丽乔·哈赤（Mary Jo Hatch）的企业文化。
> 3）根据戈特·皓夫史太德（Geert Hofstede）的企业文化。
> 4）根据埃德华·T. 哈尔（Edward T.Hall）的组织文化的冰山模型。
> 5）根据约翰·卡特（John P.Kotter）和詹姆斯·海斯科特（James L.Hesket）的两层级的模型。
> 6）根据汤姆·彼得（Tom Peters）和罗伯特·沃特曼（Robert Waterman）的 7S 模型。

第 3 章　差错管理的支柱和价值　❖　37

表 3.2 为 20 世纪 70 年代初，由两位当时的麦肯锡顾问（汤姆·彼得和罗伯特·沃特曼）开发的 7S 模型。此模型构建了一个评估工具，可以作为公司综合测评的起点。

由此可一目了然看出公司现状及其优劣势。麦肯锡的两位顾问列出了 7 个硬性和软性因素，见图 3.8。

表 3.2　7S 及其解释

7S	解释
硬性因素	
战略	公司的战略；公司在预期或应对其环境变化时所计划的全部方法
结构	公司各个部门的专业化、协调和合作的基础；这取决于公司的战略、公司规模和提供产品/服务的多样性
系统	在既定的结构中，实施战略的正式和非正式流程
软性因素	
企业文化	企业文化由两部分组成： 1）组织文化，随着时间的推移而形成的主导价值观和规范，可以成为企业内非常稳定的因素 2）管理文化及领导风格的问题，管理层是否言行一致；管理层的时间都用来做了什么；他们的精力集中作了什么
人	人事变化和人事活动，管理层后备员工的发展过程，社会化的过程，价值构建，新员工融入公司
能力	能力的特征，公司做什么和能做什么最好；扩展和发展重要技能和能力的方法
愿景	企业的基本理念，企业的愿景可对公司产生较大的内外部效应，通常是由简单的词汇构成的抽象的概念

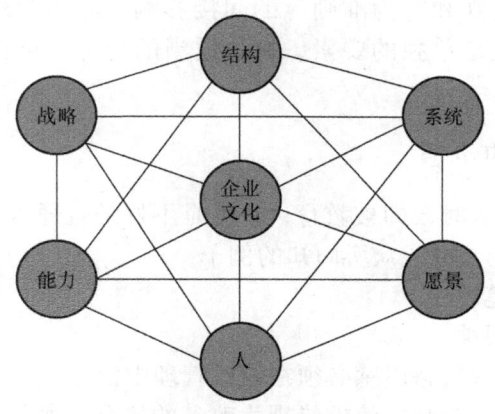

图 3.8　麦肯锡两位顾问列出的 7S 模型

所有 7 个要素间相互影响，软因素会对企业文化产生较大的影响。企业员工的行为会对软因素有直接影响，而这些又将对硬因素发生作用，所以软因素构成了硬因素。此模型能很好地归纳、处理人与能力的因素。

企业文化决定了公司是如何处理差错的，即选择哪个策略。

1）规避差错。

2）差错友好性。

3）一个综合性战略。它还决定了企业的员工应如何进行应对。畏惧还是开放，是否做好了学习的准备，是否在差错分析和评估差错时得到了管理层的支持，并共同寻找解决方案。

严格来说，差错管理是企业文化的一部分。

图 3.9 所示为差错管理是企业文化的组成部分。企业文化为差错管理构建了环境。

它们之间也会互相影响，形成积极或消极的协同效应。对差错管理即能发挥促进或抑制作用，这取决于企业文化的构成。

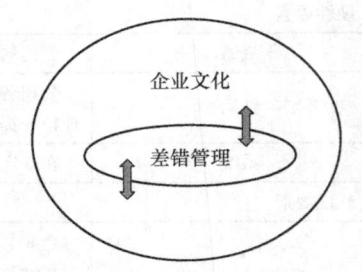

图 3.9 差错管理是企业文化的组成部分（勃施 2006 年）

> **注意：**
> 企业文化，其标准和价值系统的开放和透明，会带来差错处理的开放性且形成学习型的组织。

企业文化是差错管理的基础。企业文化是如何影响员工日常行为的，差错管理就如何影响差错的处理。这不通过直接的指示，而是通过企业文化呈现出的说服、思维方式、价值观和行为准则等的间接影响。差错管理和企业文化相互补充、互相影响。文化是单独的要素，通过适当的合并，可构建更加成功的整体（积极效应）。

3.2.5 差错管理的价值

当我们还是孩童的时候即被教育，差错是不好的且通常会有后续措施。瑞司玛（Risma）在这点上，举了众所周知的例子：

1）老师红色的笔。

2）家长严厉的眼神。

来自类似经历的深层恐惧感必须在差错管理中消除。

做到这点的基本前提是，将差错视为改善的机会，尤其是管理层能敏感地处理差错且给出处理差错的方法和途径，即必须有透明性的主导。员工不能将其视为自身的弱点，而是将其视为改善的起点。他们必须从上级获取足够多的信任，才能正视差错而非将其掩盖。

图 3.10 所示为差错管理的重要价值。

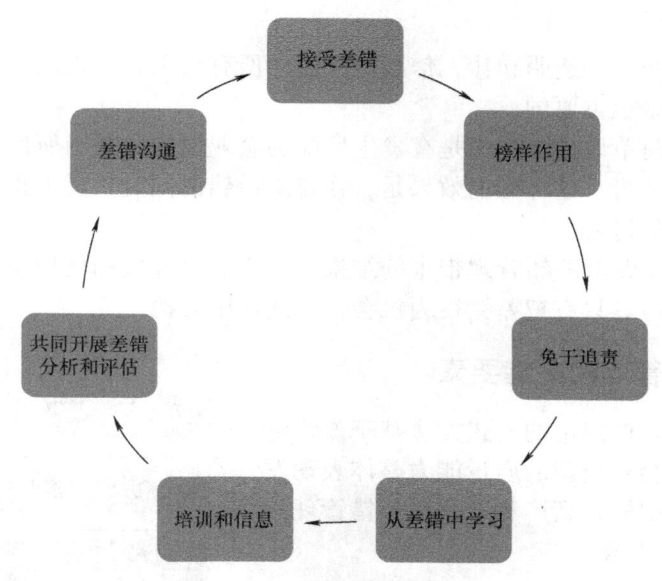

图 3.10　差错管理的重要价值

发展建设性差错管理的核心价值。

1. 接受差错

差错和经验是学习和发展过程中的态度。所有差错，即使是小的和不重要的差错，也要考察分析。员工不产生内疚感，就不会掩盖差错。

2. 榜样作用

管理层是处理差错的榜样。他们对企业内的标准和价值以身作则，并将其传递给员工。

3. 免于追责

首先寻找差错的原因而非责任人。

4. 从差错中学习

从差错分析中得到的认识要成为培训、研讨会和谈话中的内容。

5. 培训和信息

要保证对企业文化的全部培训也要覆盖差错管理的部分。规则要明确且必须遵守，质量才能有所保障。

6. 共同开展差错分析和评估

为了从差错中学习，团队内要开展严肃的分析和评估。要包含快要成为差错的内容，才可能避免未来出现差错。

7. 差错沟通

要一直有开放、透明和让人信服的交流。所有员工和管理层间的相互肯定和建设性的互动是很重要的。

差错不能简单地排除，而是在发生后能为企业发展和员工所用，这样的差错管理才会得到认可。这样做的效果是，在排除差错的同时，员工得到了激励并参与了解决差错的过程。

一个经过实践的差错管理带来的结果，一方面是开放的处理差错，另一方面是从差错中学习。只有把差错视为机会，才能从中受益。

3.2.6 差错管理的关键要素

企业日常处理差错的方式方法基于差错管理的实践，这会对公司的质量能力整体表现发生影响。一个积极、高产和开放性差错管理的要素如图 3.11 所示。

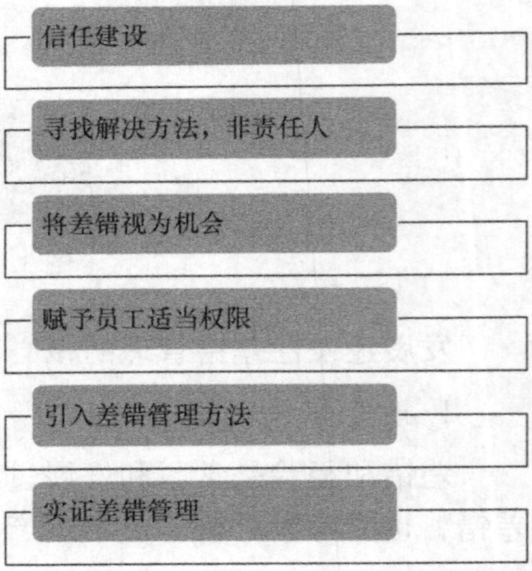

1. 信任建设

员工对差错和其带来的惩罚没有畏惧，而专注于好的工作产出，这种信任利于员工的激励并发挥作用。害怕和羞愧只能导致压抑，不是良好工作的基础。

如果希望从差错中学习，必须创造一个充满信任和对差错包容的氛围。

图 3.11 差错管理的要素

2. 寻找解决方法，非责任人

开展差错分析必须脱离个人观点。差错的发生并非员工做得不好，而是因为流程步骤、系统或沟通未得到正确的设置，所以才会导致差错发生。

3. 将差错视为机会

差错原则上是无法完全避免的，应将它看成是很好的学习机会，以获得持续的发展。如果能从差错中学习，就要能找到更好（更有效率和更有效益）的可能性，且又可以由此促进创新。

4. 赋予员工适当权限

应准许员工在规定的框架范围内自行做出决策，这样才能在某些情况下自主和快速地做出反应。处理方法才能在发生差错的形势下发挥作用。此外，决策框架有益于激励作用，员工由此获得了信任。员工会将此看作是对其工作成绩的价值肯定。

5. 引入差错管理方法

差错管理受到来自各个方面的影响，不能简单地强加于人。然而，企业可以通过独立制定和公布指导原则、企业愿景或企业政策的辅助，向员工说明组织处理差错的方式方法、企业对差错管理的定位和企业追随的差错策略。每个建立并积极塑造差错管理的组织都会追随一定的策略，而这种策略的制定是不同的。

6. 实证差错管理

已经文件化的差错管理方法必须由管理层饯行并做出表率，在员工前更加遵守。为了达到开放处理差错的目的，管理层应成为榜样，遵守且能承认自己的差错并和其他人共同寻求将其优化。如果管理层作为激励者没有遵守原则和做出表率，即使公布了指导原则，也无法建立起开放的差错管理。

从企业管理学角度出发，一个开放的差错管理可以映射出领导层和员工的态度和行为方式。企业内在的潜力深受其影响。

3.3 要点简述

差错原则上是无法避免的，这还要取决于企业如何应对。

一个顺应时代和高产的差错管理对企业的成功尤其重要。最终大家都会从中受益，感受一个充满建设性的企业氛围。差错管理通过较强的对话意愿（员工/领导）获得支持。

应将员工掌握的知识视为重要的生产要素。因此即使在没有差错发生的时候，也应有交流信息的意愿。员工为了避免差错可以随时提出改进建议，并考察其可行性（使用、成功前景）。

如果管理层不认真接受建议，其他避免差错的改进建议将需要等待很长时间。即使改善建议未被采纳，也须向员工反馈检测结果（包括理由）。

员工的态度和个人想法对差错管理的意义重大。一个积极的差错管理不能靠指派，而是要和管理层践行的榜样作用相结合。这是最高管理层能积极控制内部差错管理的一个前提条件。

3.4 实用一览

舒特科夫将差错管理带来的用处，进行了很好的描述，这可以体现在：

1）因为员工、员工和管理层之间，处理差错是开放和合作的，所以员工的满意度较高。理解差错是有可能发生的，因此员工会无顾虑地上报差错。

2）由于员工和管理层都有较高的质量意识，才会有较高的产品质量。可以迅速识别和确认差错，共同确定解决方案，执行和检查，并采取预防措施。

3）由于差错的意识和识别事故风险是相辅相成的，因此有较高的职业的安全性。处理即将发生的差错，也一样可视为改善的机会。

4）次品和返工的成本可以通过可持续的修正和预防措施降低，持续地改进流程，生产率因此较高。

5）由于差错在内部就已捕获并加工，而非通过客户发现且投诉召回，因此有较高的竞争力。客户满意度持续上升，公司由此获得较好的形象。这使公司更加高产和具有竞争力，因此有稳定的工作岗位。

3.5 参考文献

Bösch, Isabelle M.: „Aus Fehlern lernen", in: Eiselen, Tanja (Hrsg.): *Fehler als Innovationschance*. wvb, Berlin 2006

Brückner, Claudia: *Qualitätsmanagement. Das Praxishandbuch für die Automobilindustrie*. 2., vollständig überarbeitete und erweiterte Auflage, Hanser, München 2019

Collin, Matthias: *In zwölf Schritten einfach besser werden*. Gabler, Springer, Wiesbaden 2010

DIN 31051:2019-06: *Grundlagen der Instandhaltung*. Beuth, Berlin 2019

DIN 40041:1990-12: *Zuverlässigkeit; Begriffe*. Beuth, Berlin 1990

DIN 55350-11:2008-05: *Begriffe zum Qualitätsmanagement – Teil 11: Ergänzung zu DIN EN ISO 9000:2005*. Beuth, Berlin 2008

DIN 55350-12:1989-03: *Begriffe der Qualitätssicherung und Statistik; Merkmalsbezogene Begriffe*. Beuth, Berlin 1989

DIN EN ISO 9000:2015-11: *Qualitätsmanagementsysteme – Grundlagen und Begriffe (ISO 9000:2015)*. Deutsche und englische Fassung, Beuth, Berlin 2015

DIN EN ISO 9001:2015: *Qualitätsmanagementsysteme – Anforderungen (ISO 9001:2015)*. Deutsche und englische Fassung, Beuth, Berlin 2015

Dreiling, Kristina: „Unternehmenskultur einfach erklärt: Definition, Modelle und Entwicklung". Von https://factorialhr.de/blog/unternehmenskultur/#definition, 2020

EASMAG: „Qualitätsmanagement in der Digitalisierung und Qualität 4.0". Von https://de.eas-mag.digital/qualitaetsmanagement-in-der-digitalisierung-und-qualitaet-4-0/, 2020

Grätsch, Susanne; Knebel, Kassandra: „Fehlerkultur vor Fehlermanagement! Wie Ihr Unternehmen aus Fehlern lernt". Von https://www.berlinerteam.de/magazin/fehlerkultur-vor-fehlermanagement-wie-ihr-unternehmen-aus-fehlern-lernt/, 2020

Grevenkamp, Ludger: *Fehlerkultur – Wichtige Grundlage des Unternehmenserfolgs*. Von https://www.elgreco-consulting.de, Blog-Beiträge 05–08/2018

Hochreither, Peter: *Erfolgsfaktor Fehler!*. BusinessVillage, Göttingen 2005

Impulse Medien: „Fehlerkultur. Lernen Sie in drei Schritten, wie Sie durch einen positiven Umgang mit Fehlern erfolgreicher werden können". Impulse Whitepaper Nr. 4. Von https://www.impulse.

de/management/unternehmensfuehrung/fehlerkultur/2875105.html, 2016

Jeschke, Klaus: „Grundlagen und Prinzipien zur Null-Fehler-Produktion". In: Westkemper, Engelbert: *Null-Fehler-Produktion in Prozeßketten. Maßnahmen zur Fehlervermeidung und -kompensation.* Springer, Heidelberg 1997

Kiem, René: *Qualität 4.0.* Hanser, München 2016

Mandl, Christoph: *Vom Fehler zum Erfolg.* Springer, Wiesbaden 2017

Personio: „Unternehmenskultur entschlüsselt: Diese Basics müssen Sie kennen". Von *https://www.personio.de/hr-lexikon/unternehmenskultur/*, o. J.

Pietrasch, Elisa: „Unternehmenskultur: Was ist das und wie funktioniert der Kulturwandel?". Von *https://www.clevis.de/ratgeber/unternehmenskultur/*, 2020

Recklies, Dagmar: „Das 7-S-Modell". Von *https://managementportal.de/Ressources/7S%20Modell.htm*, 2000

Richter, Marius: „Was ist eine lernende Organisation?". Von *https://strategie-spektren.de/fuehrung-und-management/lernende-organisation/*, o. J.

Rimsa, Michael: *Motivation durch Fehlermanagement – Fehlermeldung mit System.* Von *http://www.emcl.de/05_Fehlermanagement.pdf*, o. J.

Schüttelkopf, Elke M.: „Erfolgsstrategie Fehlerkultur: Wie Organisationen durch einen professionellen Umgang mit Fehlern ihre Performance optimieren". In: Ebner, Gabriele; Heimerl, Peter; Schüttelkopf, Elke M.: *Fehler – Lernen – Unternehmen. Wie Sie die Fehlerkultur und Lernreife Ihrer Organisation wahrnehmen und gestalten.* Peter Lang, Frankfurt am Main et al. 2008

Schüttelkopf, Elke M.: *Lernen aus Fehlern. Wie man aus Schaden klug wird.* 3. Auflage, Haufe, Freiburg im Breisgau 2019

Senge, Peter M.: *Die fünfte Disziplin.* 11. Auflage, Schäffer-Poeschel, Stuttgart 2017

SThree: „So Arbeitet Deutschland". Von *https://so-arbeitet-deutschland.com/scheitern-innovation*, o. J.

Sztuka, Achim: *7-S-Modell von Kinsey.* Von *http://www.manager-wiki.com/strategie-grundlagen/33-swot-analyse*, o. J.

Weingardt, Martin: *Fehler zeichnen uns aus.* 1. Edition, Julius Klinkhardt, *Bad Heilbrunn* 2004

Weizsäcker, Christine von; Weizsäcker, Ernst Ulrich von: „Fehlerfreundlichkeit". In: Klaus Kornwachs (Hrsg.): *Offenheit – Zeitlichkeit – Komplexität. Zur Theorie der Offenen Systeme.* Campus, Frankfurt am Main, New York 1984

Wirtschaftslexikon 24: „Lernende Organisation". Von *http://www.wirtschaftslexikon24.com/d/lernende-organisation/lernende-organisation.htm*, 2020

Zelesniack, Elena; Grolman, Florian: „Unternehmenskultur: Die wichtigsten Modelle zur Analyse und Veränderung der Unternehmenskultur im Überblick". Von *https://organisationsberatung.net/unternehmenskultur-kulturwandel-in-unternehmen-organisationen/*, o. J.

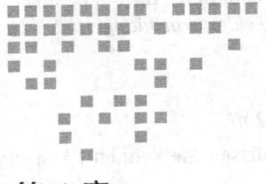

第 4 章
系统应用下的差错管理

> **重点：**
> 1）差错管理是怎样定义的？
> 2）差错管理都有哪些方法？
> 3）处理差错都有哪些工具？
> 4）差错管理和企业文化之间的关系？

4.1 差错管理的定义

差错管理是企业管理的基础，是系统的预防差错、识别差错、诊断差错、评估差错及介绍和评估应对方案，目标是降低严重错误的风险（jp 咨询公司，2019 年）。

这意味着，如同企业的质量管理系统，有标准化的处理产品差错的单独程序和流程描述，并为此实施投入所需资源，才谈得上是一个差错管理。差错管理的目标是识别出现的差错并将其修正，监测差错原因，通过分析与计划预防和规避差错。这些任务可以通过程序描述、信息义务、工作指令、制定表格和应用质量管理方法、责任分派的方式单独实现。此外，还要重视近期差错的梳理，尽可能提早关注并将其预防。

这类差错管理系统包括随着时间而形成有说服力的数据基础，由此而来的认知能应用于质量保障。

图 4.1 所示为差错管理概况。

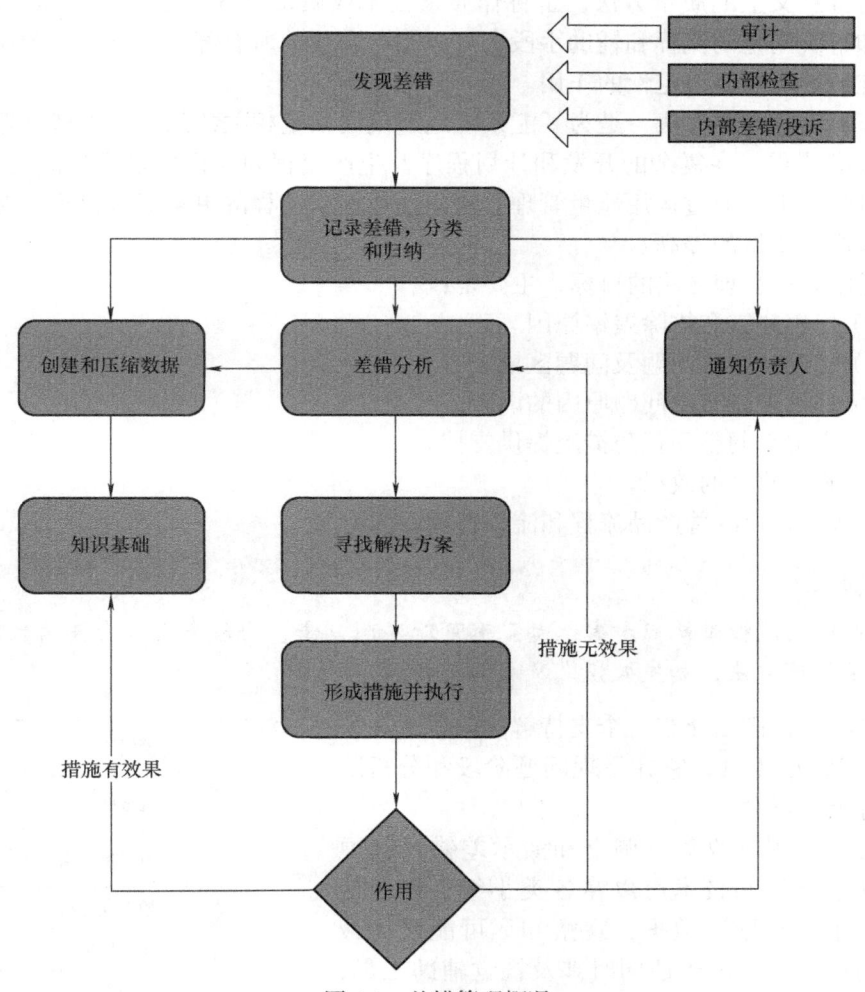

图 4.1　差错管理概况

质量管理和预防性的质量保证之所以重要，是因为可由此找出差错原因。这需要对差错进行系统化的评估，通常可通过图 4.1 给出的步骤开展。

> **注意：**
> 所有差错文件在数据库中可以存取并随时调取，是非常有意义的。

4.2 差错管理的方法和工具

通常意义上的质量方法，也称作质量技术或质量流程，是质量管理中分析、评价和解决问题的流程和辅助手段，可应用于企业的所有部门，且对一个质量管理系统的效应发挥决定性的作用。

开发质量管理方法，是为了能系统地解决同质量相关的问题、支持创造性的解决方案流程，在复杂的开发和计划程序及生产流程内保证质量规划的高效性。在质量管理下，通过运用质量管理方法而达成控制流程的更高层次目标，这自然会带来产品质量的提高。

运用质量管理方法的目标，主要是：
1）规避差错和排除差错原因。
2）确定和区分问题及问题区域。
3）评估可能导致问题原因的因素。
4）为定义调整和预防措施提供支持。
5）确认改进的效果。

这些为企业改善产品流程和流程特征而用。

> **注意：**
> 在计划流程时就应考虑，哪里有可能发生差错。一般来说，会使用预防性的质量管理方法，如失效模式及影响分析。

接下来将详细介绍一个支持解决问题流程方法的汇总 7Q 工具，它在呈现问题阶段和分析阶段具有重要意义。

它首先用于收集、调查和演示差错及其原因，这个方法和技术可以在各类小组工作中使用。用于处理数字数据，观察和尽可能维护最佳的制造状态。由于还同时涉及视觉辅助工具，因此问题和其解决方案可通过简单的图形进行展示。

图 4.2 所示为记录差错和差错分析的方法。

记录差错	差错收集卡
	直方图
	质量控制卡
差错分析	帕累托分析
	头脑风暴
	关联图
	因果关系图

图 4.2 记录差错和差错分析的方法

4.2.1 记录差错的重要方法

1. 差错收集卡

差错收集卡，也称作差错收集单，是一个对记录差错很有帮助的工具，可用于持续观察流程。差错收集卡构成了呈现差错发生趋势的基础，易于研究和传递。它的制作成本较低且易于识别差错类别。

> **注意：**
> 这个方法的缺点是既不能根据时间对差错的顺序进行监控也不能开展差错分析，且无法研究差错之间的相互影响。这需要对数据进行进一步加工，才能显现其趋势。

通常差错收集卡是一个表格（见表 4.1），表格规定出差错所在行或差错种类，这些需要提前确认。此外还需确认记录时间和记录差错的责任人，在相关行填写和记录发生的差错。一个较好的差错收集卡应成为改进差错的良好基础。

在调查时，每个差错通过画线表示。在表格中应为新出现的差错预留出空格。重要的是每次确认出现差错的工作条件是统一的。

> **注意：**
> 差错的类别应规定好，避免出现例如"其他项"的开放行，因为这通常会带来麻烦，表明并非所有差错都已经记录在案，或差错还尚未被精确定义或无法同其他差错进行界定。

表 4.1　差错收集卡示例

		差错收集卡			
	产品编号	012345	大厅	2	
	产品标识	后视镜	流程	最终检测	
	检测人	H. 穆斯特	已检数量 / 个	200	
	检测类型	抽样检查	工作周数 / 周	44	
编号	差错类型	画线表	绝对频率 / 次	差错率（相对频率）	
1	划痕	ⅠⅠⅠⅠⅠ ⅠⅠⅠⅠⅠ	10	5.0%	
2	污渍	ⅠⅠ	2	1.0%	
3	组装错误	ⅠⅠⅠⅠ	4	2.0%	
4	腐蚀	ⅠⅠⅠⅠ	4	2.0%	
…	…	…	…	…	

> 工作辅助：差错收集卡。
> 登录网站 *https://plus.hanser-fachbuch.de/*，用相应的访问代码访问工作助手，并下载差错收集卡。

如果差错收集卡设计得合理，可以从差错的累积或差错发生的位置得到线索。可以将差错收集卡和其他质量管理方法相互关联。表 4.2 为差错收集卡同其他重要质量管理方法间的关联。

表 4.2　差错收集卡同其他重要质量管理方法间的关联

方法	关联
柱状图	根据柱状图可以呈现差错发生的频率
鱼骨图/关系图	根据鱼骨图或关系图能判断出差错收集卡的差错类型和差错原因
帕累托分析	可利用帕累托分析差错收集卡中差错和差错类型的分布情况，对其进行呈现和优先排序
流程控制卡/SPC	对于部分过程控制卡和统计流程控制，需要差错收集卡的辅助来记录差错

在改进流程上，差错收集卡可应用于以下步骤：

1）识别问题。可以通过差错收集卡记录和计数，比如，记录某个流程的运行或计算正在处理的投诉数量。

2）问题分析。可以通过差错收集卡对识别的问题进行分析。例如，通过差错收集卡有针对性地记录问题，从而缩小问题范围。

3）监测。流程改进后，可通过差错收集卡监测差错数和差错的分布，看其是否保持在计划范围之内。

4）总结。差错收集卡是获得差错概况的辅助工具。因其简便性，适用于公司的所有流程，参与的员工也无须进行特别的培训，因此可成为公司各个领域持续改善的一个重要前提。

2. 直方图

直方图是条状图，用图形表示测量值的等级和频率，并将其分为不同的等级，其背景是分布形式的确定（如正态分布）。根据偏差可以得出差错原因的结论。直方图的优点是，可通过图形对大量的数据进行概括，可以很好地识别出异常值。此外，过程变化是可见的。其缺点是只有在相同的 X 坐标和 Y 坐标的情况下，才能对几个直方图进行比较。

为了制作直方图，把通过差错收集卡收集的数据进行分类，应注意级别的数目最少 5 个、最多 25 个。级别的宽度是由测量系列中最大和最小的数值之差除以级别数量得出的。

> 📌 **注意**：
> 直方图是一个显示数据频率分布和其分类的柱状图。

创建直方图的详细过程为：

1）确定值的个数 n、最大值 x_{max} 和最小值 x_{min}。

2）计算跨度 R：$R=x_{max}-x_{min}$。为了计算跨度，需要最小的测量值和最大的测量值。

3）根据平方根规则确定类别 k 的参考值：$k=\sqrt{n}$。代表类别的 k 是通过取 n 的平方根来计算的（见表4.3）。

表 4.3 推荐的类别

观察值的数量	类别数量 k
<50	5～7
50～100	6～10
101～250	7～12
>250	10～20

> 📌 **注意**：
> 重要的是使用适当的类别数量，这可能需要多次尝试。

① 确定类别宽度 H 的参考值：$H=R/k$。类别宽度可以四舍五入，以便于划分。

② 设置类别限值（每个值必须明确归属于一个类别）。如果应用该公式的结果是小数位，则四舍五入到最近的整数。

③ 创建统计表，标记类别中值的数量。

④ 划分轴线，标注名称、单位（横向），数量（纵向）。

⑤ 绘制柱状图。根据类别中的值的数量来确定高度。

⑥ 输入标题、值的数量 n，如果需要的话，输入设定值和公差限制。

⑦ 解释和分析分布的情况。

以下为创建直方图的示例（见表4.4、表4.5和图4.3）。

表 4.4 测量值 X_i，$n=50$

5.9	5.3	6.3	5.8	5.5	5.5	5.6	6.4	5.3	6.1
5.8	5.0	5.9	5.4	5.7	6.4	5.8	6.6	5.8	6.3
5.7	6.0	5.9	6.1	5.7	6.2	5.3	6.1	5.4	5.9
6.2	5.5	5.9	6.4	5.4	6.2	5.2	5.7	5.9	5.7
5.9	5.6	6.0	6.2	5.6	6.1	5.7	5.8	6.0	5.8

计算跨度 $R=x_{max}-x_{min}=6.6-5.0=1.6$。

计算类别数量 $k=\sqrt{n}=\sqrt{50}=7.07$，取整后 $k=8$。

计算类别宽度 $H=R/k=1.6/8=0.2$。

表 4.5 类别数量、类别分界和频率

类别数量	类别分界	频率/次
1	5.00～5.19	2
2	5.20～5.39	3
3	5.40～5.59	6
4	5.60～5.79	9
5	5.80～5.99	13
6	6.00～6.19	7
7	6.20～6.39	6
8	6.40～6.59	3
9	6.60～6.79	1

小于测量值或测量值本身的整数构成第一类的下限。为此，添加类别宽度 H 以形成下一个类别的边界。通常使用这种方法，即上限已经属于下一个更高的类别。

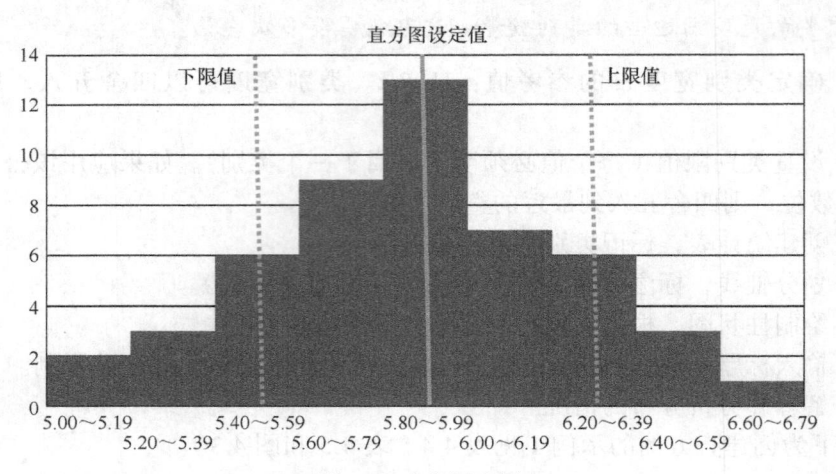

图 4.3 直方图示例

工作辅助：直方图。

登录网站 *https://plus.hanser-fachbuch.de/*，用相应的访问代码访问工作助手，并下载直方图。

第 4 章 系统应用下的差错管理

客户设置的上限和下限（此处为虚线），对于直方图的阐释是重要的，在此范围内可认为产品是无差错的。设定值用实线标记。

阐释的出发点是钟形曲线内的正态分布。

通过完成的直方图检查测量值是否在容忍限值范围内，以及大多数值所处的水平。

如果更多的数据在设定值的左边或右边，则需要分析异常值的原因，因为这代表流程运行得太高或太低（见图4.4）。分散点应该尽可能小，这样可以尽可能地避免发生不可预知的流程运行活动。

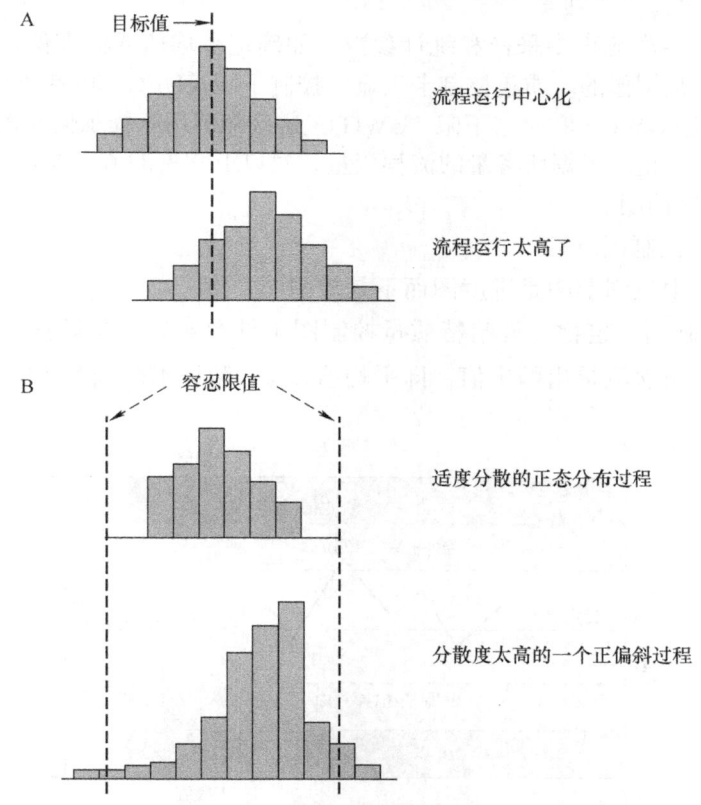

图 4.4 直方图阐释的可能性（卡明斯基《质量管理方法手册》，第729页）

结论：为了处理统计问题，无论使用怎样的方式都要提取数据。频率出现的程度是科学研究结果的基础，可称得上是"核心"。以直方图的形式呈现数据量，使其马上透明化，这是能够尽可能迅速、可靠地识别重要特征的一个必要前提条件。

3. 质量控制卡

质量控制卡（QRK）是统计流程控制的工具。通过质量控制卡可以监测生产流程，还可以提供图形化的评估。流程中的偏差和超过允许值的风险可被迅速识别，并尽早启动相应的应对措施。

因此质量控制卡也可作为早期预警系统使用，节省了返工和次品的成本。质量控制卡证明流程处于统计控制下。

> **注意：**
> 此方法的主要缺点是不能手动使用。

在运行的生产流程中采样和统计参数，如确定平均值或标准偏差。在质量控制卡上的展示是图像的。质量控制卡上显示控制下限（UEG）和控制上限（OEG），以及警告上限（OWG）和警告下限（UWG），这些限值用于提示何时需要对生产流程进行修正或停止。根据所考量的流程变量，对以下常见的流程变量进行了区分：

1）中位周期图。

2）$\bar{x}$ –R 控制图。

狭义上，中位周期图是进度图而不是控制图。

$\bar{x}$ –R 控制图，也称为修哈特质量控制图（见图 4.5），是最常使用的度量数据类型之一。每次测量出两个值，即平均值（$\bar{x}$）和样本范围值（R）。

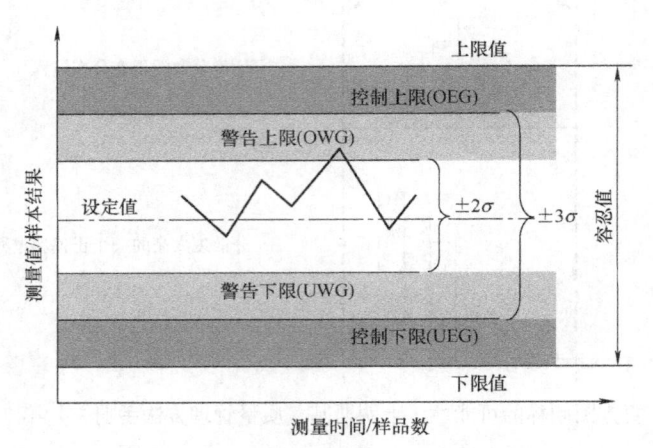

图 4.5 修哈特质量控制图

> **工作辅助：** 质量控制卡。
> 登录网站 *https://plus.hanser-fachbuch.de/*，用相应的访问代码访问工作助手，并下载质量控制卡。

目标值在此要维持的即定值，可用 QRK 检查。

在设置警告限值（OWG 和 UWG）时，通常使用平均值的 2 倍标准差（2σ）。在此范围内，受控过程预计将有超过 95% 的数值都在预期内。在警告范围内的偏差表明流程没有提供确切的期望值，但准确度仍较高。超过或低于警告限值，就需要对流程提高注意力。

可以假设偏差在统计控制范围内的偏差极限由 OEG 和 UEG 构成，如超过了这些线，则可认为偏差并不是由统计原因造成的，而是由生产流程中的差错造成的。

在定义控制界限时，通常使用平均值的 3 倍标准偏差（3σ）。超过 99.73% 的所有数值预计都在这个范围内。

利用质量控制卡工作需要满足以下几个前提条件：

1）它必须是一个稳定的过程，在其测量的参数方面受到自然分化的影响。

2）只有正确收集的测量值或校对正确的测量设备才能保证可靠的测量。即在相同条件下，新的测量会得到相同的测量值。

3）必要的采样需要定期进行并评估，这样才能做出快速反应并对其干涉。

4）由于质量控制卡的使用较为复杂，因此必须有较多同类型的工艺序列。这是从各个流程中获得足够数据的前提条件。

总结：使用质量控制卡，可以连续记录流程，并以图形方式呈现其结果，因此对流程进行控制干预是可行的。

4.2.2 差错分析的重要方法

1. 帕累托分析

维尔弗雷多·帕累托（1848—1923）提出了如下论点，即大约 20% 的原因可能会导致大约 80% 的问题。基于此陈述，帕累托分析可用于找到解决大量问题的调节杠杆。帕累托分析也称为 ABC 分析，即按数量的顺序记录的问题原因，从而识别出重点并将其可视化并生成为帕累托分析图，然后从中选择出对问题影响最大的原因，人们由此可在规划措施时专注于关键要点。

首先可以通过头脑风暴确定待解决的问题，然后确定可能的差错来源或原因的类别，并定义测量变量。在此可以是差错的频率或成本。

帕累托分析图，是一个组合图。差错类型及其原因，如差错来源、差错类别通过 x 轴显示。在主 y 轴上是绝对频率，在次 y 轴上表示的是相对频率的百分比。柱状图显示的是差错类型的现有值，累积曲线显示的是累积值。相关数据必须通过监测收集，如使用差错收集卡或通过评估其他资料提取。

从结构上看，帕累托分析与材料管理学中的 ABC 分析类似。帕累托分析并不分析其数量比或价值比例，或对其分析的准确性，而是从其原因和发生的角度来考察产生的问题。帕累托分析图是按照以下步骤生成的：

（1）创建需求目录

定义对象，使用帕累托调查其影响变量的作用，如差错、成本、概率、销售额、波动值等。

（2）确定系统数据

确定所选对象的影响变量，如差错或故障数据。

1）示例1：差错或故障数据，即哪些影响因素（人、材料、机器等）在进程中导致了多少差错。

2）示例2：哪些差错类型可以导致多少产品故障。

3）示例3：哪些类型的要求在加工任务时有优先权（时间、技术、经济性）。

① 客户要求根据重要性和紧迫性完成问题和期许。

② 根据技术要求完成最重要和最紧迫的议题。

③ 完成影响最大的议题。

④ 根据量化证明完成最重要和最紧迫的议题。

⑤ 根据量化证明的标准要求，完成同质量相关的重要议题。

⑥ 根据量化证明的经济要求，完成同货币和策略有相关影响的、最重要和最紧迫的议题。

（3）数据收集

收集必要的基本数据，比如影响差错和其原因（人、材料、机器等）变量间的关系，以及由这些原因产生的差错类型。为此可使用差错收集卡。

（4）频率

创建不同数值或数值组的微分和积分频率（如直方图）。

（5）帕累托分析

直方图的条目是按照价值的降序排列的。供应商可以按营业额排序，客户可按营业额或订单频率排序，物品可以按其价值、调取频率或周转频率排序。

表 4.6 是帕累托分析图的数据收集示例。

表 4.6 帕累托分析图的数据收集示例

差错类型	差错频率	差错频率占比	排除差错的成本	每种差错类型的总成本	差错成本占比
差错 2	420	48.00%	20.00 €	8400.00 €	63.87%
差错 3	25	2.86%	100.72 €	2518.00 €	19.15%
差错 11	102	11.66%	13.00 €	1326.00 €	10.08%
差错 8	121	13.83%	2.00 €	242.00 €	1.84%

第 4 章　系统应用下的差错管理　　55

（续）

差错类型	差错频率	差错频率占比	排除差错的成本	每种差错类型的总成本	差错成本占比
差错 1	58	6.63%	4.13 €	239.54 €	1.82%
差错 12	66	7.54%	2.66 €	175.56 €	1.33%
差错 10	11	1.26%	14.00 €	154.00 €	1.17%
差错 13	62	7.09%	1.00 €	62.00 €	0.47%
差错 7	10	1.14%	3.50 €	35.00 €	0.27%
总计	875	100.00%	161.01 €	13152.10 €	100%

在图 4.6 所示的简单示例中，通用帕累托分析图确定了差错和差错成本。差错类型按发生的频率降序排列。

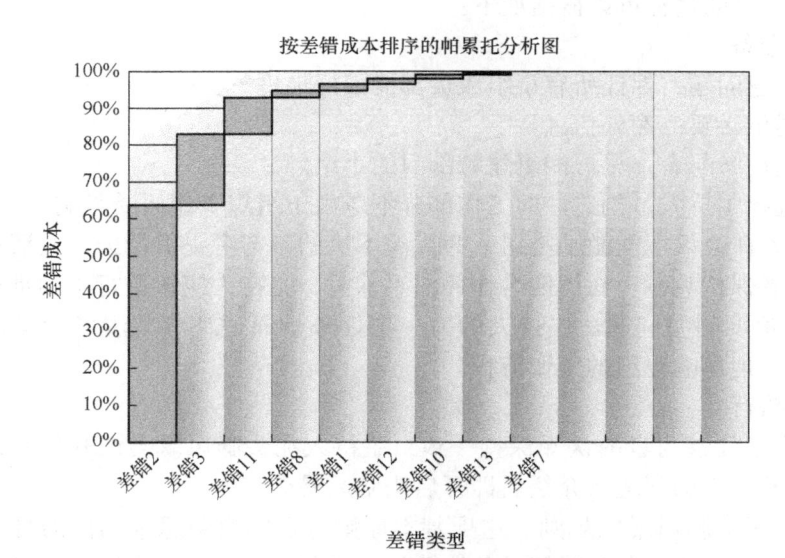

图 4.6　根据差错成本的帕累托分析进行的评估

> 工作辅助：帕累托分析。
> 登录网站 *https://plus.hanser-fachbuch.de/*，用相应的访问代码访问工作助手，并下载帕累托分析。

可以从制成的图中读取各类别代表的含义。图中的条形越高，说明类别越重要。还可以额外通过 ABC 分析对优先级进行分类。这易于做出决定，应首先对哪些差错进行潜在的改善。

一个重要的步骤是在图中显示每个差错的成本。正如示例显示的，出现频率最高的差错并不一定会导致最高成本。在此需要决定采用何种策略实施改进。

总结：通过帕累托分析的质量问题分析可帮助后续步骤优先排序。资源越紧张，越能体现出此应用的重要性。

通过帕累托分析图呈现的结果，可以识别出真正最需要关注的事物。通过客观数据，应在团队中达成首先解决哪个问题的共识。帕累托分析简明扼要地阐明了应该从何处着手。

2. 头脑风暴

头脑风暴是一个简单的创造技巧，属于经典式。这个方法通过有主持的小组，在短时间内收集、评价和构建思想并建议解决方案。每组不超过 7 个人，组员之间可以通过新的思维相互激励。理想的小组应是跨部门组建的，即由来自不同领域的员工组成。

头脑风暴的过程可以概括如下：

（1）准备

1）描述问题，保证所有小组成员都能很好地理解。

2）提供必要的额外信息。

3）邀请参与者，尽可能组建跨部门的小组。

4）选择主持人，创造性的工作部分不应由于组织工作而受影响。

主持人在会议期间激励小组，为犹豫不决的参与者提供帮助，并请求特别积极的参与者保持克制。在团队合作停滞不前时，主持人应该进行干预且尽可能地从不同的角度阐明问题。主持人的另一项任务是通过让参与者紧紧围绕会议目标，而有效地影响小组的工作流程。

（2）执行

1）为了让参与者的认知保持一致，主持人在头脑风暴会议开始时，必须详细介绍需要讨论的问题。介绍后即开启头脑风暴会议。

2）解释头脑风暴的规则。这项基本原则应帮助避免思维的停滞且促进更多的奇思妙想，还应避免长时间的争论且每个参与者都应有发表看法的机会。

① 对表述的想法不批评。

② 自由发表所有想法。

③ 思想的数量是首要的，而非质量。

④ 允许采纳现有的思维并继续使用。

3）在所有参与者都清楚掌握了规则后，可以在纸的最上端标记起始问题，参与者发表的所有思想都记录其后。每个参与者都要记录想法并让其他人可见。大多数情况下会使用活页纸，一方面可以对会议进行记录，另一方面可以激发其他参与者思想的进一步形成。

> 工作辅助：头脑风暴的规则。
> 登录网站 *https://plus.hanser-fachbuch.de/*，用相应的访问代码访问工作助手，并下载头脑风暴的规则。

4）20~30min 后，创造性的部分就结束了。通常会通过一个间歇间隔之后的评估环节。

5）团队成员提出的所有建议都必须展示给大家，即提供可视化的可能性。这可以是一个金属背板、思维导图、投影仪、带光束的计算机等。

（3）加工阶段

1）在加工阶段，大家再一次共同回顾所有的记录，并在之后的评估环节讨论和排序，例如，通过团队成员的贴纸了解分布情况。

2）在采纳了所有想法后，将其结构化并评估其可行性。在这个环节，可询问参与者是否有建设性的批评意见。

（4）后期加工

头脑风暴会议后，对收集的想法进行整理并加以记录。会议记录会发送给所有参与者及需要做出最后决策、给出进一步工作设想的专家。终期的评估通常不在会议中进行，而是由专家单独开展。

> **注意：**
> 头脑风暴会议的参会者，在集合前必须明确定义待解决的问题。如事先已知问题的复杂性，则应将其拆分为几个问题分支。

总结：此方法操作简单，只需要主持人向参与者做简短的介绍。这个方法较大的优势是，所有参与者都能积极地参与其中，开创了新的思维方式。缺点是，收集的数据量很大且可能较难对其进行结构化。

3. 关联图

关联图以图形方式呈现同一观察对象上发现的两个特征之间的关系，也称为 x-y 图。特征 y 和 x 会被记录下来，可以记录 40~100 个值。坐标系中的 x 轴表示原因，在 y 轴上显示结果，从而形成所谓的点云。如果一对数值多次出现，则每次用圆圈标记该点。通过记录的点绘制一条直线，然后评估其关联性。关联图仅显示两个特征之间关系的强度（不显示原因）。

生成的点云可以用来解释图表。正相关意味着增加的 x 值与增加的 y 值相关。确定的点越接近直线，特征之间的相关性就越强。

图 4.7 所示为关联模板。

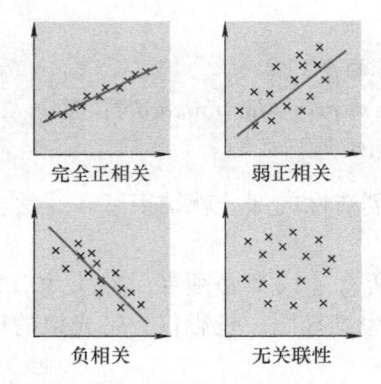

图 4.7 关联模板（特登·科斯曼，2013 年）

> 工作辅助：关联图。
> 登录网站 *https://plus.hanser-fachbuch.de/*，用相应的访问代码访问工作助手，并下载关联图。

总结：该方法的优点是可以快速地概括特征的相关性，并能很好地估算出容忍值。缺点是人工计算相关系数很费时且只显示统计学上的相关性。

4. 因果关系图（石川图）

石川图于 20 世纪 50 年代初由石川馨引入日本的钢铁行业，也称为鱼骨图或因果关系图，它可以帮助团队寻找问题的原因。对已经定义的问题收集原因，再将其分为主要原因和次要原因，并以图形的方式呈现。石川图可以独立使用，主要是用于改进流程和分析差错。

在记录所有主要原因和次要原因后，对其进行评估。例如可以用积分评估确定哪些原因应进一步跟踪。为这些原因确定含有责任和期限的具体措施。石川图中的原因可以自由选择，原因通常有以下类别：

1）人（能力和行为）。
2）机器（工具、设备）。
3）方法（工作方法、流程、结构和工作环境）。
4）材料（材料、原材料、数据、信息）。

根据具体问题可以继续增补类别，比如：

1）社会环境（法律规定、客户行为、竞争对手）。
2）管理（企业基本原则、战略决定）。
3）测量（使用的测量工具、方法）。

图 4.8 所示为因果关系图（石川图）示例。

第 4 章 系统应用下的差错管理

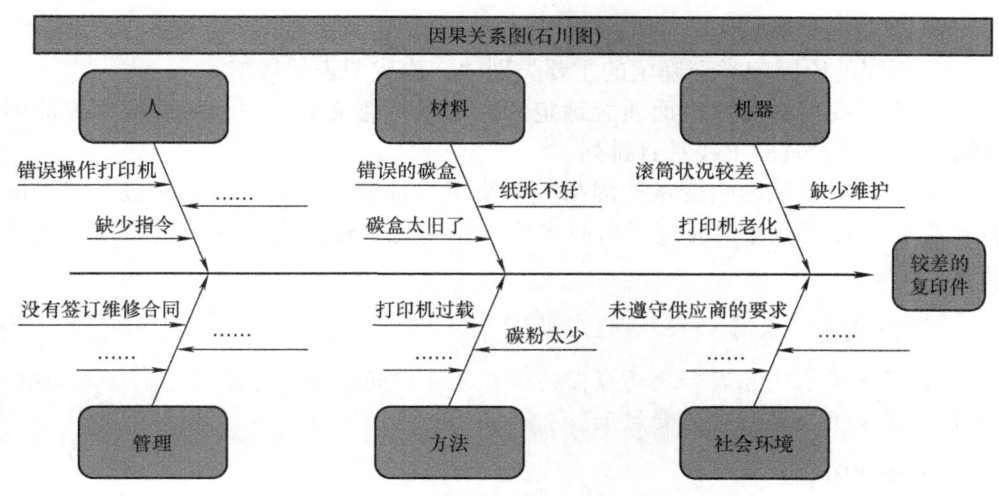

图 4.8 因果关系图（石川图）示例

> **工作辅助：因果关系图。**
> 登录网站 *https://plus.hanser-fachbuch.de/*，用相应的访问代码访问工作助手，并下载因果关系图。

通过因果关系图分析差错的必要步骤如下：

1）创建图表。

在一个有主持的工作小组中创建图表。对于重要领域内的待分析问题，有可以胜任工作的参与者出席。吸纳外部人员参与也是很有意义的，如供应商或客户。

2）研究原因。

对原因的研究从针对相关问题的头脑风暴开始：需要分析和解决哪个问题？对于问题的描述、目标、可用的时间和成本框架、分析的深度等，都应在会上提出。

3）确定主要原因。

通过头脑风暴确定主要原因及其影响。

4）绘制因果关系图。

图表的起点是一个水平的箭头（见图 4.8），右侧是一个方框，尽可能简洁命名现有问题或差错，例如较差的复印。箭头作为一个骨架，其他的主要或次要原因都由此归类并相互关联。

5）定义主要原因。

确定主要原因（主要类别）。可以是标准类别：人、机器、管理、社会等。这些主要类别（主要原因）构成了图表的骨架。

6）填写因果关系图。

① 不同的原因归类到确定的主要类别中，构成图表的骨架。

② 为了找出次要原因而质疑确定的原因是有意义的。一个效应的主要原因和细节原因沿着效应主线垂直排列。

③ 这可以呈现影响变量的因果关系直至目标值，且可以确定积极、消极的影响变量。人字形骨架促进了所有内容的结构化，通过设定的类别可以约束参与者。

> **注意：**
> 在此使用注明原因和次要原因的卡片是很好的方法，可以将它们固定到绘制好的因果关系图框架的背板上。

7）评估图表。

要检查这些关联是否完整、合乎逻辑、没有相互矛盾。差错模式应按照其作用影响和出现的可能性进行分类。

8）确定优先选项。

最好是可以全面了解特定问题或差错的原因。还应区分优先级，应从那些已知的原因开始。通过每个参与者对已确认的原因给出自己的意见，然后从获得票数最高的原因开始，这些可以在团队中很好地完成。

> **注意：**
> 不要试图一次性解决所有已明确的原因。

9）确定方案。

最后的步骤是确定并实施方案。要找到合适的方法以排除问题。

总结：即使在复杂的情况下，通过清晰的表述，问题的原因也能快速变得明朗。这极大地简化了问题或差错的分析。虽然是一个简单的方法，但通过专业的主持人也可以获得成功的前景。

4.2.3 寻找解决方案的重要方法

可以使用所说的七种管理工具（M7）中的方法来寻找解决方案。与Q7相比，M7不太注重数字和数据的分析，而是以一种透明的方式呈现之间的关系。它们主要应用于对非数字信息的调查。这些管理技术的目的是系统地处理所有相关信息，并将其作为决策的基础。

以下方法最适合用于数据分析。

1）亲和图。

2）关系图。

用于寻找解决方案。
1）树状图。
2）矩阵图。
3）投资组合。
解决方案的实施方法。
1）网络规划技术（建议用于大型项目）。
2）问题决策计划。

1. 数据分析：亲和图

通过运用亲和图可透明地呈现大量思维之间的联系。首先通过头脑风暴会议收集想法。每个参与者写下他或她的想法（每张卡片上一个想法）。然后将这些卡片汇总，对其进行编号，并将其归入适当的标题下。接下来进行评估，相似的想法也可以通过不同的标题进行分类。

> 注意：
> 对于亲和图，40～60个条目是较常见的。

使用亲和图的步骤如图 4.9 所示。

定义问题

收集信息

创建卡片

对卡片进行分类和分组

寻找标题

绘制示意图

图 4.9　使用亲和图的步骤

（1）定义问题

在完成所有的准备工作后，确定一位掌握方法的主持人，完成所有主持需要的资料、房间和背板的准备，邀请好参与者，主持人首先介绍问题，让大家处于相同的认知水平。

> 注意：
> 亲和图的小组由 6～8 人组成为最佳。

(2)收集信息

1)在研讨会期间(如使用头脑风暴法)收集信息和想法,并由主持人将其记录。

2)另一种方法是在无声的头脑风暴会议中收集信息,每人直接在卡片上写下自己的想法。缺点是可能出现重复的信息。

(3)创建卡片

收集所有信息后,将要使用的想法写在卡片上并让所有人可见,如贴在背板上。

(4)对卡片进行分类和分组

在这一步骤中对卡片进行分类、分组。为了达到此目的,需要使用不同的关键词。

(5)寻找标题

所有人对卡片的分组确认后,集体为每个组确定标题并记录。

(6)绘制示意图

结果既可以绘制成图表,也可以通过制作成卡片。

图 4.10 所示为亲和图示例。

> 工作辅助:亲和图。
> 登录网站 *https://plus.hanser-fachbuch.de/*,用相应的访问代码访问工作助手,并下载亲和图。

总结:亲和图是一种对非结构化数据进行分类和排序的方法。这是一种简单的方法,在主持得当的情况下,无需对参与者进行培训,且非常适用于任何类型的研讨会,因为头脑风暴开发的思维通过专题进行分组,总结成为统一的表述。通过这种方式,可以将原因和解决方案以结构化的形式呈现。

2. 数据分析:关系图

关系图被用来构造在复杂情况下的疑似因果关系。首先考虑特征或角度之间的相互作用。从多角度看待问题,把所有相关论点、事实和影响归纳到一起。相互之间的关系是通过图表呈现的。

关系图的流程如图 4.11 所示。

(1)定义问题

1)在完成所有准备工作后,确定一位掌握方法的主持人,所有主持材料、房间和背板都准备完成,参与者都已邀请,主持人首先介绍问题,让大家对此处于相同的认知水平。

2)必须明确定义问题或专题。

怎样才能成为一个好餐馆？

```
预定
  可以很容易地通过电话联系到
  在线预定
  ……

积极的对外形象
  有吸引力的网站
  态度友好的工作人员
  有动力的工作人员
  ……

价格制订
  多种付款方式
  合适的价格
  ……

服务和热情好客
  欢迎问候
  个性化
  有变化的菜单
  ……
```

图 4.10 亲和图示例

```
定义问题
确定问题的原因
确定关系
绘图
如有必要，进行更正
```

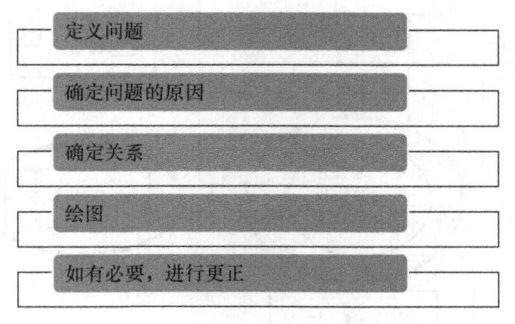

图 4.11 关系图的流程

（2）确定问题的原因

参与者讨论相关的原因和事实并记录在卡片上，将卡片在背板上摆放成圆形，对卡片进行编号利于对其进一步处理。

> **注意：**
> 使用 5～25 张卡片是比较有意义的。

（3）确定关系

1）然后检查各个事实之间的相互作用，并用箭头标记。在卡片上注明传入和传出箭头的数量。

2）有最大数量射出箭头的卡片认定为问题的根源，有最多射入箭头的卡片代表重要的影响。

（4）绘图

（5）如有必要，进行更正

在绘制完图表后，通常会发现还存在其他的相互关系，或者不重要的因果作用，这需要对图进行相应的修正。

> **注意：**
> 亲和图中确定的小组标题，经常可用于进一步加工关系图。

示例：某家公司记录投诉的数据库未被员工充分利用。为了长期持续地利用，召开了研讨会并绘制了关系图，见图 4.12。

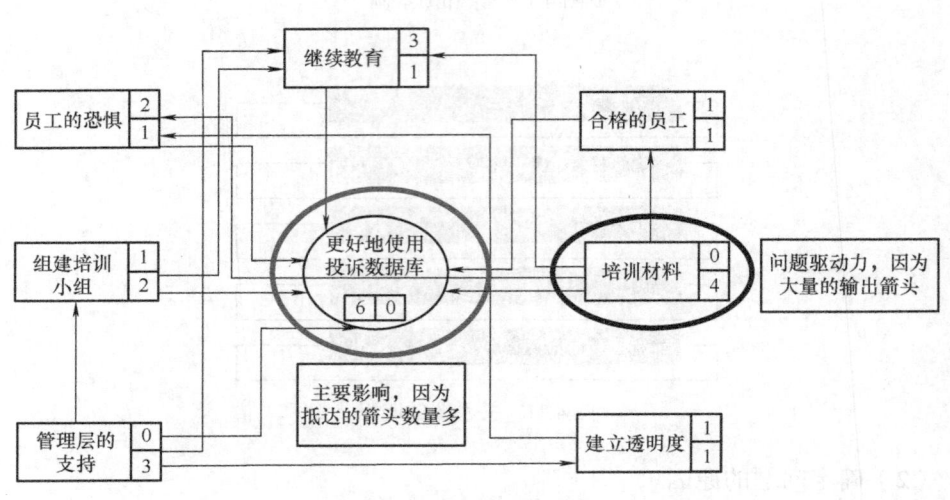

图 4.12 关系图示例

工作辅助：关系图。

登录网站 *https://plus.hanser-fachbuch.de/*，用相应的访问代码访问工作助手，并下载关系图。

总结：此方法也无需对参与者进行特别培训，但需要熟悉该方法的主持人的指导。问题可以从多个角度看待和考量。把所有的影响因素都汇集在一起。关系图可以很好地呈现相互关系，通过呈现主要影响因素和问题驱动因素开展分析。

3. 寻找解决方案：树状图

树状图是用来寻找解决方案的一种技巧。可辅助把主题或问题细分为单个的问题点。通过这种有序的呈现方式，可以掌握更多的深层次的细节。

💡注意：

和其他方法一样，必须要把问题或目标描述得清晰。

创建树状图的步骤如图 4.13 所示。

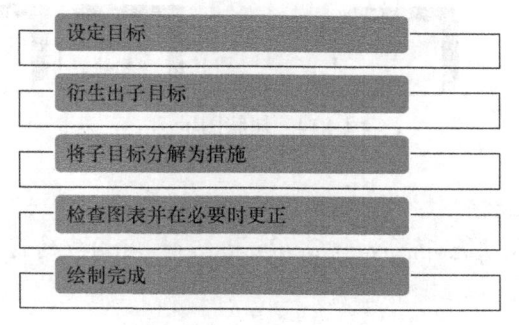

图 4.13 创建树状图的步骤

（1）设定目标

与其他方法一样，在团队中精确定义目标，即创建树状图的第一层。

（2）衍生出子目标

例如，通过头脑风暴/亲和图收集最重要的子目标/手段，并将它们分为子目标和次级目标。子目标之间的连接线有助于澄清各点之间的联系。在复杂的树状图中，可以用不同的颜色标记来突出关系。

（3）将子目标分解为措施

1）通过提出以下问题检查每个子目标，"我需要做什么才能实现这个子目标？"。

2）一旦确定了可实施的行动，此图表即完成了。

（4）检查图表并在必要时更正

再次检查树状图，看逻辑是否正确，是否已确定全部措施。

（5）绘制完成

最后通过完成所有必要的连接线制成此图。最后可通过点数等对其进行加权，对制定的措施进行评估。

图 4.14 所示为树状图示例。

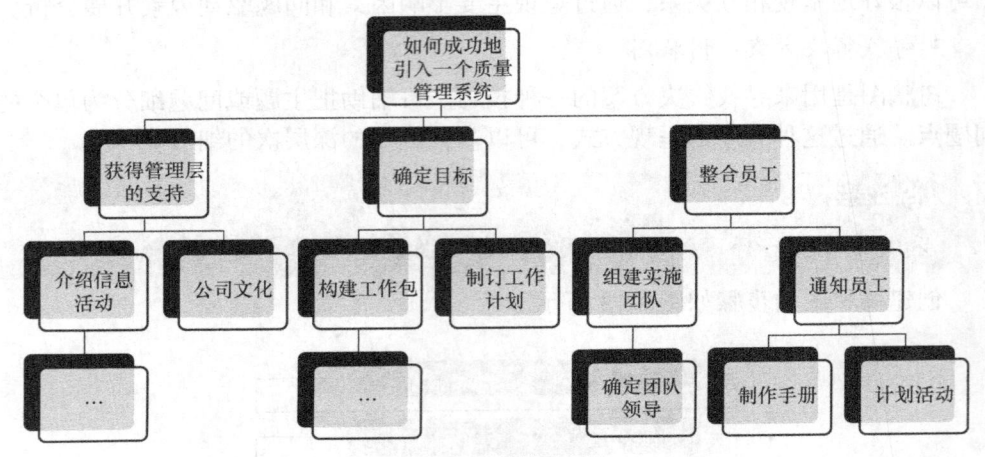

图 4.14　树状图示例

> 工作辅助：树状图。
>
> 登录网站 *https://plus.hanser-fachbuch.de/*，用相应的访问代码访问工作助手，并下载树状图。

总结：通过其他方法的辅助，如亲和图，将问题细分为子问题或子目标。在对每个层级的考量中，都要确定必要的手段、具体措施和原因。最好用流程图软件来呈现树状图。当然也可以用卡片将其在背板上展示。

4. 寻找解决方案：矩阵图

通过矩阵图可以多维度地呈现寻找解决方案过程中的相互作用。图中的多个维度，可以由任务、职责、原因、影响、对策等共同构成。每个维度都有单独的特征描述。这些信息是新获取的（见头脑风暴），或是从其他方法的结论提取的，如来自树状图的最底层。

录入相关特征。矩阵的每个单元代表两个特征间关系的可能性。接下来需要对关系进行检查。根据关系类型，输入约定的符号。表 4.7 为可用的符号示例。

表 4.7 可用的符号示例

示例 1	示例 2	示例 3
● 强	++ 非常积极	○ 责任
◎ 中等	+ 积极	◇ 参与
▲ 弱	○ 中性	△ 执行
	− 消极	▎信息
	−− 非常消极	

首先要确定对一个主题的哪些角度或层面进行对比。矩阵图中典型的对比对象有：
1）有责任的工作任务。
2）差错原因与差错结果。
3）在可支配预算内采取的措施。

最多可以选择四个维度。通常对两个维度进行比较。确定维度的数量后，选择适当的矩阵形状。将选定的矩阵形式绘制在活动挂图或通过计算机创建电子表格（见表 4.8），这取决于所选择的维度数量。最常见的是用于比较两个维度的 L 矩阵。T 矩阵用于两个维度与第三个维度的比较。还有用于比较三个维度的 Y 矩阵和用于比较四个维度的 X 矩阵。

表 4.8 矩阵图

名称	矩阵
L 矩阵	1. 维度 / 2. 维度
T 矩阵	2. 维度 / 1. 维度 / 3. 维度

(续)

名称	矩阵
Y 矩阵	（立方体矩阵图，标注 1.维度、2.维度、3.维度）
X 矩阵	（十字形矩阵图，标注 1.维度、2.维度、3.维度、4.维度）

较大数量的数据，通过进行编号用矩阵图清晰地呈现，并可以用于决策的辅助。

> **注意：**
> 一个维度用于调查的特征标识不应多余 20 个，否则将破坏图表呈现出的清晰度。

维修计算机的 L 矩阵示例见表 4.9。

表 4.9 维修计算机的 L 矩阵示例

	管理	计算机组装机	采购	仓库	部门主管
同客户约定时间	△				｜
检查计算机		△			○
购入组件			△	｜	

（续）

	管理	计算机组装机	采购	仓库	部门主管
实施修理		△		◇	
录写账单	△	◇	◇		○

> **工作辅助：矩阵图。**
> 登录网站 *https://plus.hanser-fachbuch.de/*，用相应的访问代码访问工作助手，并下载矩阵图。

总结：通过在团队中使用这种方法，可以系统地列出不同维度间的相互关系并对其评估。

尤其是非常复杂的问题，例如一项措施影响多个目标，或者一个原因具有不同的影响作用或一项任务有不同程度的责任，非常适合使用此方法处理且可以明确重点、指示、责任等。

5. 寻找解决方案：投资组合

在寻找解决方案的过程中，M7 的最后一种方法是投资组合法。在投资组合图的基础上，例如公司的业务领域、产品和性能特征以及市场和竞争，可以通过四个领域的交叉轴进行评估和分析。通过这些图表应呈现出哪些企业战略或产品战略能带来成功。在投资组合图中，一条 X 轴和一条 Y 轴相互交叉在一起。诸如价格、质量或产品属性等维度来定义坐标轴，并使用如高、中或低这样的测量单位。投资组合能够压缩和呈现大量数据或信息。

首先，确定需要对比的对象。选定后，再确定评比所依据的标准。

在示例中（见图 4.15）有市场份额、市场增长和营业额。随后确定参数及其计算方法。如果没有现成的数值，也可以进行估算。

在示例中，市场份额和市场增长这两个参数形成一个轴交叉，产品根据其营业额、市场份额和市场增长填入图表。

为了清晰地呈现，轴线交叉处被分为四个区域。根据产品在图中的定位，可得知当下的情况，并可了解未来的可能趋势和投资的可能性。

> **注意：**
> 也可以使用大小不同的圆圈来呈现第三个参数（在示例中为销售额）。

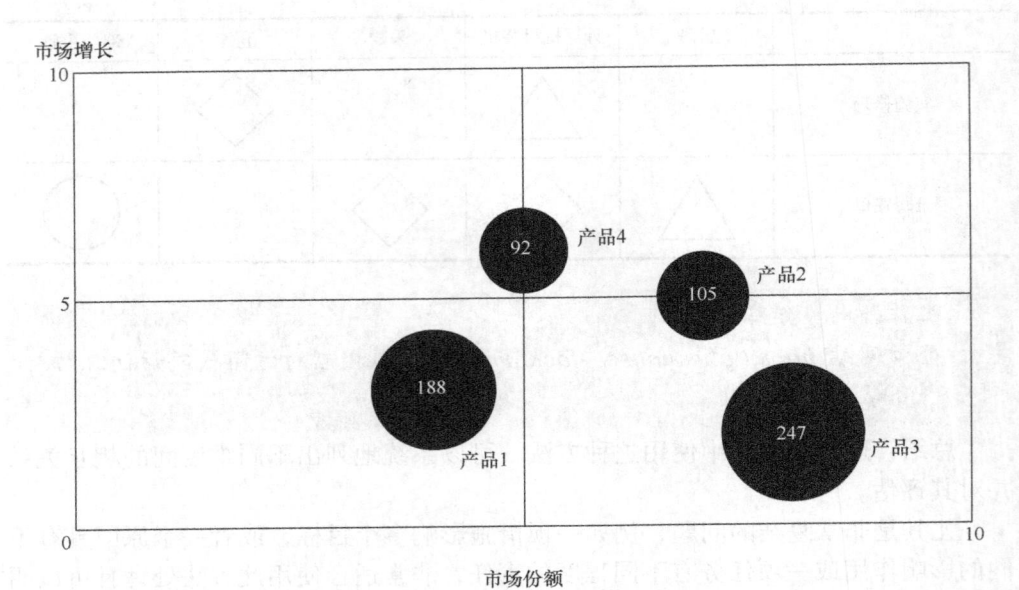

图 4.15 产品类别的投资组合

产品 1 显示出低市场份额和低增长。销售量相当好，但在产品组合中，最初的重点是放在其他产品上，需要考虑对此产品是否进一步投资，因为销售情况良好。

产品 2 根据列出的数值具有未来前景，值得投资。

产品 3 是营业额最高的产品，将保留在此门类内，但投资将减少。

产品 4 市场占有率高，高增长，但销量和市场占有率要明显提高。意味着应该先对这批产品进行投资。

> **工作辅助：投资组合。**
> 登录网站 *https://plus.hanser-fachbuch.de/*，用相应的访问代码访问工作助手，并下载投资组合。

总结：投资组合法是一种管理工具，非常适合将不同的业务或观点形成一个"战略汇总"。该方法尤其为来自不同职能部门的员工提供了一个参考框架，使他们能够更好地理解战略间的相互联系。此外，此方法迫使人考虑选择维度的所有影响因素。

处理投资组合方法的危险是，压缩大量不同信息时过度降低问题的复杂性，导致相互之间的联系变得粗略。此外，还须考虑主观印象和评价可能产生不小的作用，这会影响这种方法的客观性。

4.2.4 解决方案的实施方法

1. 网络规划技术

在项目中,来自不同组织的众多员工,需要在较长的项目期内对一个共同的项目目标相互协调和操控。经证实,网络规划技术是对期限、费用、成本和资源投入进行计划和检测的有效保障技术。

在伽勒布尔经济词典中,对网络计划的定义如下:用于表示项目过程和/或事件之间流动关系的特殊图表。

类型:①流程箭头网络计划图,箭头表示过程,节点代表事件。②事件节点网络计划图,节点构成事件,箭头仅记录事件之间的时间顺序。③过程节点网络计划图,节点代表过程,而箭头代表它们之间的一种顺序关系(吕贝克,2018年)。

> **注意:**
> 不要忘记创建项目计划和待办事项清单。

在复杂的项目中,需要回答以下问题:
1) 需要怎样的结果,才能实施后续行动?
2) 过程中是否有时间储备(缓冲)?
3) 哪些流程的时间是紧迫的?
4) 可以启动流程的最早时间是什么?
5) 一个流程最迟需要在什么时间结束,才能不推迟后续进程?
6) 一个流程在什么时间点完成是最有利的?
7) 一个程序最迟需要从什么时候开始?

在完成结构分析(见图 4.16)并确定了项目各个分步骤之间的依附关系后,接下来是网络规划技术中最重要的一项,即计算时间:
① FAZ= 最早开始时间。
② FEZ= 最早结束时间。
③ SAZ= 最晚开始时间。
④ SEZ= 最晚结束时间。

图 4.16 结构分析

表 4.10 为网络计划图中的流程。

表 4.10　网络计划图中的流程

流程号码	流程的描述	
时长	最早开始时间	最早结束时间
	最晚开始时间	最晚结束时间

对所有流程都要计算最早开始时间和最早结束时间。计算完所有最早开始时间和最早结束时间之后，从右到左执行反向计算以确定每个操作的最晚开始时间和最晚结束时间。将所有值都录入到流程描述，流程之间的时间缓冲是每个节点内最晚结束时间和最早结束时间之间的差。

最后计算关键路径。网络计划中的流程链接，如涉及的是任何时间缓冲的流程，那么其中一个加工的时间延误就会影响整体项目要遵守的时间期限。

图 4.17 所示为计划内部培训课程的网络计划图示例，质量负责人和一位管理层为员工筹划的一个培训。

> **工作辅助：网络计划图。**
> 登录网站 *https://plus.hanser-fachbuch.de/*，用相应的访问代码访问工作助手，并下载网络计划图。

总结：网络计划技术要求对整个项目进行系统的任务分工，促进开发部门之间的合作，并能对项目中发生的事情进行完整和一致的描述。它实现了项目流程的透明化。

其优点是，硬性的处理方式，与许多其他方法间的关联，广泛的适用性，使其在最复杂的问题结构中，也能清楚地呈现其原因和影响。缺点是，在复杂结构下，需要消耗精力。

2. 问题决策计划

通过决策计划，可以识别项目或其他计划任务中的问题，并确定适当的预防措施。决策计划以流程图的形式呈现，不应使用太多层级。建议在实践中设置最多三个级别。

首先呈现所有过程步骤，接下来收集所有可能的问题，例如，通过头脑风暴来完成。这之后在团队中制定出应对策略和具体的解决方案。最后是制定一个有指定职责和期限的行动计划。

问题决策计划可用于改进现有流程及分析潜在问题。该方法易于学习和实践，是所推荐的实现解决方案范畴 M7 方法的结束。该计划可以用图形或文字的方式呈现。图 4.18 所示为问题决策计划的结构。

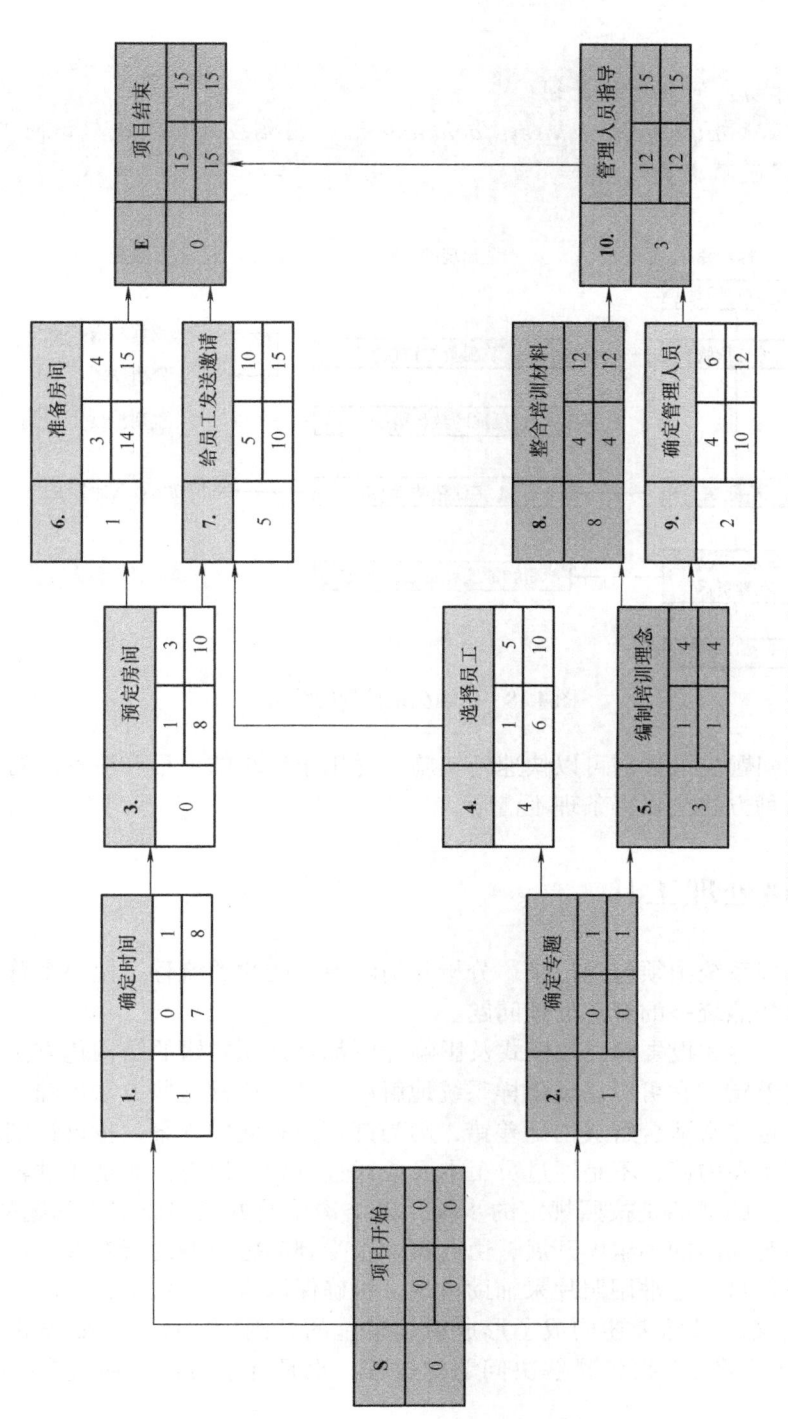

第 4 章 系统应用下的差错管理 ❖ 73

图 4.17 网络计划图示例（科斯曼·泰登，2013 年）

> 工作辅助：问题决策计划。
> 登录网站 *https://plus.hanser-fachbuch.de/*，用相应的访问代码访问工作助手，并下载问题决策计划。

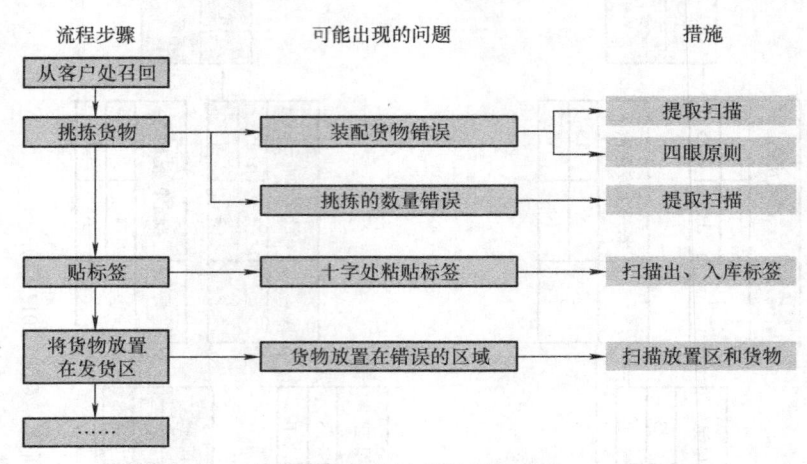

流程步骤	可能出现的问题	措施
从客户处召回 → 挑拣货物	装配货物错误	提取扫描 / 四眼原则
	挑拣的数量错误	提取扫描
贴标签	十字处粘贴标签	扫描出、入库标签
将货物放置在发货区	货物放置在错误的区域	扫描放置区和货物
……		

图 4.18　问题决策计划的结构

总结：问题决策计划可以快速地实施，适用于较小的项目和流程。对于复杂的问题，这种方法会显得条理不清晰。

4.3　差错处理工具

质量管理系统中须包含记录、分析和消除差错的相关流程，使每个管理层和员工都可以按照统一的规范处理问题。

8D 报告、A3 报告和失效模式及影响分析都是处理差错的结构化方法，可帮助持续改进差错。它可以呈现怎样系统地解决问题。通常这些方法可辅助于投诉的处理，但也非常适合解决内部差错，因为都遵循相同的方案，投诉识别出来的差错不是发生在内部，不是通过员工本人或通过审计、检查，而是通过客户。

这些方法的目的是按照规定的步骤，以结构化的方式完成解决问题的过程。这一般应在跨部门的小组中开展，由此可顾及受到问题影响的所有部门。对问题的书面记录，目前通常用照片来辅助呈现，可确保以事实和数字为导向的处理问题方式。定义的目标表述构成了形成后续措施的基础。因此，失效模式及影响分析、8D 报告和 A3 报告是解决问题的过程，也是标准方法，还包含一个报告表格。

4.3.1 根据美国汽车工业行动集团（AIAG）和德国汽车工业协会（VDA）的失效模式及影响分析（FMEA）

2019年，美国汽车工业行动集团和德国汽车工业协会共同发布了一份对整个供应链的风险进行考量的新手册，其中失效模式及影响分析（Failure Mode and Effects Analysis，FMEA）的主要目标是避免或/和至少尽早且确保发现产品的差错或/和减少差错发生时造成的影响。尤其是可能导致差错的原因。将其优先排序，根据排序引入相应的针对措施。出于这个目的，FMEA可以在识别差错的时刻及时发挥效应。另一个目标是识别差错带来的影响及其原因，对其进行评估和按照优先级排序。通过FMEA可以预估差错行为的程度，以开发可靠和安全的产品。因此目标已非常明确：

1) 预防性的质量保障。
2) 对产品或流程差错的潜在技术风险进行评估。
3) 对可能的潜在差错后果进行分析和考察。
4) 将避免措施和检测措施文件化。
5) 推荐减少技术风险的措施。

正确应用FMEA的结论会使公司在多方面受益。事实证明，主要益处是发现差错和避免差错。FMEA必须在产品生命周期的过程中根据进一步的发现不断地更新和扩展。通过这种方式，FMEA成了一个能支持产品和流程的持续改进的知识存储。

FMEA主要用于确保产品和工艺在所有应用范畴及整个产品生命周期的可靠运行。

有两种FMEA方法：产品功能分析DFMEA（设计FMEA）和工艺步骤分析PFMEA（过程FMEA）。这些名称在新手册出版后就已明确。

在FMEA有计划的系统实施之外，FMEA还有不同的触发因素，如图4.19所示。

在新标准内，描述了设计、过程和用于监控和系统响应的FMEA-MSR（FMEA-监控和系统反应的补充程序）方法。

新的FMEA采纳了旧方法的5个步骤（结构分析、功能分析、差错分析、风险分析和优化），并扩展了两个步骤。意味着，目前有7个步骤要完成。

图4.19 FMEA的触发因素

> **注意：**
> 重要变化如下。
> 1）统一评估目录的描述。
> 2）AP（任务优先级）取代了 RPN（风险优先级）。
> 3）5 个步骤升级为 7 个步骤。
> 4）修改了表格。
> 5）修改了表格的标题行。
> 6）特殊的特征只存在于过程 FMEA 中。
> 7）FMEA MSR（FMEA 监控和系统反应的补充程序）。

从"定义"变成了"计划和准备"，步骤 7"结果文件"完全是新加的。

定义这一步骤之前只是一项建议，但在新版中通过将其命名为"计划和准备"而使其加强。

步骤 7 是结论文件，总结了有关风险的重要信息，可立即成为决策的依据。

FMEA 的 7 个新步骤如图 4.20 所示。

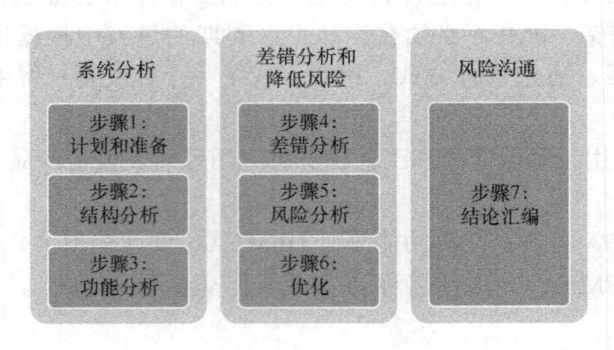

图 4.20 FMEA 的 7 个新步骤

各个步骤概述如下。

步骤 1：计划和准备

在这个准备阶段，为执行 FMEA 打下基础。
确定分析的范围。
1）项目规划：目的、时间计划、团队的筹建、任务分配、工具（5Z）。
2）分析界线：分析中应该包括什么和排除哪些？

3)确定 FMEA 的基础,包括吸取的教训。
4)为结构分析创建起点。

> **注意:**
> 5Z 是 FMEA 开始时,需要在团队中讨论的 5 个议题范畴。
> 目的——为什么要实施 FMEA?
> 时间计划——何时需要完成 FMEA?
> 团队的筹建——团队应该包括哪些成员(应该是一个跨部门的团队)?
> 任务分配——谁需要做什么?
> 工具——FMEA 的软件,Excel 表格。

AIAG 和 VDA 的所有表格已更改并进行了步骤上的调整。对表格进行了改动和扩展,见图 4.21 和图 4.22。

设计FMEA			
结构分析(步骤2)			
1. 下一个更高层级	2. 重点元素		3. 下一个更低的层级(作用、要求和特征)
作用分析(步骤3)			
1. 下一个更高的层级(作用和要求)	2. 重点元素(作用和要求)		3. 下一个更低的层级(作用、要求和特征)
差错分析(步骤4)			
1. 下一个更高层级元素的差错后果(FF)	意义或FF	2. 差错类型(FA)的重点要素	3. 元素的差错原因(FU)或下一层级的特征

图 4.21 根据 FMEA,手册的设计,FMEA(DFMEA)标准表格

流程FMEA		
结构分析(步骤2)		
1.流程项目	2.流程步骤	3.流程原因要素
作用分析(步骤3)		
1.流程项目的作用	2.流程步骤的作用和产品特征	3.流程原因要素的作用和流程特征
差错分析(步骤4)		
1.差错后果(FF) / 意义(B)	2.流程步骤的差错类型(FA)	3.流程步骤的差错原因(FU)

图 4.22 根据 FMEA，手册的流程，FMEA（PFMEA）标准表格

> **工作辅助**：设计 FMEA（DFMEA）和流程–FMEA（PFMEA）的 FMEA 表格。
>
> 登录网站 *https://plus.hanser-fachbuch.de/* 使用相应访问代码下载 DFMEA 和 PFMEA 的 FMEA 表格。

变化：

1）模型年份/方案。

2）主题。

3）开始日期和修订日期。

4）跨学科团队。

5）流程 FMEA（PFMEA）的身份标识（ID）/设计 FMEA（DFMEA）的身份标识（ID）。

6）流程责任/开发责任。

新增加了四点：

1）公司。

2）流程现场/开发地点。

3）客户。

4）保密级别。

FMEA 是一项团队任务。团队应由来自各个相关领域对产品或工艺非常了解的专家组成。根据产品或流程，核心团队可以由来自以下部门的员工组成，例如设计/开发。

1）制造计划。
2）制造。
3）质量管理。

如有必要，可以随时邀请来自其他部门的专家、客户和供应商参与。各个 FMEA 项目的负责人负责小组的组建。

> **注意：**
> 一个 FMEA 的团队应该由来自各个领域最了解产品或流程的专家组成，通常一个团队有 4～6 名专家就足够了。
> 团队成员应不受限地参加 FMEA 项目期间举办的会谈。所以相关上级领导应及时介入时间的调度。

FMEA 小组的成员除了具备 FMEA 的知识外，最好能熟知质量技术，例如：

1）投诉分析。
2）差错汇总表。
3）柱状图。
4）帕累托分析。
5）头脑风暴。
6）石川图等。

步骤 2：结构分析

与之前的 FMEA 相比，此步骤没有任何变化。同之前一样仍然有整体范围的图形分析。

目的是能够在团队中使用结构化的方法系统地执行任务，从而能清晰地描述和分析对象。在结构化的基础上，团队内进行任务分配。成员们首先查看实施系统 FMEA 流程或系统 FMEA 产品的必要文件。表 4.11 为两种 FMEA 示例。

系统结构清晰地呈现了技术系统或工艺流程的系统要素。只有当系统被分解为组件或子流程时，并了解其相互作用时，使用 FMEA 才是有意义的。

识别出系统元素，将系统各个元素之间的结构关系分层。确定产品的装配分组和部件，确定工艺的顺序和深度。以下是适用于展示 DFMEA 和 FMEA MSR 的辅助工具：

1）框图/边界图。
2）结构树。

表 4.11　两种 FMEA 示例

系统 FMEA 流程	系统 FMEA 产品
1）工艺流程、工艺计划	1）规格书
2）测试报告	2）法律规定
3）测量及其结果	3）质量法规
4）过程信息（过程目标、适用范围、执行员工、流程间隔等）	4）图样、零件清单
5）流程输入和输出	5）测试报告
6）客户资料	6）测试计划
7）法律规定	7）差错统计
8）差错统计	8）实战经验
9）实战经验	9）客户信息
10）流程审核结果等	10）产品审核结果等

在 DFMEA 中，结构分析将所考察的产品细分为：

1）系统。

2）子系统。

3）组件。

4）组成部分。

适用于 PFMEA 的辅助工具如下：

1）工艺流程图。

2）结构树。

结构分析将所考察的流程分为：

1）加工对象。

2）过程步骤。

3）过程的原因元素，即 6M（机器、人、材料、社会以及方法和测量）。

结构分析 PFMEA 示例：

在分析过程时，首先在结构分析的框架内将整个过程划分为各个子过程，过程步骤、工作顺序、原因要素代表了下一级的系统要素，功能和差错将会分配给这些要素。流程步骤是分析的重点。这里涉及一个生产步骤或一个生产站（见图 4.23）。

结构分析 DFMEA 示例：

在分析产品时，需要先创建一个结构树，这呈现了系统的结构。系统结构的展示始于将整个系统分解为各个组成部分。这些内容又被分解成若干组成部分。一直持续到达到要分析的层面。FMEA 系统产品从产品较高层次的系统元素开始，之后会根据必要性，将关注点引向较低层次的系统元素（见图 4.24）。

图 4.23　PFMEA 示意图

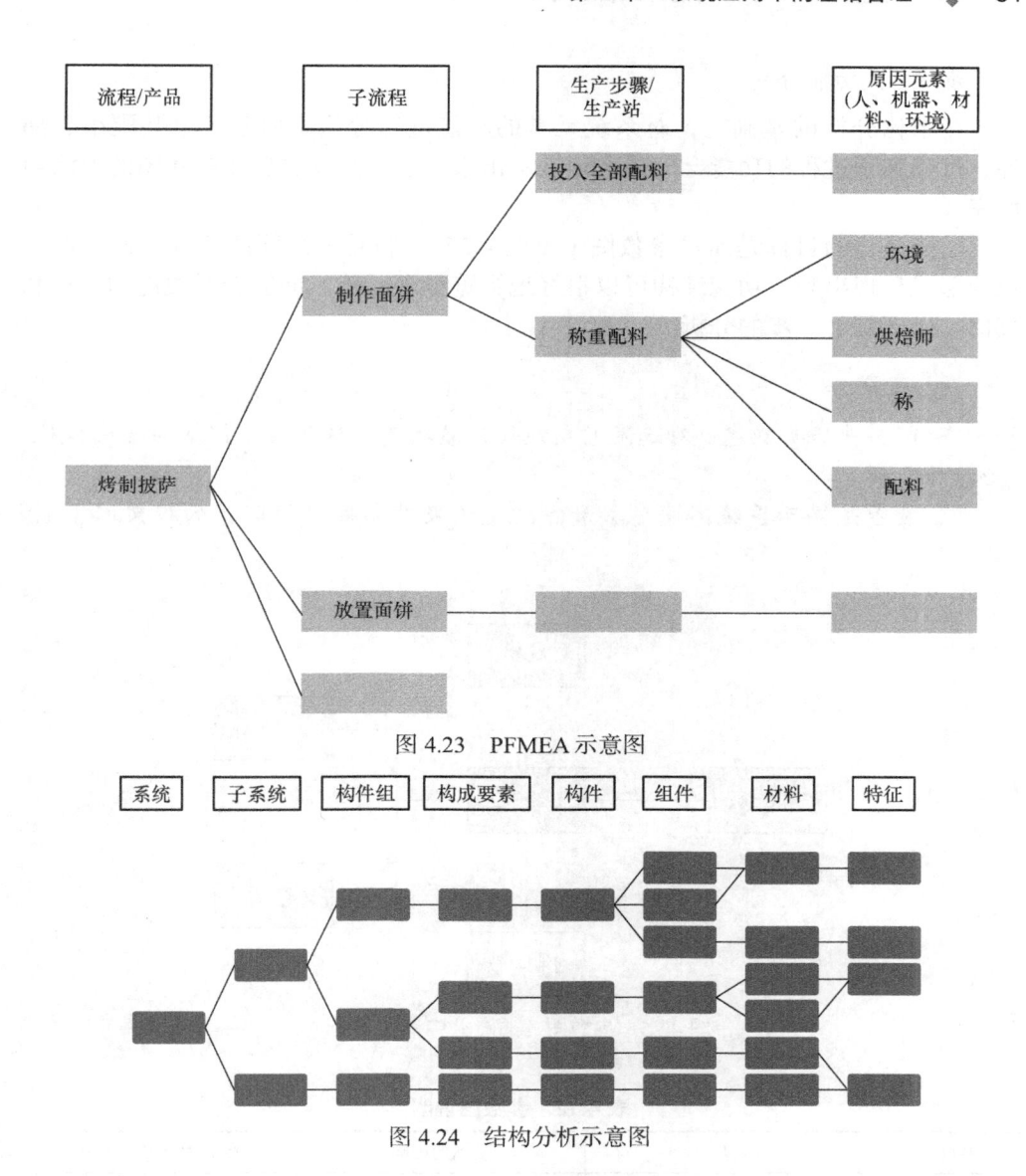

图 4.24　结构分析示意图

如果系统元素之间存在对产品功能很重要的交叉点，这些交叉点将显示在结构分析中。交叉点可以存在于相同或不同层次的结构元素之间。交叉点可以具有组织和技术的自然属性。

> **注意：**
> 在两种情况下，结构分析会变得非常广泛。基于这个原因，FMEA 小组可能需要划定和界定详细程度和具体交叉点，这对考察差错的可能性有重要意义。

步骤3：功能分析

在结构分析的基础上，对系统元素的功能进行分析。由此各个装配组、部件、过程和子过程的功能会分层次地展示出来。这一步通过功能树状图的方法辅助完成。

功能分析的目标是通过参数图（见图4.25），将功能之间的相互关系用可视化的形式呈现出来。功能结构可以很好地纵览整个系统，能够选择关键的结构和接口，以开展下一步的分析。

> **注意：**
> FMEA手册明确建议对选定的功能使用参数图。这改善了视觉的呈现和对功能的理解。
>
> 参数图是显示系统不同参数和系统元素及其功能之间联系的框架图（见表4.12）。

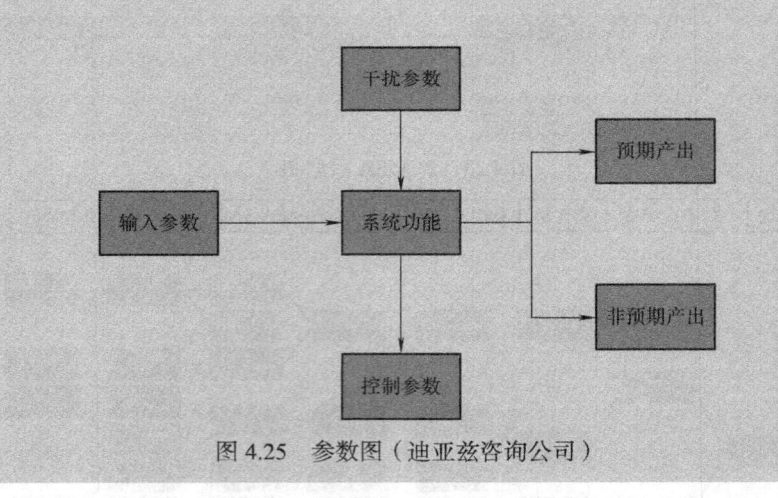

图4.25 参数图（迪亚兹咨询公司）

表4.12 参数图说明

参数	内容	受到的影响	在FMEA中的使用
系统功能	输入和输出之间的物理技术关系	开发订单（规格）	系统元素的功能
输入参数	用于实现系统功能的材料、能量和/或信号量	1）客户/用户 2）上游或更高层次的系统	功能的确切描述
干扰参数	1）老化 2）客户使用 3）环境影响	1）未受到影响 2）在产品开发过程中顾及，以将影响降到最低	1）可能的差错和差错的原因 2）避免和查找措施的起点

(续)

参数	内容	受到的影响	在 FMEA 中的使用
控制参数	物理技术特征	1）产品开发 2）规格书 3）技术解决方案	系统元素 产品和流程特征 预防措施
预期产出	各个功能的预期结果		对预期产出的准确描述
非预期产出	1）故障 2）必须掌握非预期输出，如排放物、残留物等	1）产品开发 2）技术解决方案	可能出现的故障和意外的副作用

> **注意：**
> 参数图也可用于 PFMEA。这里的检查和描述指的是个别过程步骤。

步骤 4：差错分析

此处保留之前的 VDA 方法：差错顺序、差错、差错原因，在团队中进行差错分析。详细地对功能分析开展讨论，并思考可能发生的差错或偏差。创造性技术可作为辅助方法，如使用头脑风暴或头脑写作。

通过功能分析可以了解从属级系统元素的关联性。从属级系统元素中发生的差错可能是上级系统元素中差错和偏差的原因。

在 PFMEA 中的差错分析，会考察具体的工作步骤或包括质量特性的子流程。

团队通过考量工作步骤内流程的差错表现形式，来发现可能的潜在差错。潜在差错是可能发生的错误，但不一定会发生。它们的出现导致流程的质量特征无法实现。还应考量哪些仅在一定的生产时间或仅在具体条件下出现的差错。

FMEA 手册中提供了不同形式的表格页面，可以用来呈现来自结构、功能和差错分析的信息。这些表格的区别在于信息重点的呈现方式（见失效模式及影响分析手册的附录 A 和附录 D）。

> **注意：**
> "特殊特征"一栏仅存在于 PFMEA 的表格中。在 DFMEA 的表格中，显示了一列过滤代码，仍然可用于记录特殊特性。

步骤 5：风险分析

在此步骤中，将描述和评估进一步的措施。风险分析仍然用于识别风险，通过评估：

1）意义（B）。

2）发生（A）。

3）发现（E）。

为此完善并统一了评估目录。

由于内容非常广泛，本书没有罗列此目录。可参考 FMEA 手册的附录 C。

> **注意：**
>
> 风险优先级编号（RPZ）已被废除，因为其目标引导性不强，取而代之的是任务优先级（AP）。

任务优先级（AP）指标分为三个层级：

1）高优先级。

2）中等优先级。

3）低优先级。

高优先级必须采取措施；中等优先级，应采取措施；低优先级，能采取措施。

根据 FMEA 手册建议，管理层将更密切地参与 FMEA 的工作，如果差错后果的重要级为 9 或 10，且任务优先级别为中或高，管理层则应对建议的措施进行评审。

步骤 6：优化

风险分析后，应制定必要的措施以降低风险。在此还需要给出实施措施的责任方和期限。实施和相应的评估要记录在案，且仍需检查其有效性。措施的状态标识与其贯彻程度挂钩：

1）开放。

2）决策中（可选）。

3）落实中（可选）。

4）弃置。

5）结束。

如果没有形成措施，则须将其所在的列中进行备注。这可以用来证明风险评估已经完成。

> **注意：**
>
> FMEA 手册不再仅提及推荐措施，而是明确地提出避免和检测措施。

优化需要持续地重复，直到团队认为所有风险都在可接受的水平，或者直到团队做出理由充分的决定，因为当前的控制措施还不充分。

步骤 7：结论汇编

这一步是新增的。其主要目的是在报告中总结 FMEA 的计划和结果。该报告可供管理层使用，在适当的情况下也可提供给客户。本报告还提及与进一步发展相关的错误风险。

> **注意：**
> 作为对 DFMEA 的补充，增加了用于监测和系统反应的 FMEA MSR。它既可以融合又可以用作补充。

FMEA 监控和系统反应的补充程序（FMEA MSR）用于处理客户或终端用户的观点，目的是遵守安全或法律法规。它关注的焦点是终端用户或系统是否能够识别发生的错误。此外，还分析了可能的差错及其对整个系统产生的影响。

在创建过程中，同 PFMEA 或 DFMEA 相同，也需要 7 个步骤，但 FMEA MSR 有自己的评估表，VDA 在其版本中提供了这些评估表，第五个步骤中的监测分析取代了风险分析。

由于能够及时发现潜在的危害或危险，FMEA MSR 额外地成为可以避免人身伤害和产品责任案件的实用工具。

4.3.2 基于 8D 报告的差错处理

基于 8D 报告的差错处理，这种起源于汽车行业的方法目前在其他领域也获得了认可，主要用于客户投诉和处理内部差错。

接下来将详细介绍解决问题的过程（见图 4.26）和通过使用 8D 报告进行差错处理。

> **注意：**
> 内部差错的解决过程中，各个步骤的顺序略有变化，查询是在错误识别后进行的，无论是内部差错还是外部差错，进入 8D 过程的切入点取决于差错发生的位置。

8D 方法在消除不合规产品和投诉方面以及重复出现的问题和重复性差错方面最为实用。

该方法主要用于汽车行业，但同时也应用于其他领域，在客户和供应商之间交换 8D 报告。这可以通过文档本身或在线工具来完成。

这种方法的缺点很少。开发和介入措施可能会很耗时，且会涉及一些员工，必须在跨领域的团队中进行，该方法应在实践中开展培训。此外处理 8D 的步骤时，还应了解其他方法，如帕累托分析、错误收集卡或石川图。

质量管理——以盈利的方式管理差错

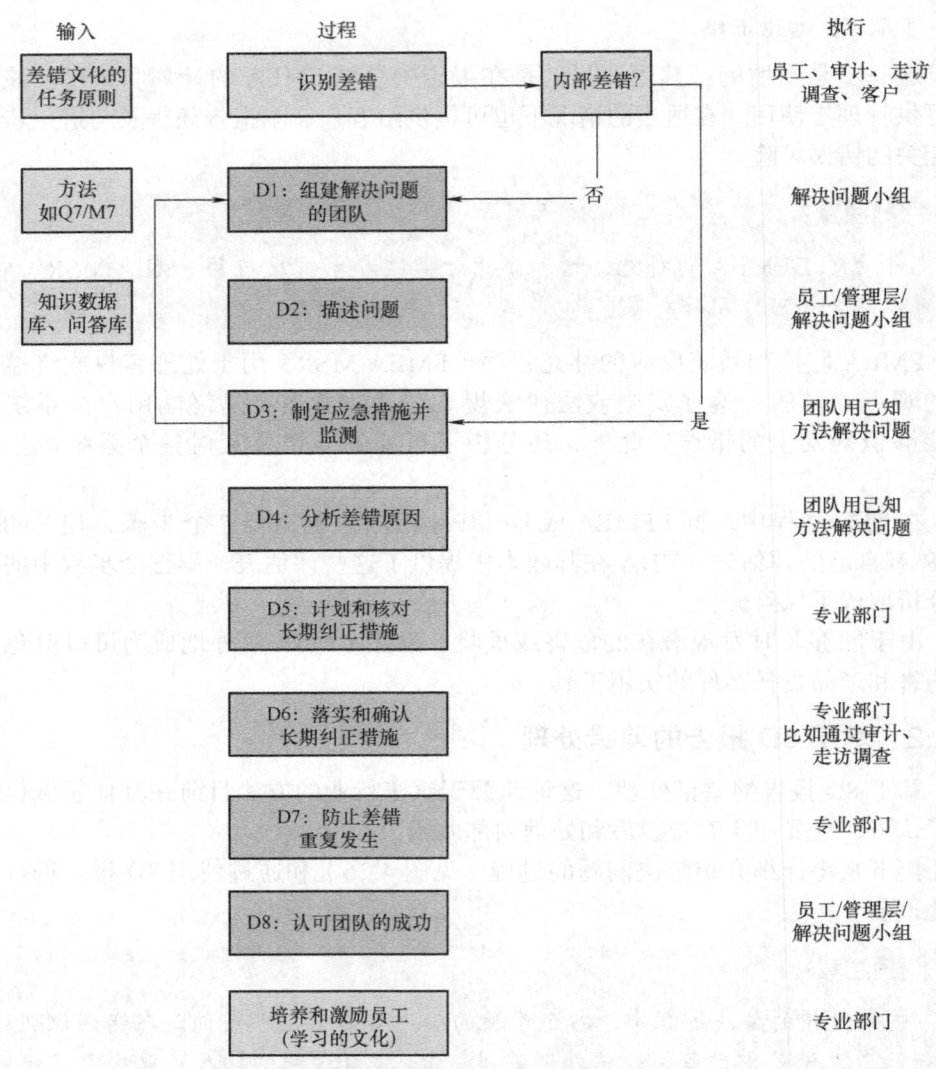

输入	过程		执行
差错文化的任务原则	识别差错 → 内部差错?		员工、审计、走访调查、客户
方法 如Q7/M7	D1：组建解决问题的团队 ← 否		解决问题小组
知识数据库、问答库	D2：描述问题		员工/管理层/解决问题小组
	D3：制定应急措施并监测 ← 是		团队用已知方法解决问题
	D4：分析差错原因		团队用已知方法解决问题
	D5：计划和核对长期纠正措施		专业部门
	D6：落实和确认长期纠正措施		专业部门 比如通过审计、走访调查
	D7：防止差错重复发生		专业部门
	D8：认可团队的成功		员工/管理层/解决问题小组
	培养和激励员工（学习的文化）		专业部门

图 4.26 解决问题的过程（德国汽车工业协会，2018 年）

> **注意：**
> 此处提及的所有方法在第 4.2 节有阐释。

8D 方法的解决方法包括 8 个领域的工作。对一次性的差错和反复出现的质量问题进行分析，并形成相应的措施。

1）识别差错。
2）D1：组建解决问题的团队。

3）D2：描述问题。
4）D3：制定应急措施并监测。
5）D4：分析差错原因。
6）D5：计划和核对长期纠正措施。
7）D6：落实和确认长期纠正措施。
8）D7：防止差错重复发生。
9）D8：认可团队的成功。
10）培养和激励员工。

通过标准化的 8D 报告记录和检测各个步骤的结果。德国汽车工业协会（VDA）为此方法专门发布了手册。

接下来将更加详细地介绍解决问题的各个步骤。

如果出现了内部差错，首先需要将其识别，才能启动解决问题的过程。原则上可以通过将实际特征和目标特征进行对比的方法，予以鉴别。如果一个观察单位的至少一个特征出现了偏差，则是不合格的产品，不再满足对产品和流程的要求。

识别差错的前提条件是准确确定检测的特征，用于监测重要的质量特征。

> **注意：**
> 员工必须了解相关质量特征。使用工作指示、检测指示、检查计划和工作场景的图片加以辅助，且应针对员工的具体任务进行相应的培训。

实效的检测设备管理也很重要，工作场所的所有检测设备可正常使用。

如果员工识别出了差错，则首先将差错大致分为：
1）严重差错。
2）非严重差错。
3）已知差错。
4）未知差错。

如果差错的分类为严重差错或未知差错，则必须立即采取行动，见步骤 D3。

必须对差错进行记录，例如，可使用差错收集卡或软件支持的系统来实现。

所有员工都使用统一的标准，例如用于登记的差错代码，否则无法进行统一的评估和成本估算。

> **注意：**
> 应指导员工填写差错登记信息。

差错收集卡的录入条目可进一步应用于直方图或帕累托分析。

在开放的差错管理中，由于没有对限制的担忧，员工报告差错并希望由此带来改善和稳定。

D1：组建解决问题的团队。

团队由掌握必要流程和 / 或产品知识的员工组成。前提是相关员工有必要的时间参加团队会议，掌握问题解决过程的能力、知识和必要的相关技术。团队应任命正式的队长和保障人员。保障人员负责保障资源，团队负责人必须具备必要的 8D 方法的知识。

> **注意：**
> 根据问题的不同，客户或二级供应商也可进入到团队。

D2：描述问题。

这一步骤标志着团队会议的开始。团队的首要任务是详细、完整地描述问题。为此需要收集和处理相关信息。可使用诸如差错收集卡、直方图、ABC 分析或帕累托图等方法收集数据。此外，必须考虑差错对客户（内部 / 外部）的影响。此步骤的目的也是为了让所有组员拥有一致的知识水平。问题的描述应该清楚地说明目标状态和实际状态。对于已经发生的各个症结，需要收集包括以下信息的实情。尽可能准确地描述实际问题是至关重要的。W 型问题的使用非常适用于此。

1）什么？
① 问题或差错是什么？
② 究竟发生了什么？

2）如何？
问题是如何表现出来的，有什么后果？

3）谁？
① 哪些产品或流程受到了影响？
② 哪些领域或部门受到了影响？
③ 需要告知谁？
④ 哪些客户或供应商牵入其中？

4）哪里？
① 在哪里发生的（在产品或流程的哪个环节）？
② 哪里首先发现了差错或问题？

5）什么时候？
① 什么时间发生的（时间线）？
② 是重复出现的差错吗？
③ 发生在产品生命周期的哪个阶段？

6）多少？

有多少部分受到了影响（数量、频率、程度）？

7）为什么？

① 为什么会出现问题或差错？

② 什么导致了差错和问题增加或减少？

注意：

在本章节，应对差错进行分门别类（见第 2.3 节）。

D3：制定应急措施并监测。

必须立即采取行动以限制可能的损害，并防止问题的扩大，直至引入长期的处理措施。第一个措施即从生产中移除发生了差错的部分。如果部分已经到达客户处，则应立即告知。由此，必须检查从收货到发货整个供应链，是否有差错的单元存在，并将其区分开来。应急措施是消除症状但不能确保永久消除差错的短期方法。在客户投诉的情况下，从客户端的作为起点，倒推总流程包括物流，如存储和运输，以查找故障部分。

应急也包括设备停工、停止交付、库存检查和检查在途的库存、流通库存（WIP 库存）以及指示工人针对标识缺陷特征零件或装载工具额外的 100% 检查。

在此步骤中，可提供的所有信息都可使用，如 FMEA、规格参数、图样、审计报告、生产控制计划（PLP）、质量控制图（QRC）、8D 报告等。

在建立应急措施之前，如有条件，应证明其有效程度。应详细描述应急措施，并记录负责人和时间期限。还应该出示其作用效果的证明，并考虑其可能带来的风险和副作用。

如没有使用应急措施的可能，则需要说明理由。

因为可能需要临时更改流程或提高对差错的容忍度，所以此步骤的执行需要和客户进行密切合作。经常会需要客户的特别批准。此外，还要持续监测采取的应急措施的有效性。

差错和问题的相关信息还需强制传递给其他部门，如后续情况、其他生产线、开发部门。

注意：

在实行的差错管理中，员工拥有独立决定处理差错的一定职权。如具体形势超出了规定的范围，则需要通知上级，由其决定。

D4：分析差错原因。

制定应急措施后，要彻底对差错进行分析，以筹划长期的排除措施。

首先应查验，检查出的每个差错是否已经以相同或相似的形式发生过。如果是这种情况，则可以从知识数据库中获取问题解决方案，检测是否也适用于此差错。但如果是新的、未知的差错，则需要进行精准分析。

团队将查找所有已知或未知的原因，这可能需要很长时间。

> **注意：**
> 不应有任何责备的情况发生。相反，应实施技术和系统上的排查。

技术分析针对的问题是，差错为什么会发生，而之前未被发现。系统分析研究了为什么现有的管理系统没有实施预防措施，而导致出现了技术上的问题。

这可能由于多种原因和原因组合所导致的。

调查差错原因通常使用石川图或差错树形图的分析方法。就制造流程而言，进行测试和对比也是很实用的方法。除技术分析外，还要对组织架构进行分析，可持续地保证避免再次发生相同的或类似的差错。在这一步骤完成后，需要完全完整并清晰描述差错的发生原因。

分析出的差错原因必须得到确认。根据8D的规则，需要以下两个步骤：
1）被动核实。
2）主动核实。

例如，在被动核实中，要检查差错的发生原因是否也是问题的根本原因。被动核实更多的是缩小寻求解决方案的范围，而非直接验证。

在主动验证中，通过测试、试验或模拟等方法确定差错的原因。

如果将两种验证方法相结合，大多数情况下可证实差错的原因。

所有结果都要记录在案，便于从中学习并能在重复出现差错的情况下，快速获取相关信息。

> **注意：**
> 在差错分析时，还需考虑差错带来的可能后果。这些后果可能会超出公司的内部范围，并影响到客户或供应商。这可能会带来较大损害，比如召回。

D5：计划和核对长期纠正措施。

在对问题进行了充分的分析并确定了差错原因后，需要计划长期的纠正措施，确保完全消除偏差。测试、试验和使用方法有助于定义有效行动。

流程图、创造技术或防错法等方法可用于归纳和确定长期的纠正措施。决策矩阵、风险分析、测试计划、机器或流程能力、产品和流程批准书等可辅助评估和核验纠正措施。

> **注意：**
> 应把预防差错的发生放在首要位置，而不是在实践中经常出现的查找差错。改善流程的措施是容许的。这代表核心要点是，要对流程和系统进行调查，而非立即武断地判断出有误的一方。否则这将是任何差错管理的终结。

团队将制定可能的补救措施，以纠正或引导差错的最小化或控制和处理缺陷产品。

在制定可能的补救措施后，必须要分析风险，以便能够确定和评估它们之间的相互作用。

借鉴曾经使用过的且证实有效的方法也是有所帮助的，因为计划的补救措施在实施之前必须经过验证和记录的。

计划的结果是一个措施计划，包括对所选择的补救措施的加工和责任与时限。

D6：落实和确认长期纠正措施。

采纳的补救措施必须扎根于组织中。要做到这一点，往往需要对现有的规定文件做出相应的调整，如工作说明、检测说明、生产控制计划等，并开展相关培训。如对业务设备进行了改动，也要对技术文件进行必要的更新。

实施和验证补救措施可以推荐使用，例如行动计划、流程图、生产和产品发布（PPF）、直方图、差错收集卡、过程和设备能力等方法。

对补救措施强制性的可持续检查，可保障已查出的问题原因完全和永久地消除。在此步骤中，最后还要通知受变化影响的客户，因为新的流程经常需要他们的准许。

当补救措施成功实施后，可以取消应急措施。

D7：防止差错重复发生。

为了防止差错再次发生，管理和控制系统以及质量管理系统中的指令都需要进行相应的更改。要采取预防措施，避免相同或类似差错的发生。这需要对新识别的风险开展风险评估。通常，FMEA适合收纳新识别的风险并对其进行评估。这有助于使获得的知识借鉴到类似的产品或流程中，排除了其他现存产品或流程中出现相同问题的可能性。经验教训和知识管理在这一步骤中很重要，这样就可以利用信息来防止错误或偏差的再次发生，并带来快速和安全的解决方案。

> **注意：**
> 消除差错是由员工执行的，所以吸取经验是企业差错管理的核心内容。采用措施的成功与否，很大程度上取决于员工的积极性和资质。

基于此原因，公司应使员工可以胜任这些任务，并激励他们，让他们确信任务的重要性。这也意味着，公司盛行无畏的差错管理。

需要让员工了解实施措施的成功或失败以及问题的实时情况。这可以提升差错管理过程的透明度，这是差错管理的焦点。良好的信息可以提高员工的积极性，进而促进持续改进。

D8：认可团队的成功。

在最后的环节，团队的工作得到了赞赏，收获的经验获得了评估。与此同时，应考虑谁是拿到结论的人选。主持人和小组组长对所有问题负责，直到所有措施全部结束。只有在最终文件发布后，整个问题的解决流程才可以结束（见图4.27）。

表格 8D报告				
名称			报告编号	
物品编号			报告日期(开始)	
确认日期			供应范围	
供应商			联系人	
生产地点			联系方式	
客户			联系人	
地点			联系方式	
1.				
触发区	公司	部门	姓名	电话号码
组长+员工				
2.				
问题描述				
在哪些产品和流程中能出现同样的问题？				
3.				
应急措施		责任人	时间	完成 ☐ ☐ ☐
4.				
差错原因				
5.				
长期消除措施计划 1) 2) 3)		责任人	时间	完成 ☐ ☐ ☐
6.				
消除措施的落实		责任人	时间	完成 ☐

制表人：克劳迪亚·布鲁克纳　　　　　　　　　　　　　页数1/2

图4.27　8D报告节选

员工的培训和激励是差错管理的核心方面，但知识作为稀缺资源，正日益成为企业思维的焦点，因为知识支撑着其他生产要素。这对服务类型的公司和制造公司都适用。知识正日益成为战略成功的因素。人们往往低估员工的离职给企业带来知识、经验和技能上的损失。这种宝贵的经验应系统地保存下来，也应该更新。这意味着公司内部的学习型的组织化极大地支持开放和建设性的差错管理。

> 工作辅助：8D 报告。
> 登录网站 *https://plus.hanser-fachbuch.de/*，用相应的访问代码访问工作助手，并下载 8D 报告。

4.3.3　通过 A3 报告消除差错

A3 报告可以追溯到经济工程师约瑟夫·M. 著冉（Joseph M.Juran），大约 60 年前，他向日本管理高层提出建议，为了清晰起见，在一张纸上呈现了问题的解决方案、决策的基础和策略。丰田遵循此建议并为此选择了 DIN A3 格式的纸张（Kudernatsch，2020 年）。

专业文献中有多种形式的 A3 报告，结构相似。这表示，此模板可以随时根据各个企业量身定制（见图 4.28）。

> 工作辅助：A3 报告。
> 登录网站 *https://plus.hanser-fachbuch.de/*，用相应的访问代码访问工作助手，并下载 A3 报告。

下面简要说明各字段中的必要条目。

1）问题描述：描述发生的问题，使每个人都能理解它带来的影响。

2）描述初始情况：非常精确地描述实际情况，也应详细分析发生的场所。图形、照片等可作为辅助。

3）目标描述：描述解决问题的期望和可能性，例如，验证解决方法的指标。

4）差错分析：确定对问题有直接影响的因素，根据找到的原因形成补救措施，此处可使用石川图或 5W 法等方法。

5）补救措施：在本节，录入应对问题和改善现状所必需的所有必要措施。明确分配责任，规定措施期限，及时更新处理状态。

6）效果检测：在此步骤中，检查计划补救措施是否取得了成功。假如目标未实现，则须给出理由，生成新的措施或修改措施，并加以实施。

7）结果描述和措施：这点非常重要，以便从差错中吸取教训。简要说明哪些措施带来了改进，哪些措施应该标准化。此外，应考虑如何将结果借鉴到相似的流程中。

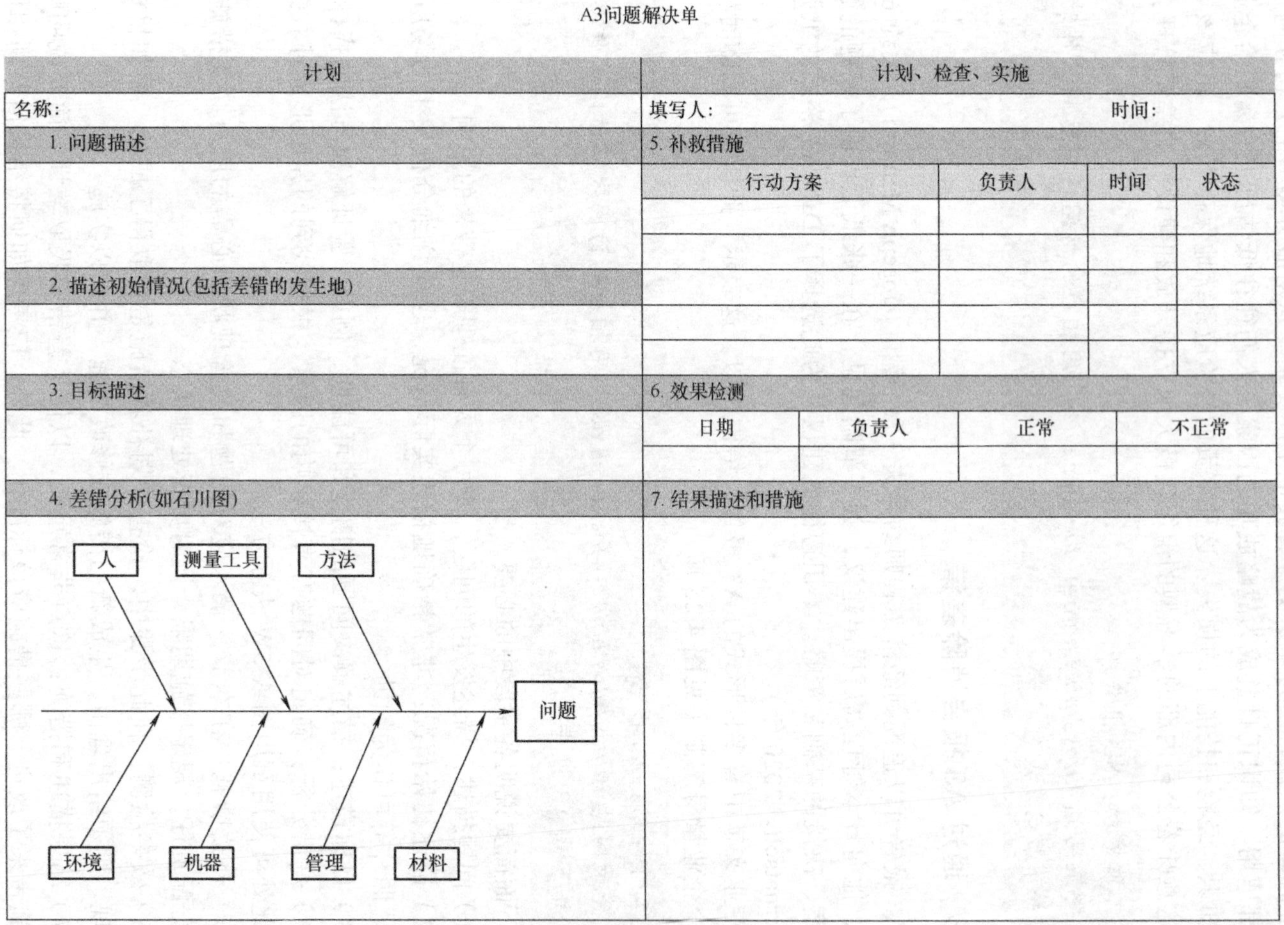
A3问题解决单
计划
计划、检查、实施
名称:
填写人:
时间:
1. 问题描述
2. 描述初始情况(包括差错的发生地)
3. 目标描述
4. 差错分析(如石川图)
人
测量工具
方法
问题
环境
机器
管理
材料
5. 补救措施
行动方案
负责人
时间
状态
6. 效果检测
日期
负责人
正常
不正常
7. 结果描述和措施

图 4.28　A3 报告示例

这是一种简明扼要的方法，但在原因分析领域具备方法学的知识，以开展分析，例如使用鱼骨图（Ishikawa）或5W法。

4.4　差错管理与差错文化之间的关系

差错管理是一种非常结构化和系统化的方法，人、员工在此发挥着从属的作用。出于这个原因，当今许多公司都走上了这样的一条路，即将系统化的差错管理扩展为差错文化的道路。

引入差错管理并不意味是一种差错文化。在企业文化背景下，基于信任的差错文化体现了内部考量差错和处理差错的方式方法。

> **注意：**
> 一个差错管理系统的贡献是可以更好、更快速地查找差错的来源并将其排除。

因此差错管理可认作是差错文化的工具。此工具确保差错的检查和原因分析，并能提供有关如何纠正和避免错误的信息。

差错管理规定了结构化处理差错的过程。只有在公司内部差错文化的支持下，员工才能成功使用。只有这样，才有可能对差错进行管理，利于公司的发展。但如果缺少工具化和结构化的流程且缺少胜任的能力，那么开放的差错文化也无法发挥作用。

"差错文化"和"差错管理"的概念经常作为同义词使用，但其差异是显著的。运用差错管理系统，控制所有处理差错的活动。使用本章所述的不同方法，可提供辅助。但差错文化是更深入的，建立在差错管理之上。它主要针对公司处理差错的方式方法。

只要人参与的工作流程，就有出现差错的可能，无论是生产企业还是服务企业都是如此。这也包括区别于人类行为而产生的技术错误。这意味着，在公司中出现最多差错的是人。但不应忽略，人同时也是能发现差错及尽力避免差错的。仅这一点就表明了人的角色。因此必须要创造一个无畏的环境，使人承认差错或报告差错。只有这样才能从中吸取教训、激励员工，并减少差错的成本。

这意味着应拓展公司的差错系统论，并建立起充满信任的差错文化。这些的前提是公司每个人都具有差错文化的意识。它必须是可行的，最重要的是经过管理层的"示范"。

对如何处理差错，公司要达成共识。这就代表每个人都了解有处理差错的规定，且都能够遵守。

如果人们提起一个良好的差错文化，首先是基于两个理由的：

1）允许犯错的学习文化。
2）构建能够事前避免差错的工作流程。

企业如何考量、评价和处理差错的方式方法，会影响企业的基本效益。

> **注意：**
> 差错管理可认为是差错文化的工具。这个工具保障了差错的记录和原因分析以及提供消除差错和避免差错的信息。

差错管理规定了结构化处理差错的过程。只有在公司内部差错文化的支持下，员工才能成功地将其运用。只有这样，才有可能对差错进行管理，利于公司的发展。但如果缺少工具化和结构化的流程且缺少胜任的能力，那么开放的差错文化也无法发挥作用。

如前所述，引入的差错管理并不等同于差错文化。令人完全信服的差错文化意味着差错不是失误或失败之间的相互作用，而是作为一个从中学习和不断发展系统的机会。在积极的差错文化下，员工并不畏惧后果，而是向相关部门报告差错。另一个显著的特点是承担一定风险的意愿，为打开优化之路而允许差错的发生。

4.5 要点简述

单纯的差错管理涉及消除和避免差错。差错管理也包括对差错和其解决方案进行记录和评估，从而可以避免差错重复发生。

质量方法广泛用于公司内部的各种流程中。它们的开发是为了系统地解决与质量相关的问题，但也是为具有创造性解决问题的流程提供支持。在差错管理中，掌控流程的总目标是通过质量方法来实现的。这自然会带来改进整个流程效益、提高产品质量的结果。

根据客户的要求为三个层次（系统、过程、产品）分别定义了质量特征。质量方法的应用必须要针对这些质量特征，还须将其考虑到公司同发展和计划相关的全部流程中。在持续改进的意义上，使用哪些标准化的方法评估或改善跨部门的务实流程，必须根据个体情况做决定。对于使用哪种方法组合，并没有专利处方。根据不同的情况，如使用的规则和标准，和生产、质量相关的重要前提条件，检测特征的范围，数据提取的技术可行性都需要使用不同的方法。简而言之，标准的质量方法可以为质量计划、质量控制、质量保障和质量改进提供基本的支持。

许多方法可以为差错管理中的系统处理提供支持。这需要员工和管理层掌握方法学的能力。差错管理需要有意愿在团队中工作且训练有素的员工。

差错管理从差错发生时即开始工作，其目标是差错只能发生一次。快速识别差错，让问题得到解决。对差错和解决方案进行沟通和记录，以从中吸取教训。有效的差错管理系统可以减少差错带来的负面后果。

但是差错管理和差错文化是密不可分的。因为只有一个有效的差错管理系统才能为企业差错文化的进一步发展提供空间。

4.6 实用一览

引入的差错管理系统有利于更好地识别、处理和消除差错。差错管理方法和质量管理工具支持的首要目标是：

1）降低风险。
2）优化企业流程。
3）有条理地提高处理任务的效率和效益。

使用经过验证的工具，如 FMEA、8D 或 A3 等报告，确保采用有条不紊的方法来查找差错原因、建立应急措施、在团队中制定补救措施并检验其有效性。

4.7 参考文献

Brückner, Claudia: *Qualitätsmanagement. Das Praxishandbuch für die Automobilindustrie.* 2., vollständig überarbeitete und erweiterte Auflage, Hanser, München 2019

Dietz Consultants: „P-Diagramm". *Von https://www.dietz-consultants.com/de/start*

Fleig, Jürgen: „Systematik und Durchführung der FMEA". Von *https://www.business-wissen.de/hb/systematik-und-durchfuehrung-der-fmea/*, 2018

Impulse Medien: „Fehlerkultur. Lernen Sie in drei Schritten, wie Sie durch einen positiven Umgang mit Fehlern erfolgreicher werden können". Impulse Whitepaper Nr. 4. Von *https://www.impulse.de/management/unternehmensfuehrung/fehlerkultur/2875105.html*, 2016

Ionos: „Ishikawa-Diagramm: Probleme richtig angehen". Von *https://www.ionos.de/startupguide/produktivitaet/ishikawa-diagramm/*, 2019

jp-consulting: „Definition Fehler und Fehlermanagement". Von *https://www.jp-consulting.de/Consulting-Change-Management-News/Fehlermanagement-Definition-und-ein-paar-Anregungen-E1274.htm*, 2019

Kamiske, Gerd, F.: *Handbuch QM-Methoden.* 3., aktualisierte und erweiterte Auflage, Hanser, München 2015

Kudernatsch, Daniela: „A3-Methode. Probleme lösen mit dem A3-Report". Von *https://www.business-wissen.de/artikel/a3-methode-probleme-loesen-mit-dem-a3-report/*, 2020

Lübbecke Prof. Dr. Marco: „Netzplan". Von *https://wirtschaftslexikon.gabler.de/definition/netzplan-39521/version-262928*, 2018

Meyer, Christian H.: „Ideen und Gedanken strukturieren mit dem Affinitätsdiagramm". Von *https://www.christianhmeyer.de/ideen-und-gedanken-strukturieren-mit-dem-affinitaetsdiagramm/*, 2019

Schüttelkopf, Elke M.: „Erfolgsstrategie Fehlerkultur: Wie Organisationen durch einen professionellen Umgang mit Fehlern ihre Performance optimieren". In: Ebner, Gabriele; Heimerl, Peter; Schüttelkopf, Elke M.: *Fehler – Lernen – Unternehmen. Wie Sie die Fehlerkultur und Lernreife Ihrer Organisation wahrnehmen und gestalten.* Peter Lang, Frankfurt am Main 2008

Theden, Philipp; Colsman, Hubertus: *Qualitätstechniken. Werkzeuge zur Problemlösung und ständigen Verbesserung.* 5. Auflage, Hanser, München 2013

Träger, Thomas: „Histogramm", in: *QM in Dienstleistungsunternehmen.* Online-Version, TÜV Media, Köln o. J.

Träger, Thomas: „Regelkarte", in: *QM in Dienstleistungsunternehmen.* Online-Version, TÜV Media, Köln o. J.

VDA: *8D – Problemlösung in 8 Disziplinen.* 1. Ausgabe, Berlin 2018

VDA: *Definition von Fehlerursachenkategorien für das 8D-Berichtswesen V1.0.* 1. Ausgabe, Berlin 2017

VDA: *Fehler-Möglichkeits- und -Einfluss-Analyse, FMEA-Handbuch, Design-FMEA, Prozess-FMEA, FMEA-Ergänzung – Monitoring & Systemreaktion.* 1. Ausgabe, Berlin 2019

VDA QMC: *AIAG- und VDA-FMEA-Handbuch. Der neue Standard zur Risikoanalyse in der automobilen Lieferkette, Fehler-Möglichkeits- und Einfluss-Analyse.* VDA QMC, Berlin 2019

Werdich, Martin: „AIAG-VDA – Was ist neu am FMEA-Handbuch? – ein essenzieller Auszug! Die neue harmonisierte AIAG-VDA Methodenbeschreibung 2019". In: *FMEA konkret* 11/2019

Werdich, Martin: „Harmonisierte AIAG-VDA Methodenbeschreibung. Was ist neu an der FMEA?". Von *https://www.risknet.de/themen/risknews/was-ist-neu-an-der-fmea/*, 2020

第 5 章

引入差错管理

重点：
1）可以做些什么来验证接受差错管理的意愿？
2）哪些重要节点构成了引入差错管理的焦点？

5.1 差错管理的重要节点

差错管理是一个公司的企业文化或管理文化的一部分。不能将差错视为不当行为，而应视为改进和学习的机会。此外，必须在公司内营造一种信任的氛围，这样人们才不会掩盖差错。

归根结底，引入差错管理是为了解决以下问题：
1）什么是差错？
2）哪些差错是可以避免的？
3）哪些差错在任何情况下都绝对不能犯？
4）哪些差错甚至是可取的？
5）哪些差错是我们可以借鉴的？

为了澄清这些问题，引入差错管理需要非常好的计划和准备。无论是在文献中，还是在互联网上的文章或专业期刊中，都没有关于如何通过一些系统的方法引入差错管理的说明。

为此，根据我作为企业管理顾问的经验，我汇编了一些重要节点，并将其应用于我的客户，这些重要节点列于表 5.1，事实证明它们非常有用。

表 5.1 引入差错管理的重要节点

序号	角度	资源	关键词
0	检查一个公司是否为差错管理做好准备	管理层、高管	回答清单上的问题
1	任命项目负责人和项目团队	公司管理层、高管、相关员工	1）由公司管理层任命项目负责人和项目团队 2）提供资源 3）制定项目计划（项目进度、项目团队、时间安排、重要节点） 4）与所有部门的信息会议
2	定义差错，对其分类，并设定公差	高管、项目负责人、项目团队	1）以 FMEA 为基础 2）定义差错，对其分类，并设定公差
3	规范职责，明确责任	公司管理层	职能描述、组织结构图
4	确定项目的机会和风险	公司管理层、项目团队	风险分析
5	树立开放式沟通的榜样	公司管理层、高管	1）培训员工 2）创造自由空间
6	创建准则	公司管理层、高管	1）举办研讨会 2）采用准则或企业文化
7	计划和召开启动会议	公司管理层、项目负责人、项目团队、可能的劳资委员会	1）准备信息活动 2）准备演示文稿 3）成本效益评估 4）项目步骤 5）任务分配
8	通知员工	高管、员工、项目负责人、项目团队	1）准备和实施信息 2）公司会议、集体通知
9	计划和实施培训	高管、项目负责人、项目团队	确定相关的培训内容，例如： 1）准则和企业文化 2）处理差错
10	举办状况研讨会	公司管理层、项目负责人、项目团队	1）准备信息活动 2）准备演示文稿 3）成本效益评估 4）状况

5.2 评估一家公司是否为差错管理做好准备

为了确定一家公司是否已为差错管理做好准备，回答以下问题可能会有所帮助：
1）公司是否有处理差错的规则和准则？
2）公司里的每个人都被允许犯错吗？
3）出现差错时，是否立即通知高管？
4）高管是否客观地回应小差错和大差错，不推卸责任？
5）是否一起寻求解决方案？
6）是否传达发现的差错并提供实际反馈？
7）如果员工承认自己或同事的差错，他们是否需要担心后果？
8）上司是否将自己视为榜样并交流自己的差错？
9）是否鼓励开放式沟通，允许承认差错？
10）高管是否会在员工队伍中交流发现的差错？
11）在处理完差错后是否提供反馈？
12）员工是否也可以向高管指出差错？

根据《行动白皮书》中的第 4 条，如果无法对这 12 个问题给出答案或只能给出不完整的答案，或者如果答案导致对差错处理方式的负面影响，则必须进行更改。

> *工作辅助：为差错管理准备清单。*
> *登录网站 https://plus.hanser-fachbuch.de/，使用相应的访问代码访问工作助手，并下载差错管理准备清单。*

5.3 任命项目负责人和项目团队

项目经理是由项目客户，通常是公司管理层任命的。项目经理应该是一个具有企业文化、差错管理和项目管理基本知识的专家。项目经理应该在公司里有良好的声誉、有主张，也有良好的方法技巧。

> **注意：**
> 项目经理负责项目的整体运营管理，因此负责目标的实现及协调最后期限和遵守预算的情况。
> 对项目经理的要求是多方面的。因此，他应该有广泛的社会技能，如领导素质、调节技巧和表达技巧或冲突管理和控制知识。

项目经理和项目团队必须在这第一个关键阶段确定。项目团队通常由项目经理、专员、可能的外部顾问和高管组成。

项目经理的任务构成如下：

1）规划整个项目。
2）项目团队的技术管理。
3）决定有关项目的问题。
4）监控项目的进展。
5）向员工和管理层报告。

事实证明，在许多情况下，尤其是在小公司中，让外部教练或顾问陪同项目完成是非常有用的。

> **注意：**
> 在选择项目团队时，应特别注意确保所有级别和领域的员工都参与其中，以创造对项目的接受度。

项目团队的主要任务是：

1）参与项目策划。
2）协助项目监督。
3）创建指令。
4）员工培训。

在项目准备期间，必须在公司内部取得高度的认可。

> **注意：**
> 该项目必须以这样一种方式进行沟通，即所有参与者都能看到它对公司的好处，特别是对其个人工作领域的好处。
>
> 为此，必须让员工清楚地知道，所有高管都在支持这个项目。此外，所有员工都必须参与到项目中来。

如果公司有一个劳资委员会，从一开始就让它参与进来是很有利的。

> **注意：**
> 向劳资委员会解释，引入差错管理虽然不会挽救工作岗位，但会起到保住工作岗位的作用，因为整个公司的竞争力将得到加强。

在项目开始时，起草一份粗略的项目计划（见图5.1）是有意义的，它可以作为一个初步的方向。制定一个详细的项目计划对于引入差错管理是绝对必要的。此外，项目的进展应记录在条形图中，以便能够直观地呈现，最重要的是，可监测项目的进展。

第 5 章 引入差错管理 103

图 5.1 项目进度模板

> 工作辅助：项目进度。
> 登录网站 *https://plus.hanser-fachbuch.de/*，使用相应的访问代码访问工作助手，并下载项目进度模板。

5.4 定义、分类差错，并设置差错的容差

差错指的是偏离要求的状态，可能影响产品和过程。

以下差错类型可归因于公司人员的错误：

1）因粗心大意而犯的差错。
2）由于指示不足或协商不充分而导致的差错。
3）由于对流程或程序不了解或了解得不够而产生的差错。

此外，应考虑哪些差错发生在哪些领域，以便使员工可以充分认识。

表 5.2 列出了公司不同部门可能出现的差错，表中也列出了差错类别（严重差错、较严重差错、轻微差错）。

表 5.2 公司不同部门可能出现的差错

公司部门	差错	差错类别
生产	刮擦	较严重差错
	凹痕	较严重差错
	装配差错	严重差错
发货	拣货差错	较严重差错
	包装损坏	较严重差错
进货	错误的货品	较严重差错
	数量错误	较严重差错
	货品损毁	严重差错

为了设置差错的容差标准，必须考虑公司的整个产品范围及其流程。

必须考虑：

1）是否必须满足相关的安全标准，如果是的话，存在哪些标准和要求。
2）哪些潜在的差错会导致哪些损害索赔。
3）在公司自己的流程中预期会产生什么影响。

在这一点上，考察已经执行的 FMEA 已被证明是非常有帮助的。

5.5 规范责任和界定问责

为了使差错管理顺利且有效地进行,必须建立明确的责任。只有这样,才有可能传递相关信息。公司中收到错误消息的人并不总是负责纠正它。

乍一看,界定差错管理中的职责和权限,听起来像是对管理层的简单要求,然而,再一看,这些决定需要经过深思熟虑,因为它们可能对公司产生深远的影响。差错往往源于职责和权限没有明确界定的情况。

管理层必须任命员工和经理,他们将优先支持项目并可以作为信息传播者。这一步骤需要以下活动和规范:

1)界定任务和职责。
2)挑选和任命员工。
3)在公司内部公示该任命。

差错管理项目的责任在于管理层。例如,这并不意味着公司的总经理必须在运营中执行这些任务。但是,管理层成员必须对项目负责,以确保公司内部的接受度。业务活动可以下放。

系统地界定和公示职责和权限的目的是为了明确规定:

1)谁可以决定什么。
2)谁从谁那里得到什么信息。
3)谁对什么负责。

这样,每个员工都清楚认知,在差错处理过程中分配给他的职责,并知道必须做什么。

必须将界定的职责和权限记录在案。这通常是通过组织结构图和职能描述和/或在流程中完成。

> 注意:
> 有关职责、决策权和权力的组织条例必须由管理层确定,以确保在公司内部得到认可。

每个员工都必须确切地知道他们的决策框架是什么,以及他们拥有什么能力,还必须明确定义需要哪些个人主动性,以及可以自行承担哪些风险。此外,必须确定个人职责的界限在哪里,以及何时和从谁那里有必要进行再保险。

> 注意:
> 应该给予员工一个决策框架,以便他们能够对某些情况做出独立和快速地反应。这使他们有机会在一开始就消灭差错。此外,这种承诺的决策框架具有激励作用,因为员工被赋予了信心。员工认为这是对他们工作表现的赞赏。

管理者可以发挥出色的作用。他们必须有能力，并意识到应该纠正哪种差错，以及如何顺利地纠正差错。差错越严重，管理者就越有可能尽早地纠正差错。另一方面，较轻的差错应该由造成这些差错的人自行纠正。因此，管理者必须具备社交技能和智慧，以便能够理智地与员工打交道。此外，他们必须了解能够识别差错和差错原因的方法。

然而，积极的差错管理永远不能只被规定，它必须通过管理者的榜样作用来体现。这是高层管理人员积极控制某种内部差错管理的重要前提。

为了以后能够依赖于一个有效的、开放的差错报告系统，必须重视公司中的相应角色，见表5.3。

表5.3 公司中的相应角色

角色	任务和职责
员工	记录错误，在其决策框架内做出决定，否则升级
直属经理	对不属于员工决策框架内的错误做出决策，与员工一起确定原因，实施纠正措施
流程负责人	监测和控制流程
质量经理、环保经理或职业安全专家	检查措施的有效性，进行评估，启动改进项目
管理层	接收有关公司发生差错的信息，根据需要参与

基本的先决条件是，授权人员是合格的。在晚班、夜班或周末轮班期间，当相关经理不在现场时，这一方面变得更加重要。负责的员工必须特别具备以下方面的资格：

1）评估产品的质量。
2）处理质量问题。
3）了解报告渠道。
4）立即采取措施。

例如，可以通过责任矩阵（见表5.4）来做到这一点。

表5.4 差错整改的责任矩阵示例

任务	管理层	部门主管	流程负责人	员工
记录差错				D
处理严重差错	I	D	M	M
处理较严重差错	I	D	D	M
处理轻微差错			I	D

注：I表示信息，M表示参与，D表示执行。

> 工作辅助：责任矩阵。
> 登录网站 *https://plus.hanser-fachbuch.de/*，用相应的访问代码访问工作助手，并下载责任矩阵。

通过将职责和权限分配给整个公司的所有员工，为员工认同差错管理创造了基础，并感到对其工作成果的质量负责。

5.6 识别项目的机会和风险

ISO 9001 修订中的一个重要创新是对机会和风险的分析和评估，这也应该被用于评估项目的差错管理。

在标准体系的各个方面，基本标准 ISO 9001 要求公司确定其机会和风险，以确保实现计划的结果。

该标准没有规定应如何处理机会和风险。这意味着，必须在公司内部建立有约束力的规章制度。

它不仅涉及纯粹的识别，而且还涉及增加期望的效果和减少不理想的效果。要做到这一点，必须实施具体措施。

在这个步骤中，最初只需对机会和风险进行收集，并估计其发生的概率。

5.7 树立公开沟通的榜样

差错管理是由巨大的沟通意愿支持的（员工/部门主管）。员工的知识是建设性地处理差错的基础，因此，必须传达交流信息的意愿，而不仅仅是在发生差错的时候。此外，管理人员应始终听取员工的改进建议，以确保被接受。

管理者应该帮助解决错误，并支持员工寻找解决方案。沟通必须是实事求是的，因为只有这样，人们才不那么害怕承认错误。

管理者的基本任务是通过与员工公开交流，营造一种信任的氛围。特别是在有问题的情况下，员工需要了解问题是什么，以及原因、联系和影响是什么。

对于管理者来说，这意味着：
1）显示出存在感。
2）与员工进行个人谈话。
3）作为一个值得信赖的联系人出现。
4）建立信任和安全感。
5）公开地处理问题。

5.8 创建准则

在确定了公司差错管理的上述方面之后，就可以创建准则了。现在有必要思考一下其背后的东西。

1）哪些价值应该被锚定？
2）想达到什么目的？

该准则可以独立存在，也可以被纳入公司的使命宣言中。

应该开一个研讨会起草准则，为此也可以引入外部帮助。

该准则必须为每个公司单独制定，首要的是要与公司管理层协商。这很重要，因为正是管理层定义了处理差错的框架。差错管理的准则应该是公司整体政策和战略的一个平等和一致的组成部分。它是一个理想的工具，可以让公司越来越好。

1）与公司的愿景和战略相一致。
2）建立了一个处理差错的框架。
3）确立了公司管理层对开放式差错管理的承诺。
4）将公开处理差错而不承担后果的承诺传递给公司的各个层面。
5）在满足包括客户和其他相关方的需求和期望方面的持续改进。
6）在制定过程中，要让所有员工都能理解，从而遵守。

最后，管理层和领导应致力于该政策，并接受其所有要点。

准则规定了公司如何处理差错，如何评估差错以及在发生差错时如何进行处理。

该准则应包含所有阶段及其学习处理差错的活动。

在准则手册生效之前，必须告知所有员工所有可能的差错类型及其后果，同时，它也将成为质量管理体系的一个有约束力的部分。例如，可以通过将其纳入公司准则或创建工作指令来实现。

> **注意：**
> 原则上，要做的第一件事就是哪些差错应予考虑达成一致意见（见第2.3节）。

准则至少应涉及图 5.2 所示的焦点问题。

每位管理者都必须建立公司所定义的差错管理，以便员工能够从差错中学习。这意味着管理者：

1）必须具备沟通能力。
2）必须知道可以从差错中学习的工具。
3）能够建立处理差错的规则和指导原则。

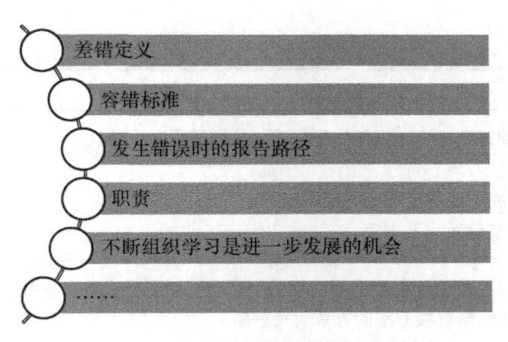

- 差错定义
- 容错标准
- 发生错误时的报告路径
- 职责
- 不断组织学习是进一步发展的机会
- ……

图 5.2 准则应包含的内容

4）树立领导行为的典范，以说明可以讨论差错而不归咎于责任。

5）腾出时间来讨论可能或实际犯下的差错。

如果想积极地处理差错，必须学会如何建设性地处理差错。公司应通过管理层的能力培养积极的差错管理，在团队中处理差错。

该准则应包括在质量管理体系（QM System）中，例如发布在公司的内联网上。

公司管理层应直接与员工对话，使其明确承诺遵守该准则（见表5.5）。归根结底，这不过是对差错管理的一种自我承诺，类似于对质量政策的承诺。

表 5.5 差错管理准则节选

方面	解释
基础	差错是学习的重要组成部分，给了我们改进的机会
差错的定义	我们将差错定义为事后证明，就预期结果而言，这些活动不是最佳的或是不理想的
承诺	我们、管理人员和员工，都致力于促进和保持对差错的开放态度 1）差错是可以接受的 2）通过透明、公开和理解，建立起建设性地处理差错的信任
目标	中心目标是对差错进行全面的、以解决方案为导向的分析
差错管理的原则和责任	我们知道，差错可能发生在任何级别和任何时间。我们把自己看作是一个团队，与我们的管理人员一起，以求不断地改进 为此，我们创造了一个没有恐惧的环境，在这个环境中，我们的管理人员 1）倾听我们员工的心声 2）公平和谨慎地行事 3）创造信任和透明度 4）站在我们员工一边 5）与我们的员工一起寻找解决方案 6）腾出时间来促进团队内部的解决方案 7）交流已开发的解决方案
报告途径	我们的差错管理的过程和子过程在我们的质量管理体系中得到了描述

(续)

方面	解释
沟通	定期讨论差错，以便优化流程并从差错中吸取教训 沟通： 1）在差错发生后，立即沟通 2）恭敬地，不指责
学习文化	我们的差错管理是学习文化的一部分。为了让我们从差错中学习、吸取教训，以非评判性和面向解决方案的方式对待差错 1）利用差错来分析原因并找到解决方案 2）避免差错的措施是共同制定和实施的 3）这些解决方案和认知会进入我们的知识管理

> 工作辅助：差错管理准则示例。
> 登录网站 https://plus.hanser-fachbuch.de/，用相应的访问代码访问工作助手，并下载差错管理准则示例。

准则制定和通过后，必须向所有管理人员和工作人员介绍。

5.9 计划并召开启动会议

在启动会议上，该项目被介绍给所有管理人员和工作人员，以便让他们参与进来。这个会议的主持人是项目负责人。应邀请项目团队、管理层和参与项目的所有员工参加。

到这个时候，最迟应该让所有员工了解即将到来的项目。必要的信息可以通过员工大会、通知栏或电子媒体等方式进行沟通。信息必须从管理层到达员工，管理层对项目的认同感越强，并将其态度传递给员工，就越能得到员工的支持。

员工队伍以及管理层和项目参与者应该：
1）了解公司文化和差错管理的重要性。
2）了解该准则的内容。
3）了解引入差错管理的原因。
4）收到公司管理层的声明，表明他们完全支持该项目。
5）参与该项目。

这次会议的结果应该是管理层和员工对公司的差错和差错管理这一主题的认同。

5.10 通知员工

如果员工定期收到有关引入情况的信息，接受度会进一步提高。培训课程和个人项目工作的照片以及相关报告使整个公司都能参与到项目中。即使在项目完成后，继续发布差错管理的报告也是非常有意义的。

在开始的时候，管理层应该发表声明，说明差错管理对公司有多重要。同时，应敦促所有管理人员支持该项目，并对员工进行信息传播。

> **注意：**
> 将创建的准则移交给员工。这份资料单页也可用于未来的培训课程。

5.11 计划和实施培训

一般来说，公司的特点确实是某些能力（以信息、能力和技能为形式）结合在一起使用时可以赋予它们竞争优势。

可以在内部和外部进行定期培训，保证现有质量水平的维持。规划培训课程的依据是：

1）公司目标。
2）公司政策。
3）客户要求。
4）法律和官方要求。
5）差错管理。
6）基本规范和其他标准。
7）员工评价。
8）新项目。

图 5.3 所示为培训触发因素示例。

培训是确保所有员工根据工作要求接受培训和教育的措施，从而拥有足够的专业知识。此外，通过定期审查必要的要求，确保计划和实施适当的进一步培训和高阶进修措施。

各自的部门主管始终负责员工的入职和培训。然而，培训过程不应局限于纯粹的必要培训，还应该为未来的前景创造一种可能，从而朝着人才发展的方向发展。只有这样，才能提供高质量的服务，同时考虑到市场条件和技术进步。

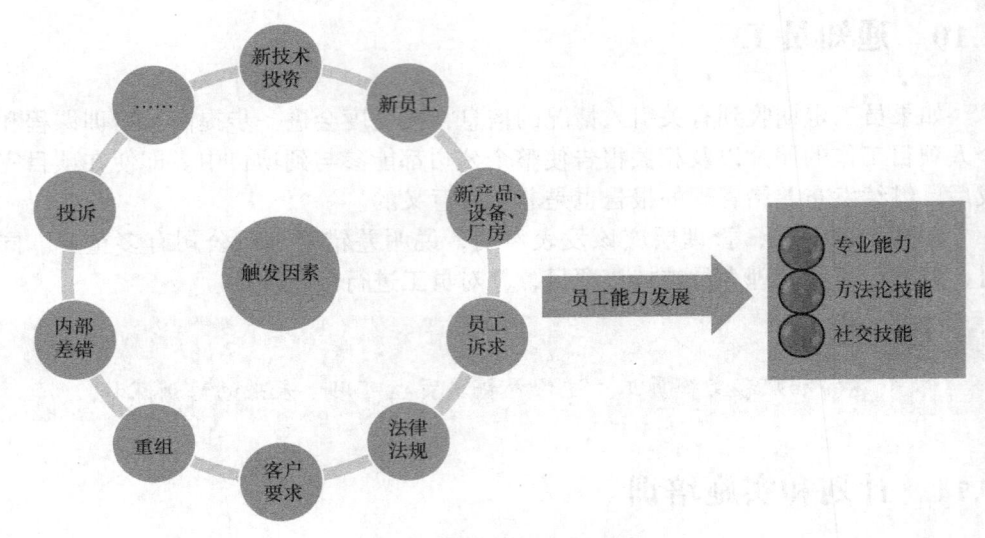

图 5.3 培训触发因素示例

某些工作所需的资格由部门主管根据工作内容来确定。员工资历的变化一般由培训和进修的需要决定，作为年度培训计划的一部分。还必须确保所有新入职或变换岗位、职责的员工都接受在职培训。

员工的资质必须与公司的目标相一致。这些目标是规划进一步资质的基础。在这里，首要的是分析必要的培训和人员发展。

复杂的人力资源开发不仅面向内部，也面向外部因素和要求，以制定人才战略，而不仅仅是确定培训需求。近几十年来，公司在知识密集型的价值创造中发现，知识是一种可持续的资源。

《盖布勒经济学辞典》（Gabler Wirtschaftslexikon）对"人力资源发展"的定义如下："对公司来说，优秀员工的晋升和发展正变得越来越重要。劳动力市场的变化和知识半衰期的永久缩短要求雇主更多地致力于发展员工的技能。技术和组织变革也需要一个持续的学习过程。支持员工的专业和个人发展，也可以长期留住优秀员工和核心能力载体。"（wirtschaftslexikon.gabler.de/）。

具有共同兴趣和目标的员工汇集了创新力量、创造力和解决问题的能力。技术在这里仅具有辅助作用。人类作为企业的知识载体，越来越受到重视。重要的是要支持这些知识载体，获取必要的知识（而且是在正确的时间），有效地利用这些知识，并有针对性地进行传递，使知识资产能够为公司价值创造做出贡献。

简而言之，可以说是知识提高了运营过程的绩效。这首先是在实施知识管理和寻求相关优化时，对公司整体流程模式中的知识物流进行精确盘点。

> **注意:**
> 如果知识在正确的时间、正确的地点可用,则可以有效地运行该过程。这反过来又是一个先决条件,以达到规定的质量,并从差错中学习。

不仅内部知识的保存迫使公司处理知识管理的问题,而且由于世界贸易自由化和技术发展周期越来越短,市场的强大活力也迫使公司不断作出反应或采取最佳行动。无论哪种方式,公司必须能够应对这些动态变化,以便对这些外部的、不断变化的信息进行最佳内部利用。

图 5.4 所示为知识强度组合,这表明公司知识对于公司价值的可持续增长是多么重要。

由于这些发现,现在已经形成的观点是,知识作为一种资源需要自身的、新型的和适当的管理,以满足所有的要求。它必须能够利用所有相关的知识潜力,以使知识在公司优化、产品开发以及流程和业务领域中得到实施。这清楚地表明,在学习型组织的过程中,需要一个单独的项目来将知识管理引入公司。

公司的管理人员和员工必须接受有关将要引入的差错管理的培训。此外,在许多情况下,仍然需要就公司各个领域的相关规定以及要使用的方法和规范进行具体的培训。

1)差错检测。
2)差错分析。
3)差错评估。
4)持续改进。

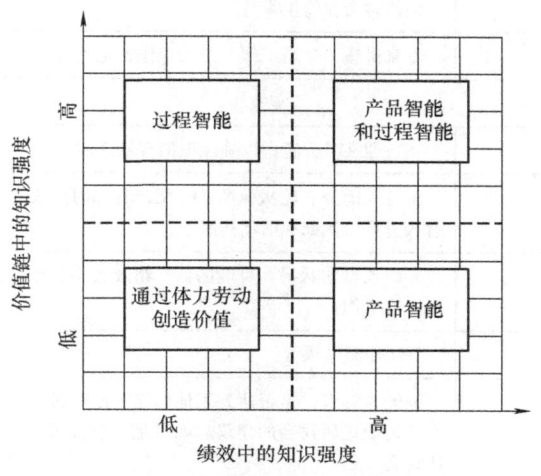

图 5.4 知识强度组合(诺斯,2016 年)

一般的培训课程最好是由项目经理计划和实施。具体的培训必须由各个领域的负责人来安排。

所有的培训都包括在一般的培训计划或培训工具中。这些培训应具有以下内容：

1）关于差错管理的知识。
2）建立管理人员和员工对差错管理的认同。
3）解释计划的行动过程。

这一步骤的结果是训练有素的管理人员和员工。

5.12 举办状态研讨会

状态研讨会让员工了解差错管理项目的最新情况，同时引入进步的主题，这证明了研讨会的价值。这些研讨会必须组织得很好，才能被员工接受。正确的准备工作可以确保研讨会顺利进行。

表 5.6 为规划和举办研讨会。

表 5.6 规划和举办研讨会

方面	解释
规划	
参会者	谁在参与，可以获得哪些知识
目标	该研讨会的目的是什么
地点	该研讨会在哪里举行
方法	专家讲座、分组工作、个人工作、全组讨论
实施	
欢迎参会者	亲自迎接参会者，以确保他们轻松抵达
研讨会开幕	主持人简介、轮次介绍、介绍流程和时间表、记录参会者的期望以供所有人查看（例如在活动挂图上）
举行研讨会	介绍项目的状况，可能的话，组成较小的小组，就较小的工作部分或主题开展工作
总结结果	展示小组结果
记录改进建议	询问参会者，是否达到了他们在开始时提到的期望。继续询问员工是否有任何改进研讨会的建议。如果是，请考虑是否应将这些内容纳入下一次研讨会

5.13 要点简述

在一个开放和透明的差错管理中，差错被视为机会，这将激励员工。他们正视差错，参与到解决和预防差错的过程中。

差错管理的一个重要基础是不寻求指责或发布威胁和后果。这意味着，重点不是寻找犯错的人，而是准确分析发生的事情，并就其进行公开交流：

1）发生了什么？
2）它是如何发生的？
3）为什么会出现这种差错？
4）是否有可能再犯这种差错？
5）类似的差错是否可以避免？
6）这个差错带来了什么机会？

差错是痛苦的，尤其是，在大多数情况下，它们会花费金钱。公司必须利用处理差错所产生的潜力。

信任也是一个重要的基础。为了做到这一点，公司的高管必须认清自己的榜样力量，并树立这样一个榜样：每个人都会犯错，包括高管。他们也必须接受差错和自我批评。这种方法也鼓励员工承认他们的错误。想法应该被贡献出来，并且平等地进行讨论。差错管理并不导致接受每一个错误，而是要从差错中学习。

建立透明度很重要。需要定义差错，建立准则，一个公司中的每个人采取行动都必须参考的准则。

公开处理差错的原则必须清楚地表明，公司中的任何人都不会因此受到评判。

如果一个公司的管理层和高管清楚如何处理差错，就可以以身作则，利用工具、方法和手段从差错中学习，建立适合公司的差错管理。也就是说，处理差错的正确方式是公司如何创新的决定性因素，为此，必须允许出现差错。

5.14 实用一览

引入差错管理会带来：
1）不断地发展。
2）工作氛围得到极大的改善。
3）经济成就得到提高。
4）从差错中学习并利用发展机会。
5）采取面向解决方案的行动。
6）有效利用沟通渠道。

7）与客户的沟通得到改善。

8）投诉减少。

9）在公司内对差错有统一的认识（准则）。

5.15 参考文献

BG ETEM: „Fehlerkultur". Von *https://www.bgetem.de/arbeitssicherheit-gesundheitsschutz/praeventionskampagnen/kommmitmensch/wissen/fehlerkultur,* 2018

Brückner, Claudia: *Qualitätsmanagement. Das Praxishandbuch für die Automobilindustrie.* 2., vollständig überarbeitete und erweiterte Auflage. Hanser, München 2019

Demir, Elif: *Der ideale Umgang mit Fehlern (in Organisationen) durch eine konstruktive Fehlerkultur und organisationales Lernen.* GRIN, München, Ravensburg 2014

Dietz Consultants: „Parameter Diagramm". Von *https://www.dietz-consultants.com/de/fmea-thinktank/fmea-infos-tipps/parameter-diagramm-p-diagramm/,* o.J.

Harteis, Christian; Bauer, Johannes; Heid, Helmut: „Der Umgang mit Fehlern als Merkmal betrieblicher Fehlerkultur und Voraussetzung für Professional Learning". In: *Schweizerische Zeitschrift für Bildungswissenschaften* 28/2006

Schmalzholz, Claus G. (Redaktion): „impulsewhitepaper Nr. 4". Von *https://www.impulse.de/wp-content/uploads/2016/06/impulse-whitepaper_04_Fehlerkultur.pdf*

Kymal, Chad; Gruska, Gregory: „Gleiche Werkzeuge, unterschiedliche Ansätze. Ansätze und Änderungen des neuen FMEA-Standards von AIAG und VDA (Teil 1)". In: *QZ Qualität und Zuverlässigkeit* 63/2018 03

Mandl, Christoph: *Vom Fehler zum Erfolg.* Springer, Wiesbaden 2017

North, Klaus: *Wissensorientierte Unternehmensführung.* 6., akt. und erw. Aufl. 2016, Korr. Nachdruck 2016. Springer Gabler, Wiesbaden 2016

Miller, Brigitte: „Fehlerkultur: Wie gehen Sie mit Fehlern um?". Von *https://www.weka.ch/themen/fuehrung-kompetenzen/mitarbeiterfuehrung/fuehrungsinstrumente/article/fehlerkultur-wie-gehen-sie-mit-fehlern-um/,* 2016

Senge, Peter: *Die fünfte Disziplin. Kunst und Praxis der lernenden Organisation.* 11., völlig überarbeitete und aktualisierte Auflage, Schäffer-Poeschel, Stuttgart 2011

第 6 章

在质量管理中锚定差错管理

> **重点：**
> 1）差错管理如何植根于精益管理？
> 2）采用哪些管理方式？
> 3）CIP（Continuous Improvement Process，持续改进流程）和差错管理有什么关系？
> 4）风险管理和差错管理如何结合？
> 5）差错管理和学习文化如何互补？

前面几章已经谈到了差错管理和质量管理方法之间的许多联系点。例如，差错策略、质量管理方法或质量成本以及差错处理工具。

在第 6.1 节，将介绍差错管理与精益管理的其他方法、理念和程序之间的联系。

6.1 差错管理和精益管理

精益管理意味着"精益求精"的管理。这一理念的背后是持续改进的方法。

在 20 世纪 50 年代和 60 年代，汽车制造商丰田创建了最初基于三个原则的生产原则：

1）资源的低浪费。

2）追求完美。

3）以最小的成本实现最高质量。

20世纪90年代初，詹姆斯·P. 沃马克（James P. Womack）、丹尼尔·T. 琼斯（Daniel T. Jones）和丹尼尔·罗斯（Daniel Roos）的研究报告《汽车工业的第二次革命》出版。此后，越来越多的公司开始进行精益管理，因为日本的汽车工业相对于欧洲的汽车工业显示出巨大的竞争优势。最初，精益管理只涉及生产。自20世纪90年代末以来，这个观念已经扩展到公司的所有领域。

在精益管理中，差错管理起着核心作用。成功哲学的其中一个关键是，从差错中学习。

帕维尔·戈雷基（Pawel Gorecki）和彼得·帕奇（Peter Pautsch）2018年指出："把问题和差错理解为变革和改进的机会，是精益管理的支柱之一。"他们进一步解释说，当错误发生时，不应寻找罪魁祸首，也不应产生与人事相关的后果。

> **注意：**
> 差错是改进的起点，以便从改进中学习。这就是精益管理的核心所在。

在精益管理中，其中一个原则是：没有问题就是问题。寻找罪魁祸首被认为是浪费时间，这也不能阻止同样的问题再次发生。精益管理使用多种方法来详细检查一个问题，以便将来不再发生这种情况。仅靠进修和培训措施不足以改变对待问题的态度。现在需要的是将差错管理融入企业文化中。这导致了公司的变革管理。

精益管理不是一个可以用简单方式解释的过程，而是一种哲学，其背后隐藏着众多的方法、手段和工具。

差错管理是精益管理的核心组成部分。精益管理旨在确保公司的流程设计能够不断减少错误和浪费。

6.1.1 精益管理的基本原则

根据詹姆斯·P. 沃马克和丹尼尔·T. 琼斯等人2013年的观点，精益管理的基本原则有五个，见图6.1。

分析客户的个性化需求 → 价值流的识别 → 流动原理 → 拉动原理 → 不断追求完美

图6.1 精益管理的基本原则

下面简要解释这五个构建板块,随后讨论精益管理和差错管理之间的联系。

1. 分析客户的个性化需求

必须确定客户的需求和价值取向,随后才能决定生产什么、何时和如何生产。这确保了客户在任何时候都能感到满意。

重点是为客户提供优质的产品和合理的价格。

以下问题有助于实现这一原则:

1)客户真正需要的是什么?
2)客户看重什么?
3)客户最终愿意支付多少费用?

2. 价值流的识别

价值流包含生产产品或服务所需的所有过程。这意味着不仅要考虑内部,还要考虑整个外部供应链。这使我们可以专注于客户的要求,避免浪费。

3. 流动原理

这是精益管理一个非常重要的部分,必须进行详细的分析。最终效果是,生产过程应始终保持流动状态。应尽可能避免中间存储、瓶颈和生产过剩,生产设施的安排应与工艺步骤相一致。

4. 拉动原理

根据这一原则,工作流程不是由各自公司的计划开始的,而是只有在收到客户的需求时才会进行生产。

5. 不断追求完美

有了流动原理和拉动原理,改进的潜力总是可以被发掘出来,以期变得更好、更完美。然而,这项任务将永远不会完成。有了这个原则,差错管理就开始发挥作用,因为员工应该达到这样的程度:他们总是独立地质疑流程并带来改进。

6.1.2 差错管理作为精益管理的组成部分

实施精益管理的方法有很多。然而,必须让员工了解如何处理差错以及如何减少浪费。

当员工的创造力未被利用时,也被定义为一种浪费。为了促进这一点,仅靠培训和进修是不够的,企业对问题的态度必须转变。我们需要的是一种企业文化,在这种文化中,差错管理被锚定下来。这使得差错管理成为精益管理的组成部分。

两种管理哲学拥有相同的文化,表 6.1 对此进行了对比。

表 6.1　两种管理的重要文化视角

文化视角	差错管理	精益管理
管理者对文化的示范作用	×	×
管理者以协作的方式管理	×	×
通过目标协议和关键数字持续改进团队	×	×
团队中可持续的问题解决方式	×	×
学习型组织	×	×
管理者和员工的方法论技能	×	×

> **注意：**
> 精益管理可以通过各种方法和工具来实施，这些方法和工具可以单独用于精益管理中的差错管理部分。

本节所列的方法：
1）防错法。
2）TRIZ。
3）5S 法。
强调透明的差错管理对精益管理的重要性。

1. 防错法（Poka Yoke）

来自日本的术语 Poka Yoke 指的是由几个要素组成的原则，其中包括用于立即检测和防止差错的技术预防措施或设备。

这种方法特别适用于人们在参与制造过程时可能犯的意外差错，旨在防止由于错误操作导致产品故障或缺陷。最初，防错法起源于制造业。出于这个原因，这种方法的重点是制造过程。然而，今天已经有针对服务提供商和客户的防错措施，来自服务提供商的错误被称为服务器防错，来自客户的错误被称为客户防错。

防错法通常被翻译为回避（yokura）和意外差错（poka）。该方法可以追溯到新乡重夫，是丰田生产系统的一种方法。

人为差错和工艺元件的意外故障实际上是不可避免的。防错法旨在通过适当的技术措施，防止或减少在人与流程界面上的人为差错，从而避免出现有缺陷的产品。这涉及的是预防措施和简单的技术系统，旨在检测不正确的操作或潜在的错误来源，以便能够在差错发生之前就采取纠正措施。这意味着通过避免潜在的错误来源来实现 100% 的质量，例如：

1）调换。
2）遗忘。

3）混淆。
4）误解。
5）误读。
6）操作失误。

为了能够在发现差错后，排除差错的进一步发生，防错法总是与检查方法结合使用。只有这两种方法结合，才有可能有效地消除差错，因为过程中的错误动作与产品中的缺陷之间的整个因果链都被考虑在内，以便找到并消除差错的实际根源。通过这种方式，在预防差错的意义上，有效地防止了差错的重复发生。为了更好地理解，现对防错法进行概述说明。

PokaYoke解决方案基本上基于三种机制：

1）检测方法：检测错误动作。
何时何地可以检测到错误？
2）触发机制：判定错误的行动。
如何判定错误的行动？
3）调控机制：识别错误的行动。
如何将已识别的错误行动传达给员工？

表6.2为防错法系统矩阵。

表6.2 防错法系统矩阵（Zeller，2016年）

检测方法	触发机制	调控机制
检测差错的来源——防止可能导致错误操作的原因	接触法——可以通过几何或物理量来检测故障	干预法——关闭机器或终止运行
直接反馈检测——直接修正自检	恒值法——可以根据过程中的步骤数检测出错误	警告法——发生错误时发出警告，例如通过信号
间接反馈检测——因为有后续控制，错误不会传播到后续工作步骤	步骤顺序法——通过工作步骤的标准顺序来检测错误	—

检测方法描述了差错检测或原因检测的地点和时间。
问题：何时何地发现差错？
触发功能描述了作为差错特征所基于的特性。
问题：差错是什么？
调控功能描述了如何对差错或不正确的操作做出反应。
问题：如何消除差错？
通常情况下，防错法解决方案的开发分为三个步骤：
步骤1：分析问题
分析问题可以通过流程检查来完成，这需要对流程和员工在流程中的互动进行精确的观察。事实证明，使用核对表是有用的，它可以适应要分析的各个过程步骤（见表6.3）。回答"是"的问题越多，就越有必要使用防错法的解决方案。

表6.3 防错法核对表

工作步骤 / 操作	是	否	不相关
1. 是否可能出现遗漏 / 遗忘的情况	□	□	□
2. 是否可能重复次数过多 / 过少	□	□	□
3. 顺序是否可能错误	□	□	□
4. 工作是否可能太早或太晚执行	□	□	□
5. 是否可以未经授权执行工作	□	□	□
6. 是否有可能选择错误（零部件、工具、清单）	□	□	□
7. 是否可能出现不正确的计数（数量、材料）	□	□	□
8. 是否可能出现错误识别（读取 / 记录读取、缺陷识别、质量水平）	□	□	□
9. 是否可能发生未被察觉的危险	□	□	□
10. 是否可能出现夹持错误（零部件 / 材料对齐、工具夹持、装载、表格填写）	□	□	□
11. 是否可能出现定位错误（零部件 / 材料对齐、工具夹持、装载、表格填写）	□	□	□
12. 执行操作的方向是否可能错误	□	□	□
13. 操作的数量是否可能错误	□	□	□
14. 修复时是否可能出错	□	□	□
15. 是否可能发生碰撞	□	□	□
16. ……	□	□	□

> **工作辅助：防错法核对表**
>
> 登录网站 *https://plus.hanser-fachbuch.de/*，用相应的访问代码访问工作助手，并下载防错法核对表。

此外，以下方法可用于问题分析：
1）8D 报告。
2）A3 报告。
3）FMEA。
4）故障树分析。
5）因果图。

所有必要的文件：
1）过程描述。
2）差错收集卡。

3）测试记录。

在分析时应参考以上这些资料。

步骤 2：制定和阐述可能的解决方案

这一步骤最好在多学科团队中进行，以便能够纳入尽可能多的想法。在这个阶段，使用了防错法的三种机制。这些机制的意义在于，确保公认的错误行动不会造成差错，同时也确保差错一旦发生，可以被立即发现并防止转移。

在为制定可能的解决方案而进行的集思广益中，可以使用以下方法：

1）头脑风暴或更复杂的解决方案。

2）TRIZ。

制定可能的解决方案最初纯粹是一个集思广益的过程，所以在这个阶段不应进行评估。只有在所有可能的解决方案都被记录下来之后，才能进行评估。在这里，要考虑以下主题：

1）费用。

2）资源。

3）利益冲突。

4）技术可行性。

5）必要的后续行动。

在选择了一个或多个解决方案之后，就可以实施了。

步骤 3：实施解决方案

防错法解决方案通常是在质量圈或改进建议系统中制定的。

最好是在产品和工艺开发期间就已经实施防错法来寻找解决方案。该方法应用得越晚，解决方案就越不经济。

2. TRIZ

TRIZ 是一种哲学，一种思维方式，是一种方法和工具的集合。

TRIZ 一词来自俄语，意为发明问题解决理论。该方法由根里奇·绍洛维奇·阿奇舒勒（Genrich Saulowitsch Altschuller）、拉菲尔·鲍里索维奇·沙佩罗（Rafael Borisowitsch Shapiro）和迪米特里·卡巴诺夫（Dimitri Kabanov）等人在 1946 年左右根据对许多专利规范的审查而创建。在 TRIZ 的帮助下，技术和科学问题得以解决，思维的障碍得以克服。

其基本思想是将创新发展过程和想法的产生系统化。在 TRIZ 的意义上，当达到所谓的"理想机器"时，就会出现一个理想的解决方案。这台机器必须无限制地满足解决方案的所有要求。

TRIZ 是一个应用非常广泛的工具，本书对这种有趣的方法做一个概述，更多信息见相关参考文献。

TRIZ 是基于这样的知识，即所调查的技术问题很可能已经在其他背景下或其他专业领域中处理过多次。为此，必须将其翻译成抽象的形式，以便借助各种 TRIZ 工具解决核心问题。

> **注意：**
> 现代工具，包括 ARIZ 77 等方法，将创新清单作为工作步骤的系统序列，将 40 条创新原则作为 ARIZ 的系统分析部分等。

为了成功应用 TRIZ，参与的每个人都必须掌握 TRIZ 工具。这需要大量的培训，获得该方法是很耗时的。然而，随着经验的增加，想法的产生过程将变得更快、更有条理。TRIZ 提供了一个高效的程序，并被用于产品开发和工艺开发，例如，用于：

1）技术问题的解决方案。
2）开发具有高度创新性的新产品或新工艺。
3）专利和技术的评估。
4）战略产品规划和流程规划。

TRIZ 方法通常包括以下步骤：

1）问题分析：描述和分析手头的问题。
2）将问题抽象化：通过将问题分解为抽象的组成部分，并将其从特定专题的细节中解放出来，对问题进行建模。
3）建立类比和头脑风暴：将抽象问题模型专门与类似问题进行具体比较。
4）解决方法的逆向转化：类似的解决方案作为解决原始问题的思路来源。

图 6.2 所示为 TRIZ 方法的程序。

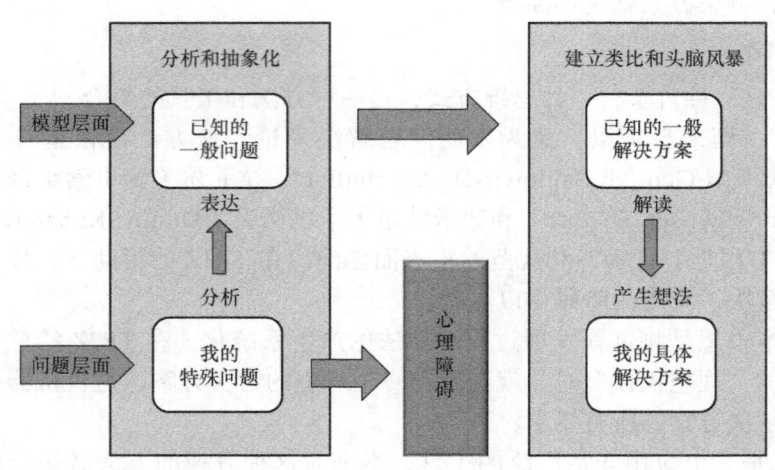

图 6.2　TRIZ 方法的程序（Hentschel、Gundlach、Nähler，2010 年）

为了高效地执行这些步骤，TRIZ 提供了可以根据需要使用的方法学工具。TRIZ 的创新工具可以分为四类。各个类别的工具包括从系统学、知识和类比领域的工具到识别愿景的工具。系统化的工具支持对问题的分析和结构化，而基于知识的工具提供对不同学科领域知识的获取。

TRIZ 不包含任何评估程序，因此，它可以与其他方法结合使用。为了寻找解决方案，通常通过使用类似的问题作为比较来解决问题，而这个问题的解决方案是已知的。

TRIZ 矛盾矩阵的基本假设是，所有可能的技术要求和物理要求都可以追溯到 39 个参数。通过优化这些参数之间的矛盾组合，可以解决 40 个创新的基本原则。40 个创新的基本原则的例子可以在罗伯特·阿杜卡（Robert Adunka）的演讲中找到。下面给出一个使用矛盾矩阵解决方案的例子。

阿奇舒勒在一个矛盾矩阵中比较了质量和速度等参数。TRIZ 矛盾矩阵代表了一个可以克服困难的已知解决方案或原则的数据库。在参数的交叉点列出了相关的基本原则（40 个创新的基本原则），这些原则在过去已经形成了解决方案。然而，矩阵中也有一些空域，因为尽管从数以万计的发明中解决了矛盾，但没有足够的结果能够为每个矛盾提供有意义的可能的解决方案。下面的例子（基于 Patra，见图 6.3）解释了该过程。

这里存在一个技术问题，因为如果发动机变得更强，汽车可以开得更快，但它会耗费更多的汽油。现在在矩阵中搜索相关参数，并确定接口，得到：

1）改进参数 9 = 速度。
2）恶化参数 19 = 运动物体的能量消耗。

> 工作辅助：矛盾矩阵。
> 登录网站 *https://plus.hanser-fachbuch.de/*，用相应的访问代码访问工作助手，下载矛盾矩阵。

1）在交叉点，提出了以下创新的基本原则，其中包括现有的可能解决方案（哈拉尔德·格拉夫穆勒）。

原则 8：配重。

2）一个物体的质量补偿可以通过将其与另一个具有相应承重能力的物体相连接来实现。

3）物体质量的补偿可以通过空气动力或液压来完成。

原则 15：适应和动态化。

4）该系统应始终适应当前条件。
5）技术系统的参数应该能够改变。

原则 35：物理状态的改变。

← 39 个参数

矛盾矩阵

目标　　克服技术系统中的矛盾，产生解决方案的想法

恶化参数 → / ↓ 改进参数		1 运动物体的质量	2 静止物体的质量	3 运动物体的长度	4 静止物体的长度	5 运动物体的面积	6 静止物体的面积	7 运动物体的体积	8 静止物体的体积	9 速度	10 强度	11 压力、张力	12 形状	13 物体的稳定性	14 坚固性、厚度	15 运动物体的耐久性	16 静止物体的耐久性	17 温度	18 亮度	19 运动物体的能量消耗	20 静止物体的能量消耗	21 功率	22 能量损失
运动物体的质量	1	+		15, 8, 29,34		29, 17, 38, 34		29, 2, 40, 28		2, 8, 15, 38	8, 10, 18, 37	10, 36, 37, 40	10, 14, 35, 40	1, 35, 19, 39	28, 27, 18, 40	5, 34, 31, 35		6, 29, 4, 38	19, 1, 32	35, 12, 34, 31		12, 36, 18, 31	6, 2, 34, 19
静止物体的质量	2		+		10, 1, 29, 35		35, 30, 13, 2		5, 35, 14, 2		8, 10, 19, 35	13, 29, 10, 18	13, 10, 29, 14	26, 39, 1, 40	28, 2, 10, 27		2, 27, 19, 6	28, 19, 32, 22	19, 32, 35		18, 19, 28, 1	15, 19, 18, 15	18, 19, 28, 15
运动物体的长度	3	8, 15, 29, 34		+		15, 17, 4		7, 17, 4, 35		13, 4, 8	17, 10, 4	1, 8, 35	1, 8, 10, 29	1, 8, 15, 34	8, 35, 29, 34	19		10, 15, 19	32	8, 35, 24		1, 35	7, 2, 35, 39
静止物体的长度	4		35, 28, 40, 29		+		17, 7, 10, 40		35, 8, 2,14		28, 10	1, 14, 35	13, 14, 15, 7	39, 37, 35	15, 14, 28, 26		1, 10, 35	3, 35, 38, 18	3, 25			12, 8	6, 28
运动物体的面积	5	2, 17, 29, 4		14, 15, 18, 4		+		7, 14, 17, 4		29, 30, 4, 34	19, 30, 35, 2	10, 15, 36, 28	5, 34, 29, 4	11, 2, 13, 39	3, 15, 40, 14	6, 3		2, 15, 16	15, 32, 19, 13	19, 32		19, 10, 32, 18	15, 17, 30, 26
静止物体的面积	6		30, 2, 14, 18		26, 7, 9, 39		+				1, 18, 35, 36	10, 15, 36, 37		2, 38	40		2, 10, 19, 30	35, 39, 38				17, 32	17, 7, 30
运动物体的体积	7	2, 26, 29, 40		1, 7, 4, 35		1, 7, 4, 17		+		29, 4, 38, 34	15, 35, 36, 37	6, 35, 36, 37	1, 15, 29, 4	28, 10, 1, 39	9, 14, 15, 7	6, 35, 4		34, 39, 10, 18	2, 13, 10	35		35, 6, 13, 18	7, 15, 13, 16
静止物体的体积	8		35, 10, 19, 14	19, 14	35, 8, 2, 14				+		2, 18, 37	24, 35	7, 2, 35	34, 28, 35, 40	9, 14, 17, 15		35, 34, 38	35, 6, 4				30, 6	
速度	9	2, 28, 13, 38		13, 14, 8		29, 30, 34		7, 29, 34		+	13, 28, 15, 19	6, 18, 38, 40	35, 15, 18, 34	28, 33, 1, 18	8, 3, 26, 14	3, 19, 35, 5		28, 30, 36, 2	10, 13, 19	8, 15, 35, 38		19, 35, 38, 2	14, 20, 19, 35
强度	10	8, 1, 37, 18	18, 13, 1, 28	17, 19, 9, 36	28, 10	19, 10, 15	1, 18, 36, 37	15, 9, 12, 37	2, 36, 18, 37	13, 28, 15, 12	+	18, 21, 11	10, 35, 40, 34	35, 10, 21	35, 10, 14, 27	19, 2		35, 10, 21		19, 17, 10	1, 16, 36, 37	19, 35, 18, 37	14, 15
压力、张力	11	10, 36, 37, 40	13, 29, 10, 18	35, 10, 36	35, 1, 14, 16	10, 15, 36, 28	10, 15, 36, 37	6, 35, 10	35, 24	6, 35, 36	36, 35, 21	+	35, 4, 15, 10	35, 33, 2, 40	9, 18, 3, 40	19, 3, 27		35, 39, 19, 2		14, 24, 10, 37		10, 35, 14	2, 36, 25
形状	12	8, 10, 29, 40	15, 10, 26, 3	29, 34, 5, 4	13, 14, 10, 7	5, 34, 4, 10		14, 4, 15, 22	7, 2, 35	35, 15, 34, 18	35, 10, 37, 40	34, 15, 10, 14	+	33, 1, 18, 4	30, 14, 10, 40	14, 26, 9, 25		22, 14, 19, 32	13, 15, 32	2, 6, 34, 14		4, 6, 2	14
物体的稳定性	13	21, 35, 2, 39	26, 39, 1, 40	13, 15, 1, 28	37	2, 11, 13	39	28, 10, 19, 39	34, 28, 35, 40	33, 15, 28, 18	10, 35, 21, 16	2, 35, 40	22, 1, 18, 4	+	17, 9, 15	13, 27, 10, 35	39, 3, 35, 23	35, 1, 32	32, 3, 27, 16	13, 19	27, 4, 29, 18	32, 35, 27, 31	14, 2, 39, 6
坚固性、厚度	14	1, 8, 40, 15	40, 26, 27, 1	1, 15, 8, 35	15, 14, 28, 26	3, 34, 40, 29	9, 40, 28	10, 15, 14, 7	9, 14, 17, 15	8, 13, 26, 14	10, 18, 3, 14	10, 3, 18, 40	10, 30, 35, 40	13, 17, 35	+	27, 3, 26		30, 10, 40	35, 19	19, 35, 10	35	10, 26, 35, 28	35

39 个参数 ↓

图 6.3　矛盾矩阵实例（来源：创新知识）

6）简单的过渡，如从固态到液态。
7）过渡到"伪态或准态"，如准液体。
8）向中间状态的过渡，如使用弹性固体。

原则38：使用强氧化剂。
9）正常大气中的空气必须由活化的空气代替。
10）活化的空气必须由氧气代替。
11）空气或氧气应暴露在电离辐射下。
12）应使用臭氧化氧气。
13）臭氧化或离子化的氧气必须由臭氧代替。

TRIZ是一个强大的工具箱，用户只能逐渐接触到它。同时，这些工具已经在各种软件工具中实现，并不断得到进一步开发。

3. 5S法

5S法来自日本，由五个步骤组成，在德国，它也被称为5A法（见图6.4）。

5S法是一种提高员工敏感度的方法。一个分为五步的方法协助重新规划和改善清洁、安全和标准化的工作场所。通过应用5S法，将减少不产生价值的活动，从而减少浪费。

在员工层面，员工自己识别工作环境中的浪费，并采取适当的措施减少浪费。这种方法是改善理念的重要组成部分之一，旨在保持公司的工作流程精益化。

5S法旨在不断改善员工工作场所的秩序和清洁度，从而从一开始就避免差错和浪费的发生。

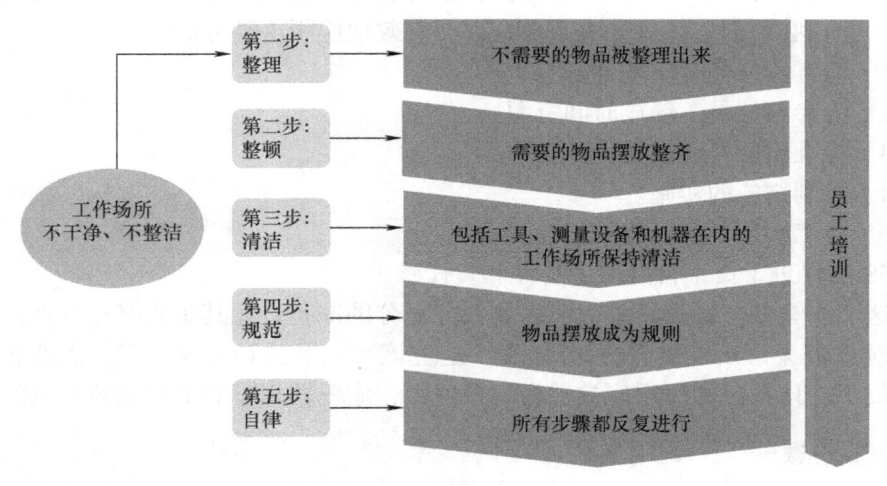

图6.4 5S法的步骤

1）整理（Seiri）：整理出工作场所中不需要的所有物品。

2）整顿（Seiton）：从人体工程学的角度来看，只有真正需要的物品才有固定的位置。

3）清洁（Seiso）：工作场所及其工作用具由每位员工本人负责清洁并保持有序。

4）规范（Seiketsu）：使用统一的标记、标签和标识。

5）自律（Shitsuke）：自律，使已经创造的秩序得到保持，并不断审核检验。为此，可以进行所谓的 5S 审核。

需要优化的区域是按照物料流逐步系统分析出来的。在这个过程中，异常情况直接在现场与员工讨论。不需要的物品会被标记，然后决定需要或不需要什么。如果无法标记，也可以使用照片。目的是从工作场所移除所有不需要的物品。

用这种方法处理的工作场所的特点为：

1）效率和经济性。

2）最高质量。

3）人体工程学。

4）秩序和清洁。

5）职业安全。

一个例子是不同员工在三班倒中使用的测试站。如果在工作场所能找到真正需要的物品，即完好无损且经过正确检查和管理的测试设备，那么每个员工都可以在每个班次中有效和高效地工作。

这种方法的一个优点是，它是由员工自己在定期研讨会上实施的。要做到这一点，公司必须创造一些先决条件，以便有效地应用这种方法：

1）懂方法、能带头的合格员工。

2）为参与的员工释放时间资源。

3）标准化的工作设备。

4）控制措施的实施。

5）员工必须了解流程的相互关系。

5S 法促进了员工自身的主动性和责任感。

这个方法乍一看很简单，但需要做好充分的准备，尤其是要有连续性。一名员工应该带头，充当所谓的 5S 代表。这应该是一个受到大家尊重、能够激励他人的员工。该方法的应用应被视为一个项目，应根据相应的工作领域组成团队。

> 注意：
> 5S 法可用于生产，也可用于管理。

第一步，向各个团队成员解释项目的理论背景和目标。这可以在轮班会议、员工会议或任何其他预定会议上进行。

第二步，对工作区进行巡视，重点介绍清洁、秩序、安全和标准化方面的优化措施。

然后，五个步骤在固定的时间内一个接一个地进行。

1）整理：在整理的过程中，当前活动不需要的所有物品都将被移除，可能被丢弃，也可能被送回到它们真正所属的位置。可以是测量设备、工具、表格、其他文件或私人物品。这意味着只有真正需要的物品才会保留在工作区域内。

2）清理：清理是确保工作场所所有物品都干净、整齐划一并贴上标签的基础。所有留在工作场所的工具、文件、架子和其他物品都以可以随时使用的方式进行排列，从而达到最佳的使用效果。

3）清洁工作场所：工作场所的清洁行动是在第三步进行的。在这里，工作场所和机器应该由员工自己清洁，以便立即识别异常和错误。

必须定期进行分类、整理和清洁工作。

4）让秩序成为规则：这些步骤必须成为规则。这可以通过定义间隔和记录实施来支持，如在清洁计划中。

5）遵守所有规则并改进：必须遵守所有既定规则，从而使其成为标准。这意味着将项目经验转化为固定规范并在流程描述、工作说明或其他规则中进行定义。最重要的是，保持连续性。这可以通过执行所谓的5S审核或清洁度审核和秩序审核来支持（见表6.4）。

表6.4 5S审计清单摘录

序号	主题	目标状态	没准备好	0	4	6	8	10	论断
1	车道是否干净整洁	没有容器，没有纸张、抹布、烟头、杯子等垃圾							
2	货架是否干净整洁	没有纸张、抹布、烟头、杯子等垃圾							
3	机器和机器区域是否干净整洁	没有纸张、抹布、烟头、杯子等垃圾							
4	电池充电区是否干净整洁	没有容器，没有纸张、抹布、烟头、杯子等垃圾							
5	工作场所是否干净整洁	没有纸张、抹布、烟蒂、杯子等垃圾，没有其他私人物品、过时的说明书、图样							
6	运行设备和机器是否清洁，处于良好的工作状态并得到维护	目前的维护计划							

（续）

序号	主题	目标状态	没准备好	0	4	6	8	10	论断
7	所有的垃圾桶和容器都贴有适当的标签吗	完整的标签，标记为红色的废旧容器，产品的状态可识别，可回收的容器							
8	用于处理废物的容器区域是否干净整洁	地面上没有可回收物，可回收物放在正确的容器中							
9	所有的文件目前在工作场所是否都能得到	工作指示、流程描述、图样、测试计划							
10	在工作场所是否有所有必要的表格	生产订单、轮班簿							
11	是否有所有必要的测试设备	订单所必需的							
12	检查状态是否可识别	当前已校准、已释放、已锁定							
13	所有设备是否都得到了维护	地面输送机（维护标记贴纸）							
14	所有机器是否都受到保护	保护装置							
15	所有工人是否都穿戴安全设备	鞋子、护目镜、听力保护装置							
16	社交房间和卫生设施是否干净整洁	总体秩序状况							
17	办公室是否干净整洁	总体秩序状况							

> 工作辅助：5S 审计清单。
> 登录网站 *https://plus.hanser-fachbuch.de/*，用相应的访问代码访问工作助手，并下载审计清单。

随着 5S 的引入，持续改进流程的行动开始了。这种有条不紊的方法使员工自己能够有效地组织他们的工作。

6.1.3 差错管理和风险管理

风险指的是不确定因素的影响，而每一个不确定因素都可能产生积极或消极的影响。由风险导致的积极偏差可以带来机会，但并非所有风险的积极影响都会带来机会（ISO 9001：2015，第 0.3.3 条）。

在差错管理中，有创新和改变的勇气，这也带来了必须权衡的风险。通过引入和实施某些方法，可以消除或至少限制风险。如果发生差错，有必要迅速做出反应。因此，事实证明，事先考虑到这一点，并采取预防措施，是很有用的。

一个差错越晚被发现，对公司来说就越被动。出于这个原因，预防差错是差错管理的首要任务。但仅有高水平的差错意识是不够的，还需要合适的工具。有了好的技巧和方法，也就有了好的结果。

在质量管理中，有许多差错处理的方法。

1）第 4.3.1 节的 FMEA 方法被用于预防性质量保证，以便及早识别风险。

2）8D 报告和 A3 报告。这两种方法在处理复杂问题时已经证明了其价值。然而，这两种方法仅在差错已经发生时使用。然后，通过定义的步骤分析错误，确定补救措施和预防措施。

六西格码的一种方法是 DMAIC 方法，它被用于改进产品和流程。

DMAIC 代表了六西格玛质量管理方法的核心流程，它描述了定义、测量、分析、改进和控制这些阶段（见图 6.5）。它被理解为一个流程优化过程，旨在改进现有产品。

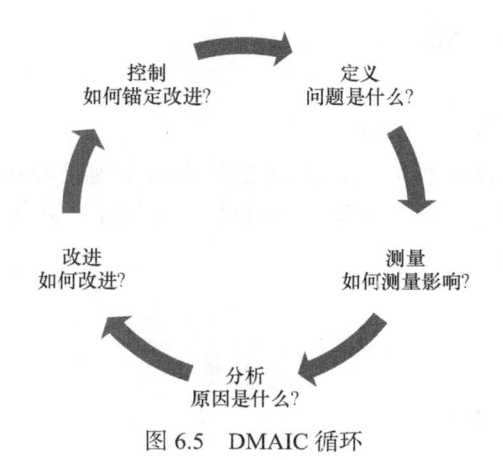

图 6.5　DMAIC 循环

> 🔔注意：
>
> DMAIC 循环是基于戴明（Deming）的 PDCA 循环，它是由摩托罗拉工程师比尔·史密斯（Bill Smith）在 20 世纪 80 年代发明的，是六西格玛方法的一部分。

这种六西格玛方法的目的是在数据和统计的基础上，持续不断地改进制造过程。

DMAIC 和 PDCA 都是基于系统地、循序渐进地解决问题的原则。DMAIC 循环包括 5 个步骤，PDCA 循环包括 4 个步骤。

DMAIC 方法是一种非常全面的方法，适用于复杂的工艺流程问题。

1. 第一阶段：定义

在这个阶段，制定了问题、目标和实现目标所需的工作量。此外，它还定义了谁是流程的客户以及流程应该满足什么需求。随后定义了流程的性能特征，这对满足客户的期望至关重要。诸如范围、限制和时间框架等参数都已确定。

2. 第二阶段：测量

在这个阶段，收集数据和事实，为测量实际的流程性能做准备。要做到这一点，将流程分解为子流程并将其可视化是很有帮助的。需要确定收集数据的方法和工具。这个阶段的目的是确定流程的性能，并指定应详细分析哪些数据。在这个阶段可以使用的一些工具包括：

1）流程能力研究。
2）测试表格。
3）测量系统分析（MSA）。
4）FMEA。

3. 第三阶段：分析

这个阶段是该方法的核心，因为现在差错的原因已经被识别、验证和量化。这一阶段的结果可能是，整个流程需要修改，或者需要引入变化。例如，这可以通过以下工具来完成：

1）石川图。
2）帕累托分析。
3）柱状图。
4）试验设计（DoE）。
5）回归分析。

然而，石川图和帕累托分析通常已经足够，因为它们是确定原因的经典方法。

4. 第四阶段：改进

这一阶段需要找到已识别问题及其原因的解决方案。由于可以找到几个解决方案，因此需要建立标准，根据这些标准对解决方案进行评估。工具示例：

1）防错法。

2）头脑风暴。

3）思维导图。

这一阶段的信息被汇编成一个计划。

5.第五阶段：控制

这个阶段用来检查所实施解决方案的有效性，以及是否能够确保出现问题的原因已经被消除，从而提高了质量，所发现的改进必须锚定在流程中。在未来，将通过开发的测量系统对该流程进行监测，以便能够在偏离既定目标的情况下引入适当的纠正措施。这一阶段的目的是确定所找到的解决方案是否成功。

此阶段的工具示例如下：

1）控制图。

2）过程能力研究。

3）测量系统分析（MSA）。

4）流程文档。

6.1.4　差错管理和经典管理的风格

合作构成了一种信任的工作关系的基础。信任不能被认为是理所当然的，而应是必须赢得的。只有通过管理者和员工之间的合作，才能以目标为导向制定解决方案，推进持续改进的流程，并努力营造开放的差错管理。

因此，伙伴关系和合作方法是对管理人员的基本要求之一，如果还没有的话，应该在管理研讨会上讲授。

员工非常密切地观察他们的领导，有时，他们不确定自己是否宁愿拥有一个完美无瑕的领导。然而，当管理者承认自己的差错并公开处理差错、分析差错而不是立即找人指责时，观点就会改变。这表明，处理差错显然是一项管理任务。员工积累了他们的经验，因此管理者的行为也会流入公司的差错管理。

所犯的错误、不成功的项目和失败的行动，比起日常工作中的积极成功行动，给人带来的个人影响要大得多。如果失败了一次，这就训练了能够应对失败，质疑自己的行为，从而制定自己的规避策略。

管理者具有榜样功能。这意味着，他们也以身作则，对员工提出了要求，并在公司日常实践中包含了差错管理的准则。

大量的管理风格在专业文献中进行了讨论，图 6.6 中的管理风格在实践中被证明是有效的，可以激励员工，从而形成开放式的差错管理。

图 6.6　管理风格

1. 委托管理（Management by Delegation，MbD）

委托管理（MbD）的特点是管理者将其职能领域的任务和决策下放给一名或多名员工。日常业务中的任务以及困难的任务和决定，加上相应的权限、发布指令的权利和代表权，都会被授权。然而，责任仍由各自的管理者承担。

对于差错管理来说，这意味着员工有了自己的决策框架，他们可以在不咨询主管的情况下解决问题。

任务的下放必须有很好的计划，要有长期的、系统的安排。此外，管理者应自愿委派其职责范围内的任务，即没有任何形式的胁迫。管理者必须了解员工的能力，并给他们必要的时间来执行任务。

以下标准支持委托管理：
1）规划委托。
2）委派完整的任务。
3）对任务的精确解释。
4）管理者在执行中给予支持。
5）对结果的持续控制。
6）与各自的员工持续沟通。
7）传递认可，也批评员工。

注意：

只有当被选中执行任务的员工，在执行过程中没有觉得挑战过低或过高，并得到足够的信息时，这种管理风格才能保证成功。

如果将子任务委派给员工，则管理者必须执行的核心管理任务可以更容易地完成。这种管理方式减轻了管理者的负担，员工的积极性也大大提高。

2. 目标管理（Management by Objectives，MbO）

目标管理（MbO）是另一种管理风格，在文献中经常被讨论，但在实践中经常受到批评。它意味着按目标进行管理，并基于三个阶段：

1）目标设定阶段。
2）实施阶段。
3）绩效评估。

这种管理风格的基础是管理者和员工共同制定目标。定义任务范围和职责，以便员工能够实现预期的结果。

这是一个多维度的管理概念，可以追溯到彼得·德鲁克（Peter Drucker，1954 年），他强调与员工达成目标协议的重要性。因此，目标管理（MbO）可以被描述为交易型管理的一种表现形式（见图 6.7）。通过员工对目标设定过程的参与，将实现对信息提供的改进。MbO 包括将决策权广泛地下放给员工，定期反馈目标实现的程度，以及将奖励与目标实现的程度挂钩（Mayer、Bartscher、Nissen，2018 年）。

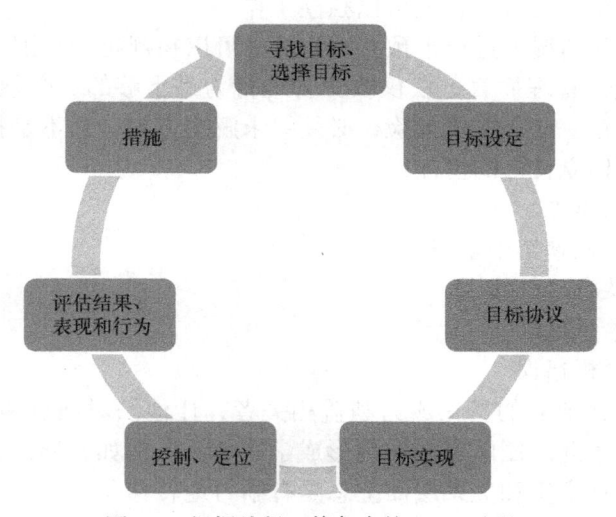

图 6.7　根据彼得·德鲁克的 MbO 过程

在目标管理中，必须设定可衡量和可实现的目标，由管理者持续监测结果，并在必要时采取措施。目标应明确制定并以书面形式记录下来。

管理者应定期进行反馈讨论，如有必要，应以纠正措施的形式提供帮助。

如果方法应用得当，目标管理是一种行之有效的、高效的管理工具，由主管和员工共同使用。员工在公司中显示了自己的价值，他的工作意愿以及积极性都显著提高。

在差错管理中，这意味着没有设定诸如"免于错误"或"允许的错误百分比"等目标。这将大大削弱员工报告差错的意愿。

3. 例外管理（Management by Exception，MbE）

例外管理（MbE），也被称为例外原则的企业管理，旨在通过将实现子目标的任务和决策下放给下级管理人员，以减轻高层管理人员的负担，增强下级管理人员的责任感。它基于委托管理的概念，因为在这里，任务或整个责任领域也被委派给员工。

实施基于五个阶段：

1）定义目标。
2）确定与设定目标的偏差容差。
3）确定设定目标。
4）实际状态和目标状态的比较。
5）在出现偏离目标的情况下，由管理层进行干预。

该方法的优点是可以减轻高层管理人员的负担。较低的管理层受到激励，因为他们只要在商定的框架内，就可以独立工作。

主管只在特殊情况下进行干预，因为员工可以在规定的范围内自行决定。

然而，就差错管理而言，仅仅改变管理行为是不够的。必须建立信任基础，允许公开讨论差错。必须接受风险，必须寻求解决方案，而不是找出罪魁祸首。

管理者必须树立良好的榜样：

1）提倡创新思维。
2）优先考虑从差错中学习。
3）愿意承认自己的错误。
4）接受并给予反馈。
5）客观地分析错误。

领导者应该让他们的员工成为利益相关者，让他们对项目和计划充满热情。团队合作最适合于此。团队在公司内形成学习单元。例如，通过组建问题解决小组或改进小组，在事实和关系层面上总是有学习地转移。

如第7.1.1节和7.1.2节所述，新的管理风格，如敏捷管理或数字化管理，支持主管和员工之间的信任关系，并已被证明是透明和开放的差错管理的一个成功因素。

6.1.5 差错管理和沟通

沟通不是一个单一的问题，而是包括多个方面。除了纯粹的信息之外，接收者和发送者之间的关系、发送者的表现形式和动机也起重要作用（见图 6.8）。

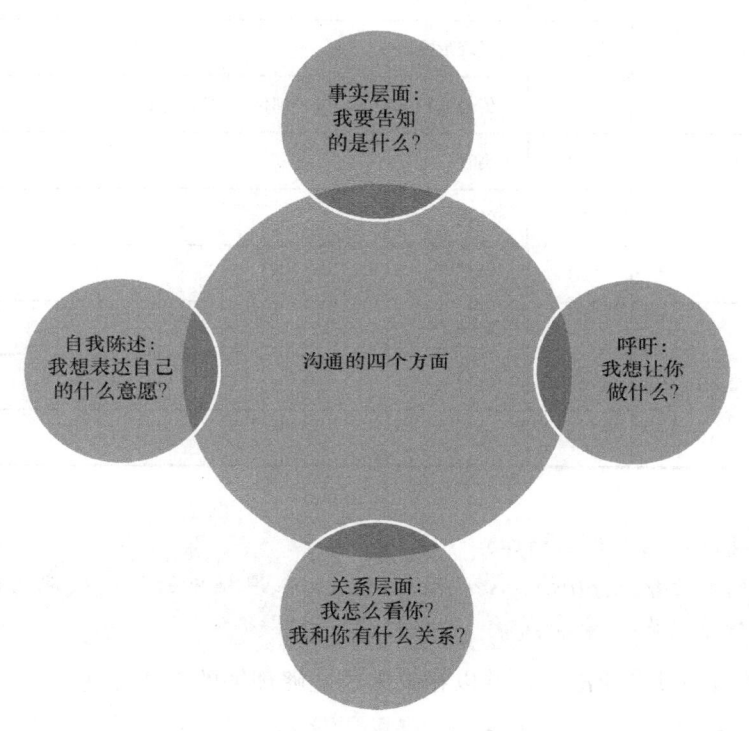

图 6.8 沟通的四个方面

有效的沟通必须经过检验，且应有充分的依据。重要的谈话或信息发布是经过深思熟虑的，这很有意义。表 6.5 列出了信息发布清单。

表 6.5 信息发布清单

方面		内容
1. 信息	1）	公司
	2）	差错管理
2. 信息内容（示例）	1）	发生的差错
	2）	差错知识库
	3）	差错沟通

（续）

方面	内容	
3. 信息的形成	1）	内容（数据、数字）
	2）	呈现形式
	3）	传播途径（个人、电子邮件、邮寄、内联网……）
4. 由谁提交	1）	高管
	2）	经理
	3）	员工
5. 给谁	1）	经理
	2）	员工
	3）	客户

> 工作辅助：信息发布清单。
> 登录网站 *https://plus.hanser-fachbuch.de/*，用相应的访问代码访问工作助手，并下载信息发布清单。

信息必须经过专业准备，并以相关人员能够理解的方式传达。

> 注意：
> 专业的沟通是一个与质量有关的过程，必须加以管理。

沟通的基本假设如下：

1）沟通总是在有其他人在场的情况下进行，即使没有对话。

2）在对话中，总是可以观察到语言和非语言的表达。如果两者是矛盾的，那么非语言的表达似乎更可信。

3）每一次对话都是在事实层面和关系层面上进行的。

4）在对话中，伙伴们以相同或不同的方式判断事实，这取决于他们是否假设相同或不同的因果关系。

5）对话由伙伴的平等或不平等决定。

6）有效的沟通意味着所传递的信息也能被相关人员理解。

图 6.9 所示的沟通模型说明必须以内容能够被理解的方式准备信息。

图 6.9 沟通模型

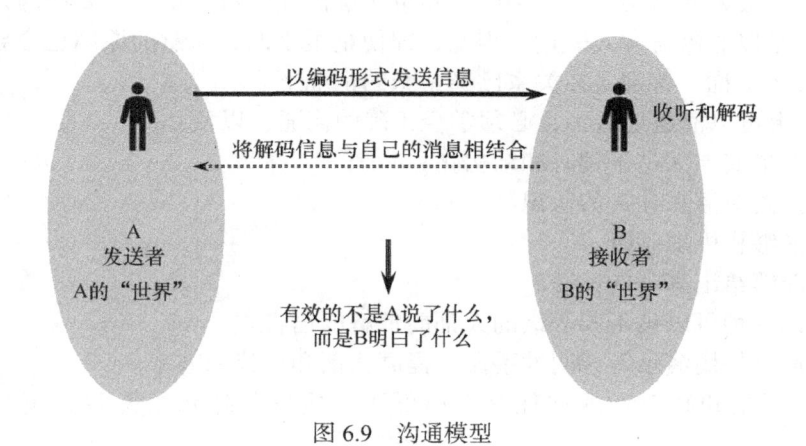

这个事实在专业文献中用四耳模型图（见图 6.10）表示。这种沟通模型是由弗里德曼·舒尔茨·冯·图恩（Friedemann Schulz von Thun）开发的，它说明了正确传递信息是多么重要，这样才能让人们理解它的含义。

图 6.10 弗里德曼·舒尔茨·冯·图恩（2011 年）的四耳模型

发送方同时发送四条信息，接收方同时接收四条不同的信息，这意味着原则上他是用四只耳朵听的。通常情况下，接收者对信息的理解与发送者的意图不同。这会导致误解，而误解可能引发冲突。这会导致人际沟通的中断。误解可能发生在四个层面中的任何一个。

沟通中最大的错误是，关系层面和事实层面经常被混淆。主要原因是，关系层面往往是以非语言方式表达。因此，即使是很小的、无意的原因也会导致关系层面的持久干扰，特别是在关系已经紧张的情况下。

从以上可以清楚地看出，必须学会正确的沟通，以便：

1）使事实层面易于理解和结构化。
2）提高对潜在冲突的认识。
3）能够积极地倾听。
4）能够给出客观的反馈。
5）说一种可以被不同等级的人都能理解的语言。
6）通过使用演示等说明性手段，提高谈话和会议的效率。

信息不足和缺乏沟通往往是动机低下、质量下降和相关差错频率增加的原因。

管理层必须确保存在适当的沟通流程，并在公司内部传达有关差错和如何处理差错的信息。基本上，这意味着一个公司高度依赖于员工对公司目标的接受和认同。然而，这种识别只有在最高管理层的决定也得到沟通的情况下才会出现。

最高管理层的首要任务是创建适当的沟通结构，使信息能够横向和纵向地进行交流。这意味着必须建立、记录和引入程序，以提供相关信息。除了日常业务的问题外，这对差错管理来说意味着：

1）差错被接受并公开交流。
2）管理者的差错也会被传达。
3）培训管理人员的沟通技巧。
4）不断举办研讨会、召开会议，以交流经验。

只有这样，所有员工才会积极参与到持续改进的过程中，变得有动力，并能为提高绩效做出贡献。

> **注意：**
> 管理者应该有权利通过考核面谈将责任下放给员工，这样才能在公司有效地实施沟通流程。

在流程图中，应牢固建立内部沟通的流程，通过其规范，所有员工都被纳入沟通结构和流程中，以便为成功的差错管理创造条件。这意味着管理者总是愿意交谈。这种"门户开放政策"使信息能够不间断地流入各部门，并促进各部门之间的交流。

基于伙伴关系进行沟通，意味着遵守重要的基石（见表6.6）。

表 6.6　伙伴关系沟通的基石

方面	解释
谈话准备	收集事实和建议的解决方案，计划出时间
进行谈话	保持客观，避免偏见，判断和价值判断，拟定愿望和期望，使用开放式问题，如"为什么""哪个""谁""什么""怎么确定"。避免诱导性问题和替代性问题。谨慎使用"我们"的陈述（"今天我们知道……"）。适当表扬积极因素，表示赞赏
积极倾听	鼓励对方说话。做笔记可以帮助集中注意力。简要地总结所讲的内容，以便理解内容。说话者感到被听众尊重和认真对待
正确告知	如果有任何歧义或误解，不要争论，而是再次提出问题并讨论不清楚的地方。批评时，要适当地批评，批评的是事，而不是人
给予反馈	正确沟通的一个基本要求是，就谈话内容给予回应，这种行为会激励员工

注意：

关于严重差错的谈话，对话者越是能运用谈话技巧，就越有建设性意见并能愉快交谈。谈论技巧可以加强关系层面，并在事实层面制定出令人满意的解决方案。

1. 内部沟通

在公司内部进行的各种沟通是一个公司的重要基础，它可提高员工的执行意愿。只有消息灵通的员工才能为改进做出贡献。内部沟通应建立在透明和开放的信息政策基础上。关于变化、目标、任务和问题的信息应该是有针对性地告知，并且要讨论。直接和开放的沟通形式有助于提高员工的积极性。

公司应提供适当的沟通流程，包括类型、范围和文档：

1）公司的规模和结构。

2）业务流程的复杂性。

3）员工资格和经验。

管理层负责建立适当的沟通渠道，可以使用任何沟通渠道和媒体。

甚至 ISO 9001 的最低要求已经指出，管理层必须：

1）建立一个与质量管理系统相关的（内部和外部）沟通流程。

2）为此，对行为方式进行精确定义：

① 专题。

② 时间。

③ 接收人。

④ 方式和方法。

在理想情况下，沟通流程有三个方向。

1）自上而下：从管理层到员工的信息。

2）自下而上：从员工到管理层的信息。
3）以流程为导向：部门之间、员工之间的信息。
在一个公司里，有不同的方式与员工沟通，并向他们提供信息（见图 6.11）。
事实证明，自下而上的沟通对透明的差错管理很有帮助。

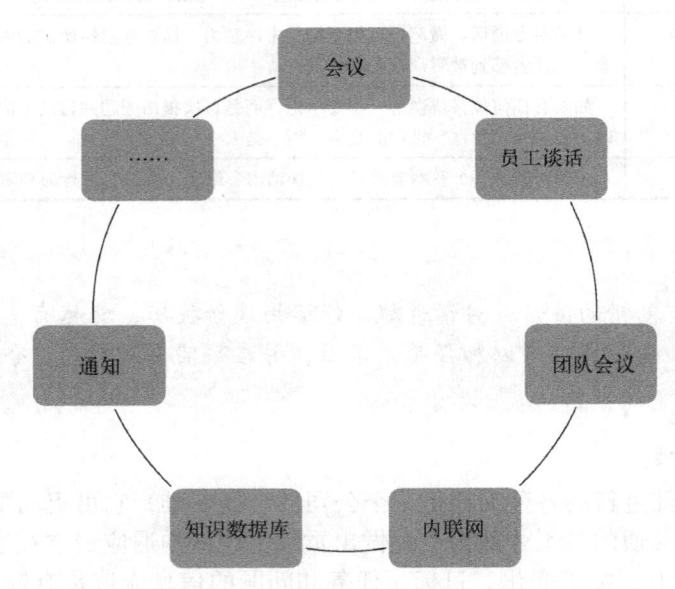

图 6.11　公司中的信息和沟通示例

2. 员工谈话

有计划的员工谈话指的是反思会谈和定向会谈。然而，它们并不能取代建设性和及时的批评以及对问题和冲突的解决。它们构成了管理者和员工之间良好沟通和信任合作的基础，是差错管理中不可或缺的工具。

有不同形式的员工谈话，例如：
1）激励性谈话。
2）发展讨论。
3）反馈会谈。
4）半年考核和年度考核。
5）回访。
6）冲突会谈。
7）差错谈话等。

不同的谈话类型用于不同的场合。会谈的准备和进行应始终以相同的结构化方式进行。差错谈话也应做好充分的准备，并且有目的地进行，为的是建立一种促进员工和主管之间合作的对话方式。

此外，应为下一个工作期间的合作奠定基础，并提供个人的行动范围和发展机会。

主要目标是：

1）回顾过去一年的任务完成情况和合作情况。
2）预览关于任务完成和合作的协议，并为员工提供下一年的具体支持措施。
3）非计划性的，例如在严重差错发生后。

这里的重点议题是：

1）促进认可、赞赏和建设性的批评。
2）回顾过去一个工作阶段的合作情况。
3）展望下一个工作阶段。
4）分析目前的工作情况。
5）目标协议。
6）考虑发展机会。
7）确定可能需要的资格、资历。
8）关于已经发生的差错信息。

注意：

员工谈话作为人力资源管理的一个重要手段，应该在主管和员工之间的对话中以结构清晰、系统的方式进行，因为管理者要依靠沟通，即主管和员工之间适当的信息交流，有助于质量管理体系的持续改进。

本章重点关注计划外的员工谈话，以寻找差错出现的原因，从而找出相应的冲突。

它们应该按照既定规则，系统地进行：

1）问候。
2）通知谈话的原因、目的和过程。
3）提出问题，可以使用 6W 提问技术。
4）提供支持，找到解决问题的办法。
5）记录结果。
6）归档。

实用指南可在弗罗伊登塔勒（Freudenthaler）中找到（见表 6.7）。

表 6.7 冲突会谈的谈话指南

关键词	解释
1. 准备	
明确自身的感受和需求	我察觉到了什么，我是怎么理解的——这在我身上引发了什么
定义自己的目标	我想在谈话中达到什么目的（最低目标、最高目标）？谈话结束时，关系层面应该是什么样子
把自己设想成冲突伙伴	1）对方是如何看待这种情况的 2）他/她的愿望和需求是什么 3）什么对他/她来说是重要的
心理准备	怎样才能使自己进入一个良好的精力充沛和无恐惧的状态？我与对方已经有哪些积极或至少是中性的经验
创建合适的框架	需要安静、不受干扰的环境和充足的时间
2. 开启对话	
建立联系	在这里，关系层面很重要。然而，作为一项规则，冲突越强烈，就能越快地进入主题
说明谈话的原因和目的	例如：我很高兴您能抽出时间，因为我有一些事情想和您谈谈。我想和您谈谈X问题，我希望我们能找到一个我们都满意的解决方案。
协商的程序	例如：我想简单地告诉您我是如何看待这种情况的，然后我很好奇地想听听您的看法。我想看看对我们双方未来来说什么是重要的，这样我们才能找到最佳协议。如果冲突已经升级，就某些谈话规则达成一致可能会有所帮助，大家都让对方把话说完
3. 澄清阶段	
建设性地解决冲突	使用 SAG-ES 方案或 6W 提问技术（指南后面的解释）
回应冲突伙伴	提出开放性问题，积极倾听、总结，具体说明，但在必要时也要保持距离（在不公平攻击的情况下）
释义	用我自己的话反复总结我所理解的内容。这会"减慢"对话，建立积极的关系并避免误解
4. 解决方案	
1）表达愿望和需求 2）收集解决方案的想法 3）达成协议，尽可能具体化（什么、谁、何时）	从立场到利益
5. 收尾阶段	
1）回忆是否已经讨论了所有该谈的问题 2）反思谈话 3）找到一个合适的结论	

注：基于弗罗伊登塔勒。

工作辅助：冲突会谈的谈话指南。
登录网站 *https://plus.hanser-fachbuch.de/*，用相应的访问代码访问工作助手，并下载冲突会谈的谈话指南。

使用 SAG-ES 方案，可以极大地化解冲突情况。每个字母代表通往解决方案的一个步骤（见表 6.8）。

表 6.8　SAG-ES 方案

字母	关键词	解释
S	说出观点看法："我注意到……"	最好从描述自己的看法开始，不要评判或概括
A	描述影响："对我来说，这意味着……"	在这之后，解释有关行为对您的影响以及它可能产生的负面作用是很有用的
G	说出感受："我觉得……"	自身的感受和情绪应该用语言表达出来
E	询问对方如何看待这种情况："您是怎么看的？"	询问有什么反对意见
S	得出结论："解决方案可以是什么样子的？""我希望……"	寻找并制定联合解决方案

注：基于利普科夫斯基（Lipkowsky，2010 年）。

6W 提问技巧是一种快速找到已发生问题原因的方法。在日本，这种方法经常被管理者用来寻找原因。这种方法也与差错管理密切相关，因为在这里，当问题发生时，也总是要调查根本原因，而且不予以指责：

1）发生了什么事？
2）谁参与其中？
3）在哪里发生的？
4）什么时候发生的？
5）如何发生的？
6）为什么会发生这种情况？

这些问题可以非常迅速地对一个问题进行概述。

注意：
问题和答案应记录在案，并用于解决问题。

以对话的形式进行交谈，首先意味着，对话伙伴：
1）彼此认真对待。
2）善于倾听。
3）通过提出问题来引导对话。
4）不带着先入为主的想法进行交谈。

5）不作判断。
6）一起找出谈话的结果。
谈话的结果应记录在案，最好的方法是使用预定义的协议，以便实际记录所有讨论的事实。然后，可以由双方签署表格，并将副本交给员工。
如果在员工谈话（差错谈话）中考虑以下因素，则可以提高员工的积极性：
1）对员工绩效的公平反馈。
2）共同制定解决方案。
3）商定共同的协议目标，作为有意义的挑战和理想的结果。
4）确定可能的培训和资格证明。
5）如果员工的能力允许，扩大行动和设计的范围。
6）过滤掉无意义或多余的活动，并将其从工作环境中消除。

6.1.6 差错管理和冲突管理

当处理差错时，冲突是不可避免的。未解决的冲突会导致员工的挫败感和积极性下降，以及相关员工的生产力低下。因此，特别是管理人员必须处理好这个问题。冲突管理的主要目标之一，除了避免冲突，还得要解决冲突。它最基本的组成部分是调解冲突各方的观点和利益。冲突管理的目的必须是不把冲突看作是一种威胁，而应看作是一种日常发生的事情。此外，处理冲突不能由特定的职位或部门负责，而是公司的每个管理者都必须能够处理和应对。

在冲突管理的背景下，管理人员尤其必须掌握技能，使他们能够在早期阶段识别冲突情况，并制定和实施解决问题的策略。

为了能够在差错发生时解决冲突，必须对以下情况进行区分：
1）员工是否犯了错误。
2）没有掌握所有必要的信息。
3）他没有意识到这种复杂性。
4）存在不当行为。
5）一个错误被掩盖了。

管理者必须在开放的差错管理中解决最后两个问题，因为这绝不能被理解为是邀请员工犯错。

管理者如何激励员工对差错敏感，并有勇气为他们的差错承担责任？

冲突管理意味着什么？管理人员必须接受这方面的培训，以便能够正确处理这个问题。因此，下面将更详细地解释可能的解决方案的基本原则。

公认的"冲突"定义来自于弗里德里希·格拉索（2020年）。根据这一定义，冲突存在于以下情况中：
1）一方或多方。

2）在与他人的互动（行动）中。
3）在思维、感知或愿望方面感到不相容。
4）他们认为这是对他们自身可能性的损害。

因此，冲突一方面在于对不相容的感知，另一方面在于另一方的行为，这些行为无论对错都被认为是对自己的目标、感情或利益的损害（博璐，2020年）。

在冲突管理方面，管理人员尤其必须掌握技能，使他们能够在早期阶段识别冲突情况，并制定和实施解决问题的战略。如果冲突管理被认为是一个组织的过程，那么它必须为各自的公司单独定制。

可以遵循以下主要步骤：
1）认识冲突。
2）分析冲突。
3）处理冲突。
4）解决冲突。

1. 认识冲突

为了处理冲突，首先必须认识到这些冲突，这就要求公司的管理人员接受冲突管理方面的培训。导致冲突的原因往往不同，因此也有不同类型的冲突，每一种冲突都有不同的特征，例如：

1）利益冲突。
2）角色冲突。
3）关系冲突。
4）权利冲突。

必须认识到并认真对待冲突信号。这方面的例子有（纽伯格，1996年）：

1）拒绝、抵抗、反抗：不断的矛盾，对所有的提议说"不"，做一些与要求截然不同的事情。
2）侵略、报复：支配，故意误解，导致错误，使人失望，讽刺或冷嘲热讽的插话。
3）固执：顽固、不妥协，迂腐的完美主义，按部就班地执行指令。
4）逃避行为：提出虚幻的想法，不正视要求和批评，不守时，缺席，健忘。
5）位移与投射：将错误归咎于他人，对小事发怒，对琐事做出不恰当的反应。
6）听天由命：不感兴趣、默不作声、温顺。
7）退化：回归幼稚行为，过度要求，表现得像个小丑。
8）社会保护：躲在别人身后，获得对失败的保证。摩擦的增加和辞职情绪的上升是明显的冲突信号，表明冲突迫在眉睫。

冲突不被承认的时间越长，就越难以控制。

冲突信号有不同的原因，需要加以考虑。例如：
1）由于缺乏沟通或无信息交流而产生的误解。
2）接口协议不充分。
3）不良的批评文化。
4）参差不齐的团队。
5）公司内部的权力斗争。
6）职责分配不明确。

可以区分出不同层次的冲突：
1）理性层面：实事求是。
2）情感层面：与感情有关。
3）社会层面：与社会关系有关。

最难处理的层面是情感层面和社会层面。因此，以下步骤中的方法侧重于这两个层面，因为它们是导致公司中大多数冲突的层面。

当人们想要按照自己的想法来塑造甚至改变另一个人时，经常会发生关系冲突。这通常是无意和无意识发生的。其基础是冰山模型，该模型归功于西格蒙德·弗洛伊德（Sigmund Freud）。

冰山模型在两个层面上发挥作用（见图 6.12）：
1）事实层面（20%）。
2）关系层面（80%）。

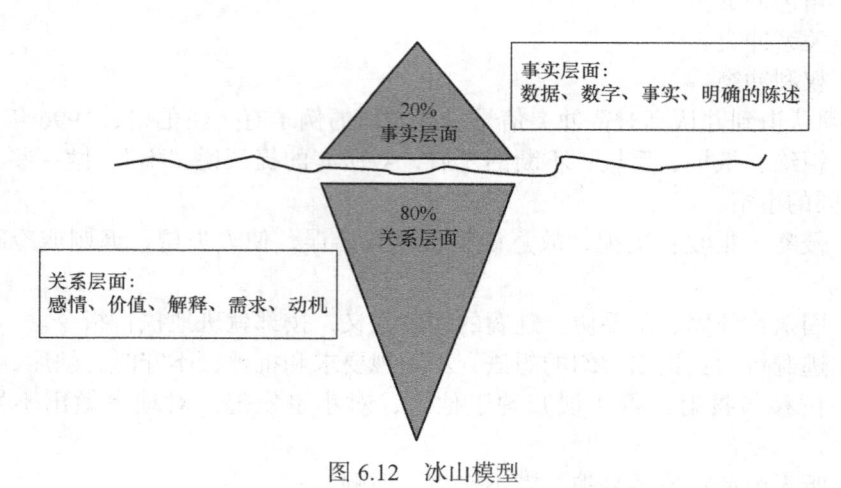

图 6.12 冰山模型

该现象表明，只有 20% 突出于水面，而 80% 位于水下。转移到沟通上，这意味着，例如在事实层面的会议上，只有 20% 的内容被谈论，剩下的 80%，即隐藏在背后的感情、价值、解释、需求、动机等，都没有被谈及。这个层面也被称为无形的冲突层面。恰恰是这种看不见的冲突层面，往往使得冲突难以解决。

2. 分析冲突

可以使用分析冲突清单（见表6.9），为此，应聘用独立的主持人，公正地询问卷入冲突的人，以便能够对其进行分析。访谈的结果在清单的评论栏中注明。主持人可以是公司的人，也可以是熟悉冲突管理主题的外部人员。

表6.9 分析冲突清单

日期：		
参加者：		
主持人：		
方面	问题	评论
冲突项目	冲突的背景是什么	
	冲突各方是为了什么	
	冲突各方如何解释冲突	
	冲突是否公开进行	
冲突各方	谁是冲突的参与者	
	冲突存在于谁和谁之间	
	各方如何处理冲突	
冲突各方之间的关系	各方之间是什么关系	
	他们之间的互动是怎么样的	
	公司/部门在他们的冲突中扮演什么角色	
冲突各方的目标	各方希望通过冲突达到什么目的	
	他们冲突的背景是什么	
	从冲突中可以获得什么好处	
冲突的过程	冲突的原因是什么	
	冲突的现状是什么	
	各方使用什么手段	
	情绪上有表现吗	
冲突的解决	到目前为止，是否使用过解决冲突的策略	
	这些策略有多成功	
	哪些解决方案可以带来成功	
主管的角色	主管在这场冲突中扮演什么角色	
	主管追求什么利益	
	主管是否能够解决冲突	
	是否应该让其他人参与解决方案	

> 工作辅助：分析冲突清单。
> 登录网站 *https://plus.hanser-fachbuch.de/*，用相应的访问代码访问工作助手，并下载分析冲突清单。

3. 处理冲突

在对冲突进行初步分析后，必须对其进行处理。为此，有必要进行进一步的会谈，这需要做好充分的准备。为了使讨论获得成功，需要考虑几个基本方面。以下是已被证明成功的方法：

1）严禁口头攻击，如威胁。
2）使用"我"表达信息（例如：我希望……）。
3）倾听。
4）让他们说完他们要说的话。
5）接受感情的表达。
6）对谈话内容建立保密制度。
7）从每个人的角度来介绍事情。
8）共同寻找解决方案。
9）设定解决冲突的目标。

4. 解决冲突

有多种方法可以处理冲突。一般来说，有四种策略：

1）让步和坚持。
2）合作。
3）妥协。
4）撤退。

在撤退战略中，冲突得以避免，这往往意味着冲突继续发酵，得不到解决。因此，不建议采用这种策略。

传统的冲突解决策略是让步和坚持。这两种策略是紧密相关的，一种是另一种的反面。这两种策略的特点是，在冲突中必须始终有赢家和输家。这意味着，冲突及其解决被看作是一场只有一方能赢的战斗。一方作为赢家离场，另一方作为输家留下来。由于这个原因，这种策略不是很有希望。

通过妥协，采用具有更多宽容度的策略。通过谈判，例如冲突会谈，用来制定出所有各方都认为可以接受的解决方案。然而，这种策略并没有解决冲突，而只是削弱了冲突，因此冲突并没有彻底解决。

如果使用得当，合作策略有望取得最大的成功。没有内疚，也没有赢家，但重点是共同努力，解决冲突。冲突伙伴不将对方视为对手，而是共同制定解决策略。

成功的冲突管理以问题的解决而告终。为此，必须确定代表备选行动方案的措施。这些措施应被记录下来并持续监测。

君特·斯坦（2013年）在其文章中介绍了保罗·甘伯（Paul Gamber）解决冲突的BALU方法：

1）B=注意到冲突。
① 它是关于什么的？
② 为什么会有麻烦？
③ 参与者是什么意思？
④ 为什么他有这样的反应？
⑤ 与所有参与冲突的人交谈。

2）A=交谈。
① 安排与员工会面，收集信息。
② 请对方陈述他或她的观点。
③ 留出时间，仔细聆听。
④ 保持中立。
⑤ 从自己的角度提出问题。

3）L=寻找解决方案。
① 让员工提出解决方案，此时不对这些建议进行点评。
② 管理者也从他们的角度提出建议。
③ 商定一个共同的解决方案。
④ 共同计划措施并设定最后期限。

4）U=实施解决方案。
① 经理检查所提出的建议是否已经化解了冲突。
② 与员工进行最终讨论，了解他或她对冲突解决方案的看法。

如果冲突持续存在，必须再次进行澄清（A），必须寻求新的解决方案（L），必须检查执行情况（U）。

6.1.7 差错管理和 CIP

1. 持续改进过程

持续改进过程（Continuous Improvement Process，CIP）是全面质量管理系统和透明差错管理的重要组成部分。面向内部和外部客户的客户导向，以及通过卓越流程和持续优化来创造理想的产品或服务，保持组织的竞争力。最重要的是，员工和管理者是塑造和维持持续改进过程的引擎。

尽管人们普遍认为进步是必要的，但员工往往对变革持疏远态度。因此，有必要让管理者和员工及时做好变化的准备,并解释实施持续改进过程的意义。

CIP 导致了一种紧密的合作形式,其中员工的知识和技能被纳入设计过程中。员工应该愿意并且能够告诉他们的上级哪里有优化的潜力,并且应该能够研究可能的解决方案。CIP 导致了对传统思维方式和行为模式的重新定位。只有当所有员工和管理者都参与进来时,它才会成功。

每位员工都被视为从事相应工作的专家,他们最了解其中的问题并能制定出合适的解决方案。

> **注意:**
> CIP 的目标是通过员工的参与来提高员工的积极性,这反过来又导致了效率的提高、生产力的增加和质量的改善。

如何在差错管理中体现 CIP 过程?差错管理意味着以无偏见的方式处理差错,创造一个接受差错的环境,目的是在持续改进过程的意义上将差错视为改进的潜力,避免差错再次发生。

在如何处理差错方面,人们应该问自己:
1)我自己如何处理差错?
2)我有哪些关于别人如何处理差错的经验?
3)别人应该如何处理我的差错?
4)我是否能够从我的差错中学习(德国质量协会,2014 年)。

管理者在这里尤其要发挥重要作用,因为承认差错一开始是很尴尬的,所以员工必须确保他们承认差错被正常对待。管理者必须重视诚实,而不是让别人难堪。

他们还必须能够给予支持和帮助使其改进,每个人都必须承认,每个人都可能犯错。这只是取决于人们如何看待犯错。

CIP 只是差错管理的一部分。然而,CIP 本身就是一种方法,需要以一种深思熟虑的方式引入。所谓的五阶段模式是为公司实施和维护 CIP 提供支持的一种方式。这五个阶段的结构划分如图 6.13 所示。

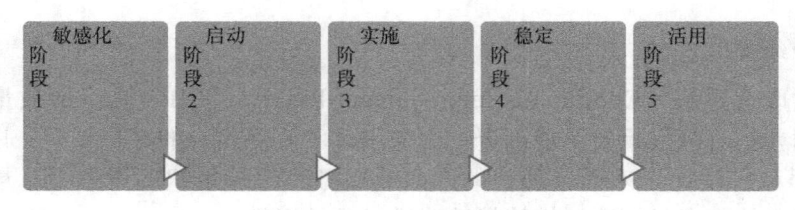

敏感化阶段 1	启动阶段 2	实施阶段 3	稳定阶段 4	活用阶段 5

图 6.13 CIP 的五阶段模式

（1）第一阶段：敏感化

在项目开始之前，管理层必须做出决定，制定目标，并制定引进项目的总体计划。

该项目的主动权来自管理层，管理层也提供了必要的资金。在这一阶段，还将任命一名 CIP 专员，将职责移交给他。

（2）第二阶段：启动

在这个阶段，举行启动仪式，以便将相关信息传递给员工，并对实施阶段进行详细规划。对 CIP 主持人进行培训，也可以获取外部支持，一旦详细规划得到管理层的批准，就开始对 CIP 主持人进行教育和培训。

员工们学习了 CIP 的理论基础知识，并立即参与到项目中来，以小组形式寻找可能的浪费类型（见表 6.10）。

表 6.10 七种浪费类型

浪费类型	后果
由于机器或人员超负荷而导致的生产过剩	不必要的库存、资本承诺、浪费
材料和零件存储以及机器上的缓冲存储	资本投入、空间消耗、损坏风险
价值创造过程中的运输	运输成本、较长的交货时间、损坏风险
价值创造过程中的等待时间	未使用的工作时间、更高的劳动力成本
不利的生产方式	更长的生产时间、更多的能源/材料使用、损坏风险、员工压力
过程中员工在不适合的工作场所的移动	员工压力大、疲劳加速、工作时间闲置、劳动力成本增加
有缺陷的零件、产品或服务	检查费用、丢弃、由于重新制造而导致的时间延迟、可能会损害公司形象

在开始实施之前，要介绍和讨论浪费类型产生的结果。

确定和寻找浪费原因的常见方法有：

1）5S 法。

2）因果图（石川图）。

消除浪费是通过 PDCA 循环完成的。

（3）第三阶段：实施

在第三阶段，重点是在公司中锚定 CIP。它可以从一个试点项目开始，具体取决于公司的规模。必须定义、记录和公布包含所有必要文件（如清单、协议等）的 CIP 流程。

（4）第四阶段：稳定

这一阶段对于公司接受 CIP 非常重要，使其成为日常工作中不可或缺的一部分。

（5）第五阶段：活用

活用需要不断地监测和控制，以便 CIP 在公司中不断得到应用。第五阶段是永久性阶段，需要不断采取行动，进一步发展公司的流程，并在效率方面对其进行优化。

CIP 的基本目标是在所有员工的参与下消除浪费，重点是质量、成本和时间等方面。CIP 支持差错管理，因为差错被视为 CIP 意义上的改进潜力，不应重复。

2. PDCA 循环（计划、执行、检查、处理）

PDCA 循环，也称为戴明环，用四个步骤描述了改进过程的基本内容。

为了说明改进过程，我们可以参考威廉·爱德华兹·戴明（William Edwards Deming）在 20 世纪 50 年代开发的以他的名字命名的戴明环（也称为计划、执行、检查、处理循环或缩写为 PDCA 循环）。PDCA 循环（见图 6.14）是任何改进活动标准思维的一部分。它体现了解决问题或解决问题过程的系统方法。这个过程分为 P=Plan（计划）、D=Do（执行）、C=Check（检查）和 A=Act（处理）。

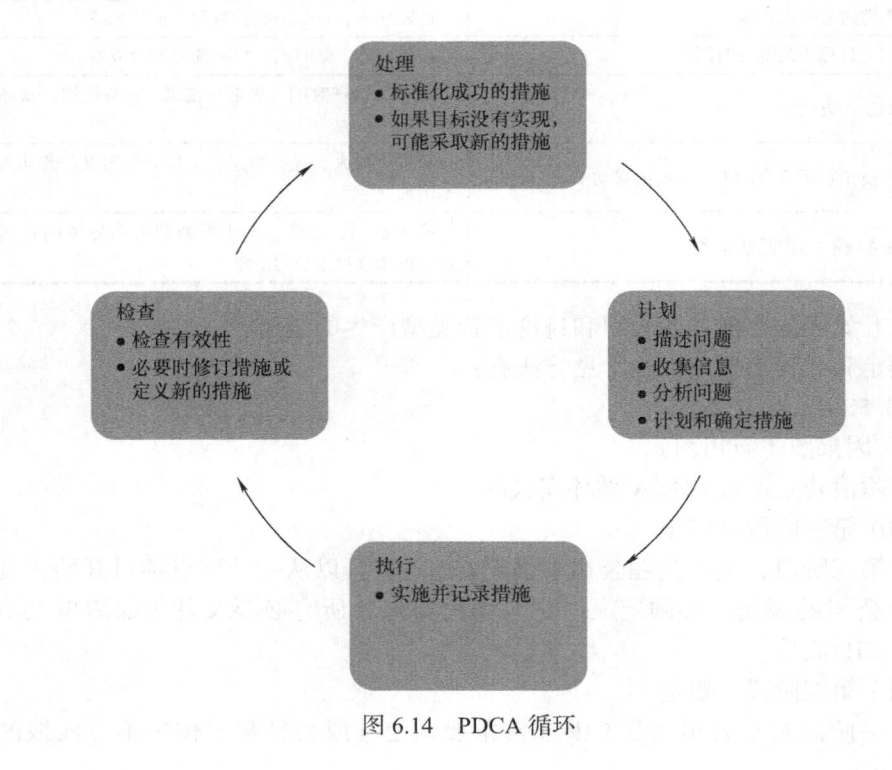

图 6.14 PDCA 循环

具体来说，每个阶段都执行以下步骤：

（1）计划

初始情况是一个定义的标准，然后是改进的计划阶段或设计阶段：描述问题、收集信息、分析问题、计划和确定必要的措施。为这些措施设定了目标值，并对实施进行了规划，规定了责任和期限。

（2）执行

计划完成后，该计划必须由员工实施：实施个别措施来解决问题，遵守时间安排，以及记录措施的情况。

（3）检查

引入改进后，必须检查是否发生了预期的改进：对所取得的结果进行评估，应该取得什么成果？我们实际上取得了什么成就？

（4）处理

PDCA 循环中的处理有两层含义：

1）如果没有达到预期的目标，就必须采取措施来实现它，计划阶段就会重新开始。

2）目标一旦实现，就必须将新的情况作为新的标准引入，并再次提出挑战。

在四个阶段完成并制定了新的标准后，该过程可以重新开始。PDCA 循环是一种工具，用于维持和进一步提高所取得的改进以及由此衍生的标准。

PDCA 循环是质量管理中不断引入改进的标准化方法，可用于任何类型的问题或目标跟进。

这种方法有助于观察形成问题的根源，并最终解决问题。它在一个团队中进行，并运用员工和专家的想法和经验。

3. 持续改善（Kaizen）

Kaizen（改善）是一种持续改进的理念。日本人今井正明（Masaaki Imai）通过他的《Kaizen》（改善）[《改善：日本企业成功的奥秘》（KAIZEN：The Key to Japan's Competitive Success），1986 年。]一书首次引起了人们对 Kaizen 概念的关注。如今，改善已被认为是持续改进流程的主要支柱之一。

Kaizen 翻译为：

1）Kai= 改变，转变，

2）Zen= 为了更好。

Kaizen 既不是一种方法，也不是一种工具，而是一种思维方式，应该引起所有员工的重视。今井正明说："Kaizen 的信息是，公司的每一天都应该有某种改进。"

每位员工每天都应将其工作时间的适当部分用于 Kaizen。在这个过程中，公司不同人员发挥着不同的作用（见图 6.15）。

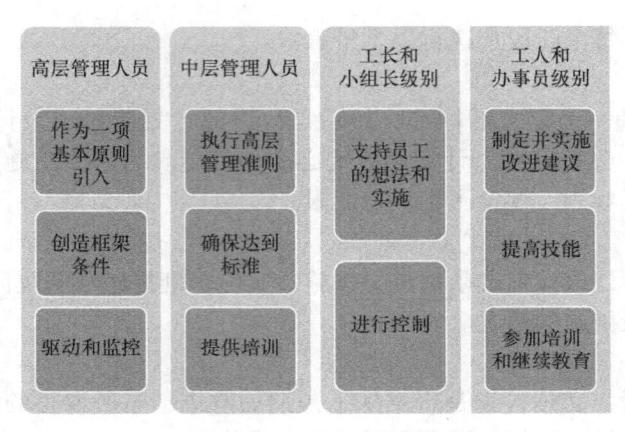

图 6.15 Kaizen 中的角色

由于 Kaizen 是一种思维方式，它与旨在指导员工思维和行动的原则相关联：

1）一个公司的所有领域都要进行日常改进。
2）避免任何浪费。
3）从客户的角度考虑各个流程步骤，以不断提高绩效。
4）改进在任何时候都是可能的，没有尽头。
5）持续改进是在小范围内一步步进行的。
6）在应用领域方面没有任何限制，到处都有改进的可能。
7）使用不同的方法和工具。
8）在工作场所进行现场分析和观察。
9）随着改进的进行，更高的标准被设定并成为规范。

为了实施 Kaizen 思维方式，必须使用不同的持续改进和分析方法。

基本工具是：

1）整洁度和清洁度的 5S 法。
2）清单。
3）工具 M7。
4）工具 O7。
5）TPM（全面生产维护）。

> **注意：**
> TPM 代表了持续改进中的一个方案。它的目的是通过优化维护活动来提高工厂和机器的效率。
> TPM 的理念是让每天在机器和设备上工作的员工都参与进来。

6）CIP 组。
7）用于标准化的 PDCA 循环。
8）Muda 检查搜索浪费。

> **注意：**
> Muda 来自日语，指的是一种浪费或无意义的活动。在实践中，为了创造价值、生产力和激励有积极性，应该消除这种浪费时间或效率低下的措施。

Kaizen 支持持续改进过程，通过非常小的步骤来实现改进。目标不是找到完美的解决方案，而是将 Kaizen 的理念固定在员工的头脑中。管理人员和员工紧密合作，目的是为客户提供更好的产品和服务。通过这种方式，Kaizen 有助于稳步提高员工和客户的满意度。

6.1.8　学习文化是差错管理的一部分

有效的学习文化以差错管理为特征，反之亦然。这意味着什么呢？简而言之，这意味着，从差错中吸取教训。这两种文化都与公司文化密切相关（见图 6.16）。

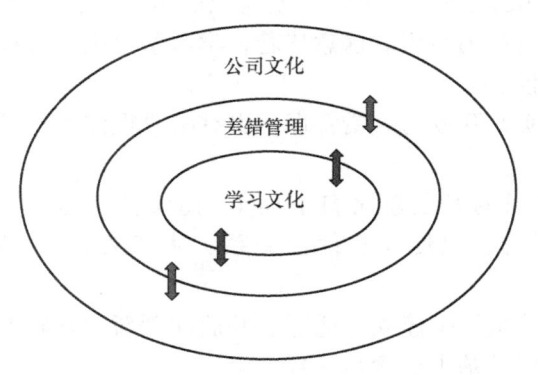

图 6.16　公司文化背景下的学习文化

公司的学习文化描述了公司如何处理学习和培训以及继续教育的问题。它的特点是所有的学习和发展潜力，对公司的学习方式以及知识处理方式具有决定性意义。反过来，这对于确定一个公司是不是学习型组织至关重要。

> **注意：**
> 确定一个公司是否是学习型或非学习型组织的决定性因素是，基于知识的系统的共享使用和进一步发展。

然而，这意味着，必须在公司中创造一种可能性，让每个人都可以访问公共知识库，从而获得公司的集体知识。

如果组织的学习是从员工在差错管理中的个人学习中促进的，那么人们就会说到学习型组织。这样做的前提是员工的系统思维：公司应该被理解为一个动态系统，其中每个员工都做出了贡献，因此也对动态系统产生了影响。这整个系统应该受益于从差错中获得的个人洞察力。在学习型组织中，组织的任务是培养员工对个人差错可能对公司整个系统产生的影响的认识。因此，整个系统将始终受益于差错纠正或优化。

在相关文献中找不到"学习型组织"一词的统一定义。

一般来说，它被理解为一个适应性强的组织，对外部和内部刺激作出反应，并不断自我发展。因此，在学习型组织中，变化并不是什么不寻常的事情，而是正常的情况，并且不断地成为日常的秩序。学习型组织的目标是提高员工（以及整个组织）的学习潜力和知识潜力，从而提高公司的业绩。这一概念是以知识和创新为导向的。因此，知识管理和创新管理在这里发挥着重要作用（见《个人发展趋势手册》）。

迈克·佩德勒（Mike Pedler）、汤姆·博伊德尔（Tom Boydell）和约翰·伯戈因（John Burgoyne）1996年对学习型组织的定义为：一个促进组织内所有成员学习并不断自我变革的组织。这意味着，学习型组织的过程远远超出了实际的培训和继续教育过程。

为了以后能够实践开放的差错管理，也有必要提前考虑需要引入什么，以便能够从差错中学习。

一个学习型组织的发展总是自上而下的。其原因是，高层管理人员和领导需要融入这一过程，以便建立信任关系。从广义上讲，它是指必须学习的能力。

一个自我学习的组织是建立在透明、开放和创新的基础上的，也就是说，这些方面也是差错管理的基本要素。

> **注意：**
> 在《奥普森（Onpulson）商业词典》中，"学习型组织"的定义如下："学习型组织是一种组织模式，其特点是扁平的等级制度和以客户为导向的团队，通过吸引员工的意愿、承诺和好奇心来产生共同愿景的集体能力。"

学习型组织能够应对变化，并在考虑现有风险的同时识别机会。然而，只有当能力被置于等级制度之上，并且任务不是根据公司的等级位置分配，而是根据最大的能力分配时，才有可能实现。对于差错管理来说，这意味着，例如，给员工一个决策框架，以便能够处理差错并产生解决方案。

对文献的简短浏览显示了重要的方法。例如，彼得·M.圣吉 2017 年在他的《第五项修炼：学习型组织的艺术与实践》一书中描述了学习型组织必须预设的五项修炼。他在 20 世纪 90 年代初已经提出了学习型组织的概念。

埃克哈特·弗里林 1993 年将支持学习过程的基本机制总结如下：

1）清晰的愿景，共同的目标设定流程，以客户利益为导向。
2）合作和解决冲突的能力，相互信任和团队精神。
3）团队中的过程导向和自我调节。
4）参与式的管理风格，对新想法的支持（尤其是管理层）。
5）理念管理，人事与组织发展的融合。
6）奖励承诺和对风险冒险中差错的容忍度。
7）（自我）观察和预测的能力（运作良好的信息和通信系统——快速准确地概述最重要过程的影响）。

彼得·M.圣吉将学习型组织理解为需要学习的不同方法，他描述了成功的组织和公司，因为掌握了五项纪律而在发展和重塑自己方面屡屡成功。

1）自我超越，圣吉将此理解为自我管理和个人发展的纪律。这门学科建立在专业知识和能力的基础上，但又超越了它们。达到高度自我超越的人不断扩大能力，以实现他们真正寻求的结果。他们对自我培训和自我管理的不断追求塑造了学习型组织的精神。

2）心智模式，是由所拥有的经验形成的，同时也塑造了经验、行为和思维方式。因此，对这些心态的认识和反思是塑造组织学习过程的关键。它们是在跨学科团队中工作和学习型组织成功的先决条件。

3）共同愿景，有助于员工对组织的认同。强烈的认同感会增加工作动力。共同的愿景指导公司的行动，并确保共同和以目标为导向的行动。

4）团队学习，运作良好的团队是成功公司的核心。基于共同愿景和共同心智模式的共同目标对此很重要，因为它们是激励和公开沟通的基础。这创造了一种感觉，即每个人都在追求相同的目标。

5）系统思考，对圣吉来说，这门学科是他的五门学科中最重要的，他称其为学习型组织世界观的基石。系统思考使人们能够认识到公司的内在系统联系。

这对公司的差错管理意味着什么？必须允许犯错，以便从差错中学习。如果差错被掩盖或不被处理，就不可能从中学习了。应将差错视为一个值得欢迎的学习机会，以便自身进一步发展。在从差错中学习时，会寻求更好（更有效或更高效）的方法，鼓励创新。这种观点为学习型组织铺平了道路。利用差错提高学习潜力的先决条件如图 6.17 所示。

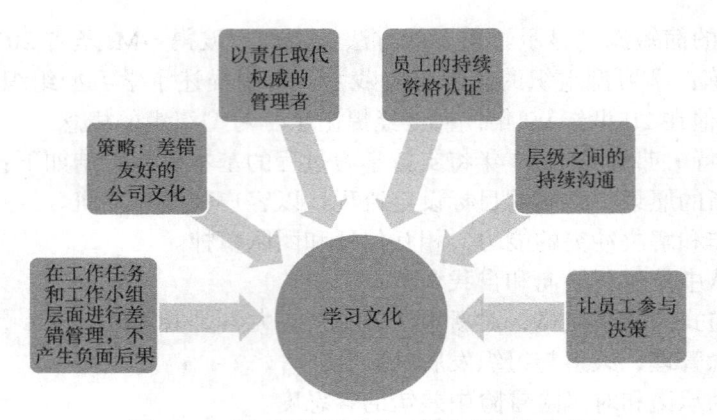

图 6.17　利用差错提高学习潜力的先决条件

为了能够实现这些先决条件，必须更详细地研究学习文化的重要特征（见图 6.18）。

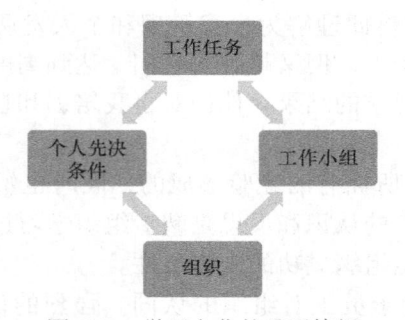

图 6.18　学习文化的重要特征

（1）工作任务

个人的工作任务必须以透明的方式呈现，以便员工可以自己发现差错。此外，目标实现的情况必须在早期阶段就能被发现，员工必须能够自己分析差错。员工还必须有回旋的余地，以便纠正差错，这一点在角色分配中已经提到。

（2）工作小组

在工作小组内，必须披露差错。然而，这只有在差错友好的管理风格下才有可能，才不会掩盖差错，不会导致一错再错。

（3）组织

在组织内部，必须允许犯错，不能用负面的后果来威胁员工，这样他们才会表现出一定的冒险和承认差错的意愿。特别严重的差错应该在公司内部进行交流，不仅是员工犯的差错，也包括经理或可能是公司管理层犯的差错。这加强了榜样的作用，并明确传达了处理差错是公司所希望的。差错被视为常态和创新。公司必须提供培训和/或研讨会，向员工介绍如何处理差错。

（4）个人先决条件

差错管理和差错友好的企业文化只是从差错中学习的部分先决条件。

员工也必须有承认差错的意愿，分析差错，并从中学习。他们被鼓励通过更愿意犯错和承担风险来为创新和学习文化做出贡献。

1. 分析和锚定公司的学习文化

如果想改变和改进现有的学习文化，第一步是在计划和引入进一步的行动之前分析公司作为学习型组织的状态。

除了科学模型之外，还有两个特别适合分析的模型：一个是埃德加·沙因（Edgar Schein）的三阶段组织模型，另一个是瑞士学习创新能力中心（scil, swiss competence centre for innovations in learning）的综合学习文化分析。

（1）埃德加·沙因的三阶段组织模型

沙因的三阶段组织模型为轻松确定公司在学习型组织方面的实际状态提供了第一种可能性。

在他的模型中，人工制品层面包含了文化的可见组成部分。在价值观和规范层面，他将那些不明显的，但可以通过内省来发展的结构定位，例如，典型的价值观或态度。在最低层次上，基本假设是关于公司的无意识的基本假设，对员工来说是如此不言而喻，以至于它们不会受到质疑。

沙因的三阶段组织模型表明，将企业的价值观理解为共同学习过程的结果（沙因，2018年）是多么重要（见图6.19）。

图 6.19　埃德加·沙因的三阶段组织模型

（2）基本假设

最低层次，即基本假设，代表在文化中影响一个人的行为的取向和行为模式。这意味着，它们是观点、看法、想法和感受（沙因，2018年）。因此，基本假设包括与环境的关系、流行的图像和人类行为、人际关系的基础以及对现实和真理的感知。它们几乎无法衡量，通常在不知不觉中无意识地被接受。基本假设会影响下一个阶段价值观和规范。

（3）价值观和规范

价值观和规范源于基本假设，并在社区中被接受和应用。沙因对此的理解是，例如，企业战略和企业理念，以及行为准则和其他价值观，如管理者的个人责任感或领导行为。价值观和规范只能部分地被衡量。它们也被称为下一阶段人工制品的驱动器。

（4）人工制品

人工制品是组织中可衡量的、可见的结构和流程，容易识别，但难以解读。这方面的例子包括法规，但也包括遵守或不遵守规则。

通过这三个层次，可以大致记录一个公司学习文化的实际状态。

使用 scil 学习文化分析，可以进行更深入的分析。

（5）scil 学习文化分析

在 2012/2013 年，一项关于学习文化的调查显示，scil 学习文化在负责教育的人心目中排名位居前 10。

在科学中，有大量的学习文化术语的定义。可以在朱迪思·弗里贝（2005 年）中找到关于 scil 的合适定义："学习文化描述了学习在公司中的重要性。这体现在公司和公司成员中与学习相关的价值观、规范、态度和期望。"

为了对公司的学习文化进行分析，2003 年与教育实践密切合作，开发了 scil 学习文化分析工具。在德国电信的主持下，10 家公司开发了一个包含五个维度的模型（见图 6.20）。

> **注意：**
> scil 学习文化分析是一种记录组织中现有学习文化的工具。它由两个问卷（员工和管理层的观点）组成，可以在网上进行评估，如果需要，也可以使用纸质问卷。

图 6.20　scil 学习文化分析的五个维度（scil，2013 年）

scil 为各个维度制定了问题，下面引用的是其中的例子（scil，2013 年）。

1）赋能员工＝鼓励自主学习。

① 员工是否有能力为完成工作而独立寻求解决方案和获得新知识？

② 是否有条不紊地支持员工进行自主学习，例如通过指导、辅导、调动计划？

2）让管理者参与进来＝管理者在能力发展方面的作用。

① 管理者是否鼓励在工作场所应用所学知识？

② 管理者是否定期与员工进行结构化的反馈讨论？

3）促成学习＝在公司内为学习提供框架条件。

① 是否鼓励同事和上级主管之间有组织的知识交流？

② 是否有足够的时间来深造和学习？

4）使学习多样化＝列出正式和非正式的学习形式。

① 非正式学习在组织中的重要性如何？

② 使用什么技术来支持学习过程？

5）学习价值管理＝审查有效性和成功。

① 公司是否系统地审查培训的有效性和影响？

② 如何评估和评价转移成功（在经过继续教育后，能够将所学知识转移到日常工作中）？

管理者和员工之间的联合学习使管理者能够在学习过程中支持他们的员工，但是，仅仅有这样的意愿是不够的，相关程序必须在公司中牢牢扎根。

埃尔克·舒特尔科普夫 2019 年在她的书中提到了弗里茨·奥瑟（Fritz Oser）和玛丽亚·斯皮奇格（Maria Spychiger）关于如何将新知识锚定在公司中的方法。

1）专注于具体的差错：选择一个具体的差错，并将其作为一个改变项目，让人们意识到差错的后果，将目标具体化，例如改善对话的方式，从独白转为对话。

2）指出差错情况：接手当前的差错事件，可能的话，中断工作进程，给予优先级和时间，例如，听取销售情况汇报，练习提问技巧，制定改进措施。

3）创造清晰度：比较差错／正确或更坏／更好，澄清差异，促成理解，例如独白或对话对关系水平的影响，客户满意度，反映／测试购买决策。

4）锚定知识：创建提醒，制定记忆策略，使用辅助工具，如"谁提问，谁带头"设计为海报，在会议上重复核心议题。

5）创造培训机会：创造不同的锻炼情境，练习正确的方法，建立常规，例如讨论案例研究、角色扮演练习、在客户会议中使用。

6）加强自我评估：制定评估标准，鼓励自我评估和自我控制，例如进行反思回合，根据积分对自己的销售谈话进行评分。

7）显示进展：显示进度、显示倒退、给予鼓励、奖励成功，例如提供持续反馈、每月盘点、调整绩效奖金。

8）确保可持续实施：根据需要刷新/更新已经学到的东西，确保一致的应用，例如控制实施，陪同销售会谈，持续地制定改进措施。

这种对公司学习文化现状的分析，可以成为变革的起点。

在分析之后，研究为了成为一个学习型组织并将其用于差错管理，究竟需要引入什么。其基础是将一个组织的知识捆绑起来，让每个人都能使用它。

2. 知识管理是学习型组织的基础

在许多公司里，有一些员工可以说是各自领域的专家。然而，他们的知识与他们的人直接相关，例如，专家病了较长时间或应该离开公司，就不再可用。这意味着，知识必须被重建，并且成本很高，因此，最好是始终保留公司现有的知识，并让公司的每个人都可以获得。

为了获取公司的现有知识，必须创造出这样的可能性。它必须提供给所有员工。这方面的例子是公司的内部网络或文件系统和存档系统。

注意：

知识管理着眼于数据、信息和知识。

在弗里德里希·埃伯特基金会的《知识管理》手册（Friedrich Ebert Foundation，2007年）中，知识管理的三个内容定义如下：

1）数据是无结构的、孤立的、与上下文无关的符号、字母，它们根据协议、惯例等以一定的序列或组合使用。它们本身没有意义，因为它们尚不包含使用指示。

2）信息产生于被置于意义或问题上下文中的数据。信息的定位和捆绑应该为解决问题或实现目标服务。它往往是不精确的，而且是矛盾的。

3）当人们在一定的目标、重点、意义下对信息进行选择、比较和评价时，就会产生知识。它需要全面的描述、精确的陈述和逻辑联系。

此外，知识管理的理论还分为：

1）显性知识，与上下文无关，存储在文档中，易于交流和转移，可以用文字表达，可以模仿（如项目日志）。

2）隐性知识，个人的，存储在头脑中的，不可见的，受个人见解和直觉的影响，难以分享和转移（如生产中使用工具的经验）。

现在有必要将所需的知识捆绑在公司中，对其进行更新，使其有形，并相应地调整员工的能力/技能。

通过公司的跨部门信息平台和交流平台，员工可以访问所有相关信息，而且还可以进行互动。

这确保了透明度、灵活性和联网是互动的、学习的和智能的组织的特征。

知识管理可以与数据管理和信息管理区分开来。

（1）数据管理

数据管理一词包括所有处理数据及其处理的技术、概念、方法和组织措施。数据本身被认为是当今公司最重要的资源（"黄金"），这就是为什么不仅要收集数据，最重要的是要使其可用，并从中获得重要的洞察力（例如关于客户行为）（IT 服务网）。

（2）信息管理

信息管理描述了一个公司中处理信息作为资源使用的责任领域。信息管理涉及在正确的时间和正确的地点收集、处理、存储和交付正确的信息。有效和高效地使用信息技术应该为提高公司的成功做出重大贡献（Kemper）。

（3）知识管理

知识管理涉及知识的获取、开发、转移、存储和使用。知识管理远不止信息管理（Frost）。

建立一个在公司中引入知识管理系统的项目是非常理想的。

> **注意：**
> 实施知识管理以各个层面的人都想要获取知识为前提，而且每个人，包括管理层和员工，都要参与进来。

然而，在开始项目之前，建议从小步骤开始准备，并使用清单检查公司中已经存在的东西。以下是一些问题的例子，可以根据公司的情况进行更改或添加。

首先，必须检查现有技术：

1）哪项技术对各自的公司有意义？
2）哪些平台已经存在？
3）哪些员工需要哪些信息？

下一步是查看公司的现有结构：

1）现有的结构是否允许跨部门和跨领域的知识管理？
2）知识是否已经可用？
3）是否已经在使用知识管理方法？
4）提供的知识是否在流程或工作说明和其他文件中已考虑在内？

最后，必须考虑到目前为止，管理层和员工是如何处理知识的：

1）知识持有者和知识使用者在公司内是否得到认可？
2）是否引入了有关管理人员的榜样功能的程序？
3）盗用知识是否受到制裁？
4）知识持有者在公司内是否知名？
5）是否培养了反馈文化？
6）是否有统一规范差错处理的程序？
7）是否存在整合了知识处理的目标协议？

> 工作辅助：知识管理准备清单。
> 登录网站 *https://plus.hanser-fachbuch.de/*，用相应的访问代码访问工作助手，并下载知识管理准备清单。

一旦做了这些准备性的思考，就可以开始实际项目的规划。

（4）确立知识管理的责任

公司的知识管理责任应该分配给最高管理层，因为管理者有权力和能力决定他们的员工应该获得哪些资格，以满足客户的要求，从而在第一时间避免差错。

当引进知识管理系统项目时，可以很好地遵循 ISO 9001 规定的知识周期（见图 6.21）。

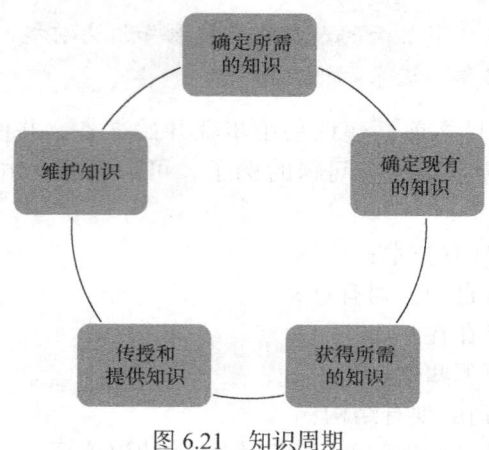

图 6.21 知识周期

此外，布莱希特（Brecht）等人 2016 年提供了一个很好的概述，说明哪些方法和工具有可能被使用，或者也许在公司已经存在（见表 6.11）。

表 6.11 公司处理知识的方法和工具

方法和工具	确定所需的知识	维护知识	传授和提供知识	获得所需的知识
8D 法				×
工作场所措施（工作轮换、工作丰富化、工作扩大化）		×		×
平衡计分卡（发展的视角）	×	×		
会议		×	×	×
最佳实践（从最佳实践案例中学习）		×	×	×
清单			×	
内容管理系统		×	×	×
文件管理系统		×	×	×
前任（前雇员作为顾问、导师等）		×	×	×
电子学习/混合学习		×	×	×
发展伙伴关系、合资企业、网络			×	×
成功因素分析	×			
专家汇报		×	×	×
专家数据库/专家档案、员工档案、能力矩阵、知识图谱、黄页、技能矩阵、能力轮等	×	×	×	×
专家圈、经验交流圈、质量圈、知识社区（实践社区）		×	×	×
外部培训、博览会、大型会议				×
常见问题（FAQ）			×	×
FMEA				
面向业务流程的知识管理（GPO-WM）	×	×	×	×
创意管理/公司建议系统				×
智能归档		×		
内部研讨会、座谈会、培训课程		×	×	×

（续）

方法和工具	确定所需的知识	维护知识	传授和提供知识	获得所需的知识
持续改进过程（CIP）				×
经验教训、项目回顾		×		×
微文章（简明扼要的文件）		×		
微培训（短期培训）		×		
员工调查	×			
员工谈话	×			
伙伴/串联方法（指导、实习、师徒制）		×	×	×
项目数据库			×	
过程审计	×			
流程描述、工作指示		×	×	
不言自明的文件夹结构			×	
协作软件（群件［Outlook、Lotus Notes］、Wiki、Sharepoint、博客/微博、OneNote、内部网等）		×		×
搜索引擎			×	×
活动形式			×	×
知识资本报告	×			
知识数据库			×	×
知识转移过程			×	
面向知识的过程分析/活动分析				×
以知识为导向的战略发展	×			
知识链、知识树（在专家和管理人员变化的情况下）		×	×	×

（5）确定所需的知识

公司必须保护自己免受知识损失，例如在以下情况下：

1）员工离职。
2）信息流中的错误。
此外，应鼓励公司更多地处理知识问题，例如通过：
1）从经验中学习。
2）从咨询中学习。
要做到这一点，第一步是要确定必要的知识。
在第一步中，必须确定员工需要具备哪些知识，以满足客户和其他利益相关方的要求。
这一步骤的核心问题是：
1）公司里有哪些知识？
2）哪些员工拥有这方面的知识？
从战略上讲，一个公司有许多需要涵盖的知识领域。在这一点上，本书将局限于差错管理和员工对以下方面的认识。
1）客户的要求。
2）流程。
3）方法。
4）标准和价值观。
关于差错管理，要考虑以下几个方面，例如：
1）必须进行哪些测试？
2）必须进行哪些测量？
3）需要界定哪些职责？
4）可以使用哪些方法？
在这种情况下，规范是很有帮助的，它包含了所有的要求，通过流程描述来检查所有的工艺步骤是否有足够的资格。此外，还应该进行风险评估，以确定在缺乏特定知识的情况下会出现哪些风险。

（6）确定现有的知识

在下一步，将考虑实际的现有知识，并确定与所需知识的差距。要做到这一点，必须对现有的知识进行明确的描述。员工个人的能力不能被忽视。例如，可以使用资格矩阵来支持这一点。

如果在目标绩效比较中发现差异，必须在内部或外部的支持下，在进一步的步骤中获得必要的知识。

（7）获得所需的知识

ISO 9001 提供了有关可以基于哪些知识的有价值信息：

1）内部来源（例如知识产权、从经验中获得的知识、从错误和成功项目中吸取的教训、获取和共享未记录的知识和经验、流程、产品和服务改进的结果)。

2)外部来源(例如标准、高校、会议、从客户或外部供应商处获得知识)。

内部来源主要是指公司自己的经理和员工。有必要研究哪些现有知识可以通过内部培训课程和研讨会来分享。

在公司不断推进的数字化进程中,例如所谓的电子学习也可以得到很好的应用。

外部来源是获得所需知识的另一种方式。ISO 9001 中已经给出了一些示例,但是,还有其他选择,例如供应商或顾问。

> **注意:**
> 从差错中学习在这里起着重要的作用,因为差错需要被记录、分析和采取措施。差错及其纠正措施应该向所有员工展示,例如通过内部信息系统,这样其他员工就不会再犯同样的差错。

获得所需知识的目的是为了发展:

1)新技能。
2)新产品。
3)新的和更好的想法。
4)改进并因此更有效的流程。
5)知识载体的识别。

(8)传授和提供知识

众所周知,知识在公司中往往以不同的方式流失:一方面是由于员工离职、经验交流不足、沟通渠道不畅或文件不足;另一方面则是由于缺乏系统的支持。

因此,重点在于公司如何设法在正确的时间提供正确的信息,并建立合适的知识库。

(9)维护知识

必须确保知识的维护。现代信息技术的大力支持,使得专门的软件成为可能。这里以一个用于创建和更新质量管理文档的文档管理系统作为示例。有了这样的工具,当前的文件也将可供所有员工使用。

这类系统也可用于许多其他领域。这些系统消除了因员工离职、生病或休假而无法获得知识的情况。这意味着必须记录专家知识,以便保持知识转移,例如,继任者或新员工得到适当转移措施的支持,从而实现所谓的专家汇报/经验教训。

> **注意:**
> 对数据和信息的系统处理是维护和提供知识的基础。

然而，维护知识不仅意味着保存知识，而且还必须保持知识的更新和不断发展。该标准不是指对知识的细致记录，而是指对与实现产品或服务符合公司各自情况相关的知识资源的合理控制。

这意味着，只有通过不断审查必要的知识，并与现有的知识进行比较，才有可能不断地更新知识储备，从而形成新的知识系统，衍生相关的培训和资格认证。

（10）工具和方法

有许多知识管理工具和方法，可以在 ILTEC 指南中找到，见图 6.22。

由图 6.22 可以看出，知识管理工具和方法有很多，如何使用取决于所追求的具体目标。

下面内容是在实践中经常使用到的。

1）个人和智力知识管理工具是支持知识管理的行为、思想和知识元素（ILTEC）。

2）使用平衡计分卡，公司的战略目标和关键数据以简单清晰的方式显示并在公司范围内传达。平衡计分卡是一个识别、存储和评估知识的持续沟通过程。

个人和智力知识管理工具	组织知识管理工具	技术知识管理工具
平衡计分卡 标杆管理、竞争对手和客户分析 黄页 能力组合 创造性的技巧 思维导图 知识图谱 专家网络等	信息中心 工作扩大化 工作丰富化 岗位轮换 学习社区 汲取教训 师徒制 开放空间技术 推拉策略 空间管理等	文件管理系统 专家系统 群件解决方案 会议系统 电话会议 网络讲座等

图 6.22　知识管理工具和方法

3）标杆管理是通过基准对流程和产品进行有条不紊的比较。比较伙伴是根据自己的或其他组织的相似性来寻找的。标杆管理的目的是通过比较伙伴的例子，果断地改进自己的流程和产品。

标杆管理是一个通过分享、获取和评估知识向其他公司学习的过程。

4）黄页这种方法对识别整个公司的专家和知识承载者非常有效，它建立了内部手册，其中存储有姓名、职位、地区、部门、电话号码、电子邮件、工作领域、项目经验、特殊领域、特殊诀窍和特殊技能。然而，员工必须愿意在公司内部分享他们的知识。开放和透明的公司文化极大地促进了这一做法。通过这种方法，知识被分享、识别和储存。

5）创造性的技巧这个术语指的是有助于解决日常问题的技术和方法。它们被用来专门开发想法、愿景或解决方案。建议在一个团队中使用它们。例如，诸如头脑风暴或思维导图等方法。通过这些技术，获得了知识。

6）选定的组织知识管理工具属于非技术性的知识管理措施，这些措施超越了个体员工，用于促进组织中的团体或结构和流程的设计，从而在很大程度上促进了知识的积极交流。

7）信息中心，这些都是设计得很有吸引力的聚会点，例如在生产中，它们为正式和非正式的经验和知识交流服务。在实践中，事实证明，针对差错类型和差错频率，每天举行固定会议是有用的。此外，这种信息中心也被认为是部门和层次之间的知识转移。该措施主要用于传播知识。

8）工作扩大化，在不同工作场所进行的结构相似的活动集中到一个工作场所，由一名员工执行。在这个方案中，必须改变工作场所的设计。

这种模式还旨在通过强大的分工减少生产的单调性，以提高员工满意度，从而提高工作绩效。此外，更全面的工作领域和更大的责任范围激发了相关员工的创造力。员工将更强烈地认同各自的产品和流程，因为他们负责的任务范围更广。由于减少了双重或多重工作，从而节省了成本。

不仅可以合并来自一个生产步骤的任务，还可以合并之前和后续步骤的任务，这为公司带来了巨大的利益。通过这种措施，可以共享和获取知识。

9）与上述两种模式相比，工作丰富化干预了组织结构。它通过赋予员工更多责任来消除管理行为和执行活动的分离。员工个人的责任范围扩大到包括更高价值的活动或间接活动，例如质量检查、返工、材料供应和处置、维护、详细计划等。

这将减少病假和工作中的身体损耗，增加员工的责任感和创造力，提高他们的素质。此外，由于接口数量较少，生产过程中的断点将被降到最低。

这项措施促进了知识的获取和知识的使用。

10）在工作岗位轮换模式下，员工按照规定或自行选择的时间和顺序更换工作岗位，直到轮换过每一个岗位。工作场所的设计没有改变，这种方法追求的目标是为员工提供广泛的任务，以促进创造力和责任感，并防止一遍又一遍地重复执行相同的任务。这增加了员工的灵活性，提高了素质。员工个人的专业技术和知识得到扩展，员工在此过程中的经验和参与加快了公司的持续改进过程。

这种方法的好处在于，员工可以从事不同的工作，在生病或休假的情况下，可以轻松替班。此外，接口处的信息损失减少了，生产过程中的中断也降到了最低。

11）汲取教训，这种方法对于预防差错非常重要。它用于记录积极和消极的经验，因此也记录差错，以便能够从中学习。最好将报告存储在数据库中，以便任何员工都可以访问它们。如果处理得当，报告记录在案并可供使用，则可以改善差错管理和学习文化。可以避免重复差错并加速差错处理。这一措施的原则是从差错中汲取教训。通过这种措施，知识被共享、获取、识别、存储和使用。

12）所谓推拉策略也已在组织知识管理工具中确立。归根结底，这不过是一种拿来主义的策略。在知识管理领域，这是一个员工必须带来和获取新信息的问题。例如，公司的内部网就非常适合这一点，因为这里可以采取预防措施以确保员工自动接收某些信息（推送策略）。另外，员工个人负责在需要时主动索取信息（拉动策略）。通过这种措施，可以共享、使用和存储知识。

13）所有可以分配给信息技术的技术工具都在技术知识管理工具中进行了总结，这里的选择范围是很大的。

14）文件管理系统允许对所有电子文件进行数字化和审计防伪归档。一个专业的文件管理系统通常允许单独的工作流程和权限分配。文件在其整个生命周期中都有管理系统的陪伴，从创建、分发和处理到归档，必要时还可以删除。这样的工具还能确保所有员工都可以使用当前文件。通过这种系统，知识被储存和传播。

15）专家系统是具有有限学科领域知识的软件系统。因此，它充当专家，并为人们提供行动建议。它在人工智能（AI）的帮助下从知识库中得出问题的解决方案和行动建议。借助专家系统，可以存储、共享、获取和使用知识。

16）群件解决方案是指支持员工跨时空距离合作的群组件软件解决方案。如今几乎每个公司都在使用这种类型的软件，如微软的 Outlook 或 Lotus Notes。它们通常具有邮件、地址、约会、任务和日记的功能，还可以作为微软 Exchange 或 Domino 服务器的客户端。群件解决方案可分发知识。

17）电话会议的系统允许与不同地点的不同员工同时沟通。对于知识管理来说，它们分发知识，员工获取知识。

18）网络讲座，这是一个可以从不同文件中提取相关句子和关键点的工具。这样做的好处是，非常长的文件可以快速搜索到特定的点，以评估该文件是否对当前的特定问题有用。

要成为一个学习型组织，仅有工具和方法是不够的。但通过有效和高效地使用它们，学习型组织的目标就会更加接近。

3. 作为学习文化部分的学习型组织

一个学习型组织不是孤立存在的，而是嵌入到差错管理中，因此也嵌入到企业文化中。迈克·佩德勒（Mike Pedler）、汤姆·博伊德尔（Tom Boydell）和约翰·伯戈因（John Burgoyne）1996年对学习型组织做了非常好的定义：一个能让组织的所有成员都能学习并不断自我改造的组织。或者说，组织学习是一个组织通过获得经验并利用这些经验创造知识而逐渐改进的过程。所创造的知识在组织内共享（Valamis）。贝亚特·李布施（Beate Liebsch）2011年从四个方面解释了学习型组织的特征（见图6.23）：

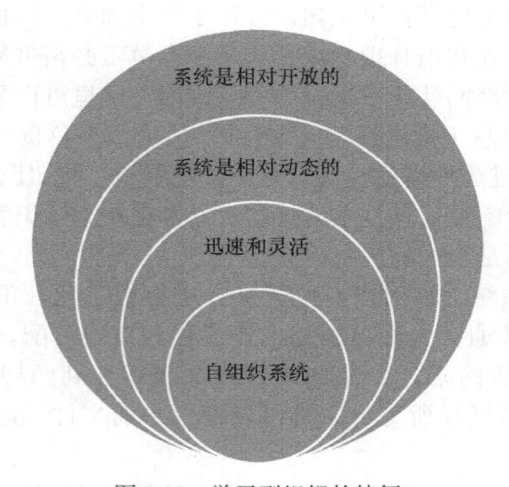

图6.23 学习型组织的特征

1）学习型组织是相对开放的系统，即学习型组织与环境处于开放的交流状态。这意味着信息被传递到外部世界，也被再次整合到组织内部。

2）学习型组织是相对动态的系统。这导致了学习型组织通过变革过程而不断变化。结构、流程、IT系统等都在不断适应他们的需求。

3）学习型组织能够非常迅速和灵活地适应环境的变化。学习型组织在如何应对变化方面没有规则。学习型组织的这一特征要求人们愿意接受这样的事实：尽管有一些工具，如战略规划及其所有变化、效率和所有其他变量，未来仍然是不可预测的。

4）学习型组织是自组织系统。这意味着，例如一个员工或部门的知识，如果能给组织的其他成员或部门带来价值，就应该共享，即使这种共享并不符合正式的组织结构（组织结构图）。

这意味着什么呢？一个公司应该准备让所有员工都能学习，并在此过程中发展和改变。然而，这也意味着，提供培训课程的公司远不是一个学习型组织，因为它背后的所有参与者都有完全不同的行为模式，我们将对此进行简要概述。

在一个学习型公司：
1）鼓励和号召每个人学习和发展。
2）主动发起学习过程。
3）员工充分发展自己的潜力，并继续完成超出要求的工作。
4）每个人都认同自己的工作。
5）不断审查员工进一步发展的策略。
6）员工发展成为重中之重。
7）在团队中学习并共同寻求解决方案。
8）结合个人学习的结果，使公司不断转型，实现公司的变革。

如果一个公司想成长为一个学习型组织，那么战略、结构和文化必须相互协调。

将学习型组织纳入公司的差错管理，意味着发起者必须始终是管理层，以确保高的接受度。该方法和目标应包括在差错管理的指南中，并纳入差错管理项目。必须选择必要的平台和 IT 系统。然而，最重要的是，员工始终如一地被接纳。

6.2 要点简述

没有质量管理，就不可能存在差错管理。只有采用不同的方法和标准，才有可能公开处理差错。一个公司在方法上的定位越好，就越能成功地引入开放和透明的差错管理。

成功是一项特别有价值的任务，因为经验降低了差错的成本，流程得到了优化，公司的管理文化得到了显著改善。此外，创新受到驱动，员工的创造力和积极性显著提高。

6.3 实用一览

1）在差错管理中应用精益管理方法可以发现和减少浪费。
2）FMEA 等预防性方法可提前减少差错可能带来的风险，而 8D 报告或 DMAIC 等方法则用于限制差错发生后的风险，或设计更有效和稳定的过程。

3）管理风格是差错管理中的一个基本方面，因为如果差错管理要想成功，管理者必须集信任的人、冲突管理者、激励者和员工等人为一体。

4）一个基本的方面是沟通。改善和扩大管理人员和员工之间的沟通，以及员工本身之间的沟通，对于开放的差错管理是至关重要的。在这种情况下，进行冲突讨论的程序必须经过培训。

5）积极使用持续改进的过程导致了产品、过程和服务质量的不断改进。

学习型组织的整合主要导致：

1）改善公司内部的沟通。

2）员工有较高的自学能力。

3）一个在公司所有层面上持续改进的、积极的过程。

4）员工参与流程的设计和优化。

5）引进、修改和进一步发展信息技术支持的平台，如知识数据库。

差错管理在不同的方法、哲学和质量管理工具中的锚定，导致了公司中的方法知识被大大地扩展和发展。这也适用于公司的沟通以及管理行为。

6.4　参考文献

Adunka, Robert: „Widerspruchsmatrix". Von *https://www.triz-consulting.de/ueber-triz/triz-matrix/*, o. J.

Altschuller, Genrich Saulowitsch: *Erfinden – (k)ein Problem? Anleitung für Neuerer und Erfinder*. Tribüne, Berlin 1973

B2B Manager: „Lean-Management-Methoden: Prozesse optimieren. Effizienz steigern". Von *https://www.saxoprint.de/b2bmanager/mittelstand/lean-management-methoden/*, 2018

Bonau, Guido: „Das Eisberg-Modell: So entschärfen Sie Konflikte im Team". Von *https://www.wirtschaftswissen.de/personal-arbeitsrecht/mitarbeiterfuehrung/konfliktmanagement/das-eisbergmodell-so-entschaerfen-sie-konflikte-in-ihrem-team/*, 2020

Bonau, Guido: *Konfliktsignale erkennen – Konflikte vermeiden*. Von *https://www.wirtschaftswissen.depersonal-arbeitsrecht/mitarbeiterfuehrung/konfliktmanagement/konfliktsignale-erkennenkonflikte-vermeiden/*, 2016

Brecht, Agathe et al.: *Wissensmanagement in der Norm ISO 9001:2015*. Deutsche Gesellschaft für Qualität (DGQ) und Gesellschaft für Wissensmanagement (GfWM), Frankfurt am Main 2016

Brückner, Claudia: „TRIZ", in: Kamiske, Gerd F. (Hrsg.): *Handbuch QM-Methoden*. 3., aktualisierte und erweiterte Auflage, Hanser, München 2015

DGQ: *KVP – Der Kontinuierliche Verbesserungsprozess, Praxisleitfaden für kleine und mittlere Organisationen*. DGQ-Band 12-92, Hanser, München 2014

DIN EN ISO 9001:2015: *Qualitätsmanagementsysteme – Anforderungen (ISO 9001:2015)*. Deutsche und englische Fassung, Beuth, Berlin 2015

Ducker, Peter F.: the Practice of Management, Harper Business; Reissue Edition 2006

Freudenthaler, Alfred: „Leitfaden für Konfliktgespräche". Von *https://www.freudenthaler.com/sites/default/files/Leitfaden%20für%20Konfliktgespräche.pdf*, o. J.

Friebe, Judith: *Merkmale unternehmensbezogener Lernkulturen und ihr Einfluss auf die Kompetenzen der Mitarbeiter*; Dissertation, 2005

Frieling Ekkehart; Reuther, U. (Hrsg.): *Das lernende Unternehmen*. Dokumentation einer Fachtagung am 6. Mai 1993 in München; Reihe: Studien der betrieblichen Weiterbildungsforschung; Neres Verlag, Bochum 1993

Friedrich Ebert Stiftung: *Wissensmanagement. Verfahren, Instrumente, Beispiele für Vereine und Verbände*. Akademie Management und Politik, Bonn 2007

Frost, Jetta: „Wissensmanagement". Von *https://wirtschaftslexikon.gabler.de/definition/wissensmanagement-47468*, o. J.

Gamber, Paul: *Konflikte und Aggressionen im Betrieb. Problemlösungen mit Übungen, Tests und Experimenten*. mvg, München 1995

Glasl, Friedrich: *Konfliktmanagement. Ein Handbuch für Führung, Beratung und Mediation*. 12. Edition Freies Geistesleben, Stuttgart 2020

Gorecki, Pawel; Pautsch, Peter: „Lean Management", in: Kamiske, Gerd F. (Hrsg.): *Handbuch QM-Methoden*. 3., aktualisierte und erweiterte Auflage, Hanser, München 2015

Gorecki, Pawel; Pautsch, Peter: *Praxisbuch Lean Management. Der Weg zur operativen Excellence*. 3., überarbeitete Auflage, Hanser, München 2018

Graf-Müller, Harald: „Die 40 Innovativen Prinzipien". Von *http://www.triz.at/documents/TRIZ%20 40%20Prinzipien.pdf*, o. J.

Hentschel, Claudia; Gundlach, Carsten; Nähler, Horst Thomas: *TRIZ – Innovation mit System*. Hanser, München 2010

IBB: „Lean Management – die Unternehmensphilosophie der Zukunft". Von *https://www.ibb.com/info/lean-management*, o. J.

Innovations-Wissen: „Werkzeug Excel-Vorlage Widerspruchsmatrix". Von *https://www.innovations-wissen.de/index.php?id=110*, o. J.

International Learning Technology Center (ILTEC): *Der Einsatz von Wissensmanagement in Unternehmen, Ein Leitfaden;* (Eine Einrichtung der Industrie- und Handelskammer für München und Oberbayern) o. J.

IPH: „Lean Management". Von *https://www.iph-hannover.de/de/information/lean-production/lean-management/*, o. J.

Item Redaktion: „Gemba: Prinzip und praktischer Nutzen". Von *https://www.produktion.de/technik/gemba-prinzip-und-praktischer-nutzen-226.html*, 2018

IT-Service.Network: „Was ist Datenmanagement?". Von *https://it-service.network/it-lexikon/datenmanagement*, o. J.

Kempen, Beate van: „Fehler – Makel oder Mehrwert?", in: *gfwm Themen* 14/2019

Kemper, Hans-Georg: „Informationsmanagement". Von *https://www.gabler-banklexikon.de/definition/informationsmanagement-70784*, o. J.

Krause, Yasim: *Wandel der Lernkultur innerhalb des Unternehmens und die daraus resultierenden Anforderungen an die Führungskraft*. Studienarbeit an der pädagogischen Hochschule in Ludwigsburg, Wintersemester 2012/2013

Personalwirtschaft: „Lernende Organisation". *Von https://www.personalwirtschaft.de/produkte/hr-lexikon/detail/lernende-organisation.html*, o. J.

Leonardo Group: „Lean – Vorgehensweise und Umsetzungsbeispiele". Von *https://www.uw-s.com/media/DGQ-Regionalkreis-OWL-Leonardo-Group-Olliver-Ballhausen-Lean-und-Green-mit-Praxis beispielen-Gastgeber-Jung-Pumpen-Steinhagen.pdf*, o. J.

Liebsch, Beate: *Phänomen Organisationales Lernen. Kompendium der Theorien individuellen, sozialen und organisationalen Lernens sowie interorganisationalen Lernens in Netzwerken.* Rainer Hamp, München, Mering 2011

Lipkowsky, Silvia: „Konflikttraining mit fünf Buchstaben", in: *Training aktuell* 11/10, 2010

Masaaki, Imai: *The Key to Japan's Competitive Success* McGraw-Hill Education Ltd; New Edition 1986

Masaaki, Imai: *Kaizen. Der Schlüssel zum Erfolg der Japaner im Wettbewerb.* 2. Auflage, Edition Langen-Müller, München 1992

Mayer, Günter W.; Bartscher, Thomas; Nissen, Regina: „Management by Objectives". Von *https://wirtschaftslexikon.gabler.de/definition/management-objectives-40709/version-264087,* 2018

Mehlich, Regina: „Hansei". Von *https://leanbase.de/lexicon/hansei,* o. J.

Neuberger, Oswald: *Miteinander arbeiten – miteinander reden!* Bayerisches Staatsministerium für Arbeit und Sozialordnung, Familie, Frauen und Gesundheit, München 1996, S. 68–69

Onpulson: „Lernende Organisation". Von *https://www.onpulson.de/lexikon/lernende-organisation/,* o. J.

Patra, Michael: „Widerspruchsmatrix". Von *https://www.michael-patra.de/triz/loesungsverfahren/widerspruchsmatrix/,* o. J.

Pedler, Mike; Boydell, Tom; Burgoyne, John: „Auf dem Weg zur lernenden Organisation". In: Sattelberger, Thomas (Hrsg.): *Die lernende Organisation. Konzepte für eine neue Qualität der Unternehmensentwicklung.* 3. Auflage, Gabler, Wiesbaden 1996

Prozess Management: „Standard: DMAIC-Zyklus". Von *http://managementmethoden.info/SixSigmaInfo/DMAIC,* o. J.

Refa.de: „DMAIC". Von *https://refa.de/service/refa-lexikon/dmaic,* o. J.

Richter, Marius: „Was ist eine lernende Organisation?". Von *https://strategie-spektren.de/fuehrung-und-management/lernende-organisation/,* o. J.

Rodatus, Angelika: „Wie Sie einen Mitarbeiterkonflikt in 3 Schritten souverän beenden". Von *https://www.wirtschaftswissen.de/personal-arbeitsrecht/mitarbeiterfuehrung/konfliktmanagement/wie-sie-einen-mitarbeiterkonflikt-in-3-schritten-souveraen-beenden/,* 2016

Schein, Edgar: *Organisationskultur und Leadership,* 5. Aufl. Vahlen Verlag, München 2018

Schüttelkopf, Elke M.: *Lernen aus Fehlern. Wie man aus Schaden klug wird.* 3. Auflage. Haufe, Freiburg im Breisgau 2019

Schulz von Thun, Friedermann: *Miteinander reden 1: Störungen und Klärungen: Allgemeine Psychologie der Kommunikation.* 49. Auflage, Rowolth Taschenbuch Verlag Hamburg 2011

Senge, Peter M.: *Die fünfte Disziplin: Kunst und Praxis der lernenden Organisation (Systemisches Management).* 11. völlig überarbeitete und aktualisierte Edition, Schäffer-Poeschel Verlag Stuttgart 2017

Scil: „Lernkulturen analysieren und gestalten – Teil 1, 31. 01. 2013". Von *https://www.scil.ch/2013/01/31/lernkulturen-analysieren-und-gestalten-teil-1/*

Sondermann, Jochen Peter: „Poka Yoke", in: Kamiske, Gerd F. (Hrsg.): *Handbuch QM-Methoden.* 3., aktualisierte und erweiterte Auflage, Hanser, München 2015

Stangl, Werner: „Führungsstile in Unternehmen". Von *https://arbeitsblaetter.stangl-taller.at/KOMMUNIKATION/Fuehrungsstil-Unternehmen.shtml,* 2021

Stein, Günter: „Mit dieser einfachen Technik lösen Sie Konflikte mit Mitarbeitern ganz souverän". Von *https://www.wirtschaftswissen.de/personal-arbeitsrecht/mitarbeiterfuehrung/fuehrungsinstrumente/mit-dieser-einfachen-technik-loesen-sie-konflikte-mit-mitarbeitern-ganz-souveraen/,* 2013

Valamis: „Organisationales Lernen". Von *https://www.valamis.com/de/hub/organisationales-lernen,* o. J.

Vallée und Partner: „Lean Management: Schlanke Prozesse aus Japan". Von *https://www.vallee-partner.de/blog/lean-management*, o. J.

Waechter-Handler, Marianne: „Konflikte lösen: konstruktive Fehlerkultur am Arbeitsplatz". Von *https://www.hrweb.at/2014/10/konflikte-loesen-3/*, 2014

Wikipedia: „Poka Yoke". Von *http://de.wikipedia.org/wiki/Poka_Yoke*

Womak, Jame2s P.; Jones, Danielt T; Roos, Daniel: *Die zweite Revolution der Autoindustrie.* Massachusets Institue of Technology 1992

Womak, James P.; Jones, Danielt T. et al.: *Lean Thinking.* 3. Erweiterte und aktualisierte Auflage. C. H. Beck Verlag München 2013

Zeller, Elmar: „Poka Yoke – Fehler durch menschliche Fehlhandlungen vermeiden". Von *https://umsetzer.com/wp-content/uploads/2016/07/160715-TQU-Poka-Yoke-Pr%C3%A4sentation-f%C3%BCr-Homepage.pdf*, 2016

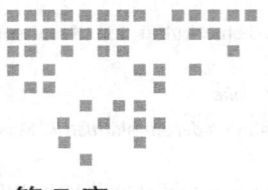

第 7 章
恐惧文化到差错管理

我们可以从多种多样的调查和研究中看出，差错管理的引入在德国的进展情况。我特意要谈的是组织，因为不仅是制造行业涉及这个话题，还有服务行业，如银行、基金会和医疗保健领域的组织。

来自吕讷堡大学（Leuphana University Lüneburg）的商业心理学家和差错研究员迈克尔·弗雷斯（Michael Frese）自 20 世纪 70 年代以来一直在研究不同文化下如何处理差错。他认为在有的地方，差错和失败是不可取的，而且还会受到严厉的惩罚，具体内容参考他 2013 年在《时代》杂志的文章（Roth，2018 年）。在他的研究中，比较了 61 个国家的差错管理情况。

安永（EY）的合伙人之一纳尔逊·塔普肯（Nelson Taapken）在 2018 年以德国公司的差错管理为主题进行了一次民意调查。来自汽车行业（制造商和供应商）、机械工程、物流，以及银行和保险（金融行业）的 800 名员工和 218 名管理人员接受了调查。

研究结果显示，除其他事项外，管理人员不解决他们的差错是因为他们有以下恐惧：

1）43% 关注职业劣势。
2）36% 害怕失业。
3）29% 担心减薪（如奖金）。

还有，员工不喜欢承认自己的错误，因为：

1）39% 觉得丢脸。

2）29%担心失业。

3）26%关注职业劣势。

在团队中，差错被谈论，但有明显的上下级禁忌和沟通障碍，塔普肯曾这样认为。

安永（2018年）的研究还发现，46%的高管和36%的员工将公司的创新能力太低归咎于缺乏差错管理。或者说，从员工的角度来看，缺乏差错管理主要导致员工的积极性下降，41%的高管和57%的员工都证实了这一点。

2015年，霍恩海姆大学的安德烈亚斯·库克茨（Andreas Kuckertz）、克里斯托夫·曼德尔（Christoph Mandel）和马丁·阿尔门丁格（Martin Allmendinger）调查了德国民众对创业失败的态度。在2014年10月至2015年3月期间，通过一个小组对2027名有代表性的18～67岁的德国公民进行了在线调查，参与者在性别、年龄和原籍（联邦州）方面与德国人口的平均水平相一致。

该研究的一个结果是，德国需要一种新的公司文化。为了实现这一目标，每个人都被要求收集想法，制定措施，并加以实施，以便有效地逐步减少偏见和不宽容的态度（库克茨、曼德尔、阿尔门丁格，2015年）。

根据霍恩海姆的研究结果，对失败的态度往往被视为是积极的，因为80%的受访德国公民在这方面表示积极，并将失败描述为自我反思和重新考虑的潜在来源。他们还认为，从长远来看，失败可以带来非常积极的结果。然而，霍恩海姆的研究也显示，只有15.5%的受访者对创业失败持积极态度，11.6%的受访者持消极态度。

2007年，埃尔克·舒特尔科普夫在一家公司研究了在日常生活中如何看待差错管理现象的问题，来自维也纳的中心通信系统有限公司（Center Communication Systems GmbH），如今是斯特拉巴克公司（STRABAG AG）100%控股的子公司，是欧洲应急组织、公共交通、公共安全和工业的通信系统市场领导者之一。

其重点在开发部门。该部门经理最初也是专注于差错预防，但后来通过阅读一篇以差错管理为主题的论文后，他对这个话题产生了兴趣，他意识到，差错的策略将大大扩展行动的范围。

该部门共有22名成员参加了差错管理调查，各个项目平均由18人回答（$n=18$）。因此，该结果对该部门来说是有代表性的。共有108个问题得到了回答，其中1/3与规范和价值观有关，1/3与能力有关，1/3与手段有关。因此，埃尔克·舒特尔科普夫在2008年指出：准则和价值观高度发达，但在能力方面需要有选择的优化，在手段方面则更需要优化。不成熟的差错能力及战略人力资源开发领域的缺失措施降低了该部门的生产潜力。

在制定了引入差错管理的策略的研讨会之后，经过各种改进，在很短的时间内就有了一些变化。在实施策略的过程中，该团队已经远远超出了自己的预期。该团队引入了许多改进项目，现在正受益于更加差异化的结构、更严格的流程和一系列提高质量的措施。发展过程的推动力是联合差错管理研讨会和在线调查，以确定差错管理的现状，这带来了可持续的改进和变化。

为了讨论差错管理，就需要有专业的差错意识。任何将差错视为消极事物并将其视为威胁的人，不太可能接受这个话题（舒特尔科普夫，2008年）。

积极的差错管理鼓励公司员工提出新的想法，而不必担心犯错。它构成了允许创新的氛围的基础。这是企业在当今全球化、数字化和快速发展的世界中具有竞争力并在市场上生存的唯一途径。消极的差错管理会抑制创新和竞争力。

如果爱彼迎、亚马逊、苹果、谷歌、优步等公司将差错视为负面的东西，并且像在德国这个国家经常发生的那样，将责任问题放在一边，那么这些公司今天肯定不会如此成功。相反，这些公司都很清楚，新的想法和新的产品可以从差错中产生。他们把差错看作是积极的东西，愿意从差错中学习。马蒂亚斯·科普雷克（Matthias Koprek）在一篇文章中指出了这一点，并继续解释说，美国的差错管理形象与德国的不同，其对失败和差错的态度并不像德国那样消极。只有那些不惧怕差错和可能的后果的人，才敢于做出决定和试验。

这意味着，具有明显差错管理的公司会努力确保差错只发生一次，并从中吸取教训。

研究结果表明，即使德国开放式差错管理的发展还有很长的路要走，我们仍然更接近于恐惧而不是差错管理，但建设性差错管理的成功因素才是核心。只有在开放和透明的差错管理下，公司才能经受住市场加速变化的考验。

7.1　成功因素之管理者

差错管理的成功取决于管理风格。扁平的等级制度和管理者与员工之间的信任关系是开放的差错管理不可或缺的先决条件。只有合作型的管理方式才能促使员工能够并被允许承担个人责任，并对其上级产生信任。如果差错被接受并被视为进一步发展和学习的机会，并因此被优先考虑，那么差错管理就有了机会。

这使得管理者的态度成为处理差错的关键因素，尤其是管理者如何处理自己的差错。只有当管理者承认自己的差错，员工也能公开谈论自己的差错时，公司的差错管理才能得以维持。

> **注意：**
> 开放和透明的差错管理取决于管理者的榜样作用。

管理者还必须能够放手，将任务下放。许多管理者宁愿凡事亲力亲为，因为他们担心员工会犯错。这导致了员工相当程度的信任缺失和积极性下降。

必须不惜一切代价避免制裁、指责和限制。如果允许员工犯错，那么也许用试错法就能找到创新的解决方案，这可以提高竞争力，提高市场地位。在最坏的情况下，事实证明原来计划的程序是错误的，在这种情况下，必须采取不同的路径，并从差错中吸取教训。

然而，除了经典的合作型管理方式，新的管理方式也在我们的工作越来越快的变化过程中建立起来，下面将在解释了今天每个人都在谈论的 VUCA 世界这个术语后再讨论这个问题。

VUCA 这几个字母代表了：
1）V= 不稳定性（快速变化）。
2）U= 不确定性。
3）C= 复杂性。
4）A= 模糊性（歧义、矛盾）。

VUCA 是一个组合词，在 20 世纪 90 年代成为美国军队运作的现代环境的标准描述。后来，这个词被公司和大学采用。这些人经常看到首字母缩略词所暗示的与数字化相关的现象，并且正在寻找战略和概念，以便在变化的环境中坚持自己的立场。（本德尔，2019 年）。

在更广泛的意义上，VUCA 的核心战略涉及对问题和差错的开放式处理，以及建设性的差错管理。为此，必须及时发现问题和浪费。

管理行为在 VUCA 世界中也起着关键作用，因为员工和管理者之间的直接接触在这里也是非常重要的，类似于差错管理。日益增长的全球化、网络化、数字化、快速创新及企业不断变化的期望也带来了对传统管理方式的改变。管理者需要适应当今的现代世界，果断地处理问题，以便能够以正确的方式处理差错。

在 VUCA 世界中，对管理者的期望有以下几个方面：
1）员工和经理之间的良好沟通。
2）执行透明的决定。
3）树立好榜样作用。
4）只在私下里给予客观的批评，在团队中给予表扬。
5）启用相互反馈。

这些要点让人联想到差错管理也要求的先决条件。

随着数字化的发展，领导技能的发展提供了一个改变的管理形象。新的管理风格已经出现，其中两个重要的风格概述如下。

7.1.1 敏捷管理

敏捷一词起源于软件开发。2001 年，所谓的敏捷宣言是由在犹他州开会的软件开发人员共同起草的，目的是改进软件开发（agilemanifesto.org）。原则上，敏捷宣言指的是软件开发，但它也被用于其他领域。今天，它被作为敏捷工作所有层面的参考模型。

在数字化时代瞬息万变的世界中，敏捷管理应该使更多的灵活性和动态性成为可能。

敏捷管理意味着创建一个框架，使管理者和员工能够以负责任的、自我组织的和有动力的方式一起工作，从而发展他们的技能，并为创新解决方案贡献自己最大的力量（普鲁西格、西查特，2019 年）。

敏捷具有以下特点：

1）精益结构，增加沟通和个人责任。

扁平的等级制度，员工承担更多的责任，更独立地工作。

2）快速决策和灵活性。

组织的快速响应，例如，将工作任务划分为现实的小项目。

经典管理和敏捷管理之间有什么区别？格拉奇（Grätsch）和克内贝尔（Knebel）在 2020 年对两种管理风格进行了比较（见表 7.1）。

表 7.1　经典管理和敏捷管理的对比

经典管理	敏捷管理
老板是最能提供专业和个人指导的人	世界变化太快了，任务太复杂了，管理者不可能对即将到来的任务仍有最高水平的把控能力。因此，员工往往比他们的上级更了解眼前的情况
因此，决定由主管做出	因此，决定由员工做出
主管决定战略、目标和行动方针，因为他或她最了解眼前的情况	在团队中共同讨论战略、目标和行动方针，以便可以纳入所有观点
规范是详细的，以便按照主管的要求完成任务	管理者确定大概方向，即大框架，员工在此范围内自行决定。这样做速度更快，决策也更接近现实
重要的讨论是由主管进行的，因为他或她也有责任并能做出决定	员工可以独立进行重要讨论，或者，当涉及重要的讨论时，员工至少在场
主管控制着所发生的事情。这意味着他或她要确保实现目标、表现出期望的行为并满足指导方针	主管信任团队并让他们做自己的事情。然而，他或她要确保团队定期审查结果，并共同决定需要调整的内容
如果员工的行为或结果出现偏差，就会给予批评性反馈，以便员工学会正确的行为	偏差是可能的，通常甚至是必要的，并被视为一种宝贵的学习经验。试错是程序的一个重要原则
程序：定义目标、制订、处理和检查计划	该程序是反复进行的，仅计划下一步，然后征求反馈意见，必要时调整课程。可以随时更改课程

（续）

经典管理	敏捷管理
工作质量要高，目标是100%	我们一起制定了"完成的定义"——我们在这里需要什么样的结果
沟通是实事求是的、以事实为导向的、清醒的、严肃的	沟通是感性的，也是鼓舞人心的。玩耍和旋转在工作生活中占有一席之地

2001年，在一次软件开发人员会议间隙，17位专家编写了一份文件，描述了现代软件开发形式的价值和原则，即敏捷宣言。由此衍生出12条原则，普鲁西格和西查特据此制定了构成敏捷管理概念的原则（见图7.1）。

欢迎改变
- 当框架条件发生变化时，应允许对决策提出质疑
- 领导行为要适应当前形势

组建异质性团队
- 跨学科团队带来了不同的视角，让人眼前一亮
- 跨学科团队可以产生巨大的协同效应

促进个人责任
- 必须建立信任以提高员工的积极性
- 必须让员工承担个人责任

促进和示范直接沟通
- 目的是人与人之间的直接沟通，以避免间接沟通产生的摩擦损失
- 管理者必须树立一个直接沟通的榜样

领导团队进行自我组织
- 团队自己定义他们的工作包
- 管理者必须创造框架条件，使这种方法成为可能

促进持续改进
- 必须留有改进的空间
- 定期改进和反思是该原则的典型体现

图 7.1 敏捷管理概念的原则

敏捷管理不是一种科学描述的领导风格，而是一种众所周知的方法、原则和行为的混合。

洛桑国际管理发展学院与元咨询公司全球数字商业转型中心合作，系统地探讨了以下问题：

1）究竟什么是敏捷管理？
2）敏捷管理者需要哪些技能？

在这项实证国际研究中，超过1000名管理人员接受了关于敏捷管理和敏捷管理特征的调查。结果显示，以前的许多管理特征仍然存在，例如：

1）员工的进一步发展。

2）确保实现商定的目标。

敏捷管理行为与以往的管理理念差别很小。在某些地方，先前的方法得到了进一步发展，而在其他地方，规划和结构化处于次要地位，尝试和试验则成了重点。

在许多方面，敏捷管理是以往管理方法的进一步发展，强度和一致性都有很大提高。与其发布公告，不如提问和专心倾听更重要。敏捷管理不需要控制和指定，而是需要克制和适度（普鲁西格、西查特，2019年）。

在这一点上，应该提到敏捷管理风格中的一个重要方面，因为它对建设性的差错管理也是至关重要的。

> **注意：**
> 差错被视为变革的动力。

真正的学习文化是敏捷工作环境的关键。对于管理层来说，这意味着不仅团队，而且是整个组织都要学习，并鼓励他们尝试新的东西，前提是它要么有效，要么可以借鉴。

敏捷的管理风格旨在创造一种文化，让员工谈论他们的差错，而不是掩盖它们。不存在谁该负责的问题；相反，团队分析并寻找原因。通过这种方式，一个组织可以从差错中共同学习，这是由回顾性观点和失败之夜㊀所促进的。

7.1.2 数字化管理

数字化不仅需要重新思考技术、商业模式和流程，还需要改变对员工的管理方式。管理团队内部，以及管理者和员工之间的合作正在彻底改变。数字化管理是一种领导风格，它推动组织在数字化方面发生变革，以使流程更加敏捷和灵活。

具备数字化管理素质的管理者：

1）具有传统的领导素质。

2）强大的软实力。

3）以开放和灵活的态度领导团队。

4）信任他的员工并欣赏他们的工作。

㊀ 所谓回顾性观点，就是团队定期聚在一起，考虑团队中的合作情况如何，以及在工作流程中哪些方面还可以改进。失败之夜，也叫搞砸之夜，一个可以让团队把他们的失败和差错尽情说出来的时间。

5）在团队和 / 或网络中做出决定。
6）不断扩展其数字技能并将其传授给员工。
7）为团队创造自由空间，以促成和推广创新方法。
8）生活在建设性的差错管理中。
9）推动创新。
10）改善工作氛围。

因此，数字化管理在 VUCA 世界中显示了发展和成长的机会。

数字化管理者应具备相应的技能，才能在数字世界中生存，并掌握处理差错的要点。允许犯错的信心和积极利用差错的能力协同发展。

管理人员也被视为数字化中的榜样。布斯 2014 年开发了一个管理模型（VOPA），该模型应作为高管的指南，以便管理人员能够与他们的团队在 VUCA 世界中生存（见图 7.2）。

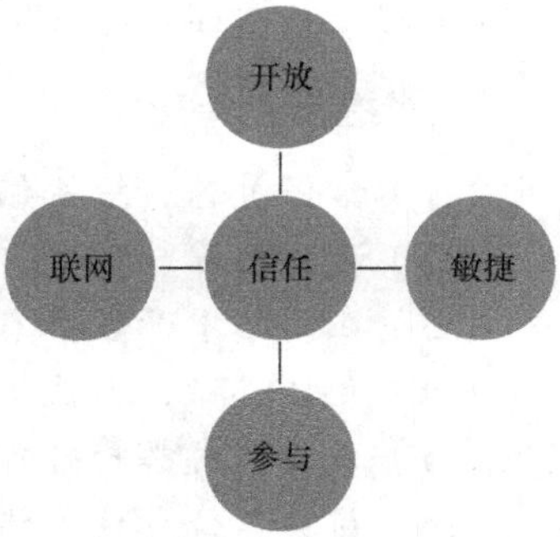

这种所谓的 VOPA 模式的核心是信任，是这种管理风格的全部和最终目的。这意味着允许员工向他们的管理者提供反馈，分享想法，犯错误，并愿意承担风险。当然，一切都在合理的范围内。管理者从反馈中学习，并提供工具，以便团队能够继续共同成长。

图7.2 布斯的管理模型（VOPA）

更详细地说，字母 VOPA 代表了以下内容（赖因克、费舍尔、伦格勒，2020 年）：

1. 联网（V）

1）通过团队活动、交流、学习小组或通过企业社交平台（Yammer）和协作平台（MS Teams、Slack、Confluence）进行数字推广。
2）通过团队中的集体知识提高创造力和生产力。
3）坚持不懈地分享知识，相互学习和成长。

2. 开放（O）

1）为团队中的所有人创建透明的信息。
2）实现自主的信息交流。
3）在团队中为任务和项目寻找解决方案。
4）鼓励对新的想法和方法采取积极的态度。
5）鼓励团队中成员提出批评意见，充分利用团队中的摩擦。

3. 参与（P）

1）让员工从一开始就参与到解决即将到来的任务和项目中。

2）根据员工为项目带来的技能，将责任和决策权留给他们。
3）共同确定目标和中间目标，并使之对所有人都清晰透明。
4）促进团队内部的相互激励和支持。

4. 敏捷（A）

1）管理文化和企业文化的不断变化和快速适应性。
2）管理者能够与他们的团队一起灵活而迅速地适应不断变化的环境条件。

这些要点表明，员工被引导独立工作，并被赋予了做决定的自由，对差错进行分析并寻找原因。透明的差错管理作为学习型组织的一面镜子，通过审查、回顾、搞砸之夜等方式得到推广和实施。

作为一名管理者，要牢记以下提示，以成功推广差错管理。

> 提示：
> 1）信任员工，给他们自主的决策范围。
> 2）避免指责。
> 3）在团队中开展根本原因分析。
> 4）允许犯错，以便从中吸取教训并进一步发展。
> 5）公正地发挥榜样作用，也承认自己的错误。
> 6）与员工公开谈论错误。
> 7）共同寻找解决方案。

7.2 成功因素之沟通

开放和透明的差错管理的另一个成功因素是沟通。与员工沟通可以提高他们的参与度。然而，这意味着，如果没有员工和管理层之间的公开交流，差错管理是不可能成功的。

沟通方式一般有以下三种：
1）自上而下：从管理层到员工的信息。
2）自下而上：从员工到管理层的信息。
3）面向过程：部门之间、员工之间的信息。

7.2.1 自下而上的沟通

自下而上的沟通在沟通的成功因素中具有重要意义，它与严格的自上而下的沟通形成对比。然而，许多公司现在已经认识到这种自上而下的沟通是无效的，因为员工通常知道发生了什么，以及问题出在哪里。

公司中自下而上的沟通主要涉及内部沟通，以及变革和创新过程。对于这种日益强大的沟通形式，建设性地处理差错是非常重要的。重点是反馈回合、公开讨论和回顾，讨论哪些工作做得好，哪些工作做得不那么好。公司可以明显地从这一战略中受益，因为它促进了员工和管理层之间以解决方案为导向的交流。变革过程从最低层级开始。员工的知识蕴含着巨大的潜力，因为与员工定期交流思想会带来改进的机会。员工了解他们的公司，以及系统、流程，也了解薄弱环节。因此，经验丰富的员工可以很好地评估哪些地方需要优化，哪些地方可以实施。

这让我们又回到了差错管理，它为自己设定了这种交流的目标。换句话说，建设性的差错管理是员工在自下而上的沟通中保持开放的前提，因为它强化了差错管理，从而也创造了积极的工作氛围。

7.2.2 与车间管理层的沟通

通过车间管理的方式，也可以很好地进行差错的沟通和分析。就其本身而言，车间管理是一种管理工具，但在这里提到它是因为它有很高的沟通潜力。车间管理（Shopfloor-Management，SFM）是持续改进的一种特殊组织形式。

车间管理是一种来自精益管理的方法，可以定义为，车间管理以创造价值的地方为关注重点。员工（也包括来自分包领域的员工）的精力都是为了使流程尽可能地高效。团队会议，即所谓的车间巡视，构成了核心。在这些会议上，增值过程中出现的关键数据或故障会在车间板（会议板）上讨论。重点不是问题，而是问题的解决方案和永久性的改进（沃尔夫 Wolf，2020 年）。

> **注意：**
> 在车间管理中，每个人都一起工作——管理层和员工。

车间会议每天同一时间在现场举行，时间为 15～30min，直接在各个生产组织单位中举行。这些单位可以是生产小组或整个生产线。

沟通当前的关键数据，但主要在团队中讨论当前正在或已经在生产中发生的问题。议程的内容因公司而异，但以下议程显示了在黑板上或在董事会上提出的讨论要点，这些讨论要点已在实践中得到证明。

1）介绍哪些是好的，哪些是坏的。
2）解释生产力和质量指标的状况。
3）投诉。
4）问题的产生和措施的记录。
5）工作规划。

6）材料和工具规划。

可视化的基本元素是一块黑板或白板，所有相关的数据都被收集和讨论。变化被记录了下来。

> **注意：**
> 通过车间管理，员工和管理层之间的沟通发生在同一视线的水平上。

车间管理的好处：
1）为所有相关方创造透明度。
2）流程的标准化、改进和优化。
3）用数字、数据和事实来管理关键数据。
4）文化和组织（车间里有管理人员）。
5）将管理层与车间现场的员工联系起来。
6）消除行政和生产之间的分离。
7）减少浪费。

但在这里，也正在发生从模拟到数字车间管理的变化，数据被数字化，从而变得透明。车间工作正在从基于纸张的讨论转移到存储所有数据的仪表盘上。可视化有新的可能性，故障可以自动升级，因此没有问题不被处理。

自下而上沟通的优势在于，促进了：
1）创造力。
2）灵活性。
3）敏捷性。
4）主观能动性。

因此，自下而上的沟通成为增加公司创新活动的一个重要因素。

7.2.3 数字通信

由于生活各个领域的数字化程度不断提高，公司有机会重建他们的沟通和团队合作，数字通信示例如图 7.3 所示。现代技术提供了无法想象的可能性。

但是，它们自身也带有缺点，例如：
1）员工工作过度，因为他们总是处于可用的状态。
2）由于缺乏面对面交流，可能出现误解。
3）数据安全方面可能存在漏洞。
4）注意力不集中，因为有躲闪的余地。

塔普肯（安永，2018 年）在他的研究中发现，诸如内部网这样的平台在谈论差错时，只有 33% 的管理层和 17% 的员工认为有意义。

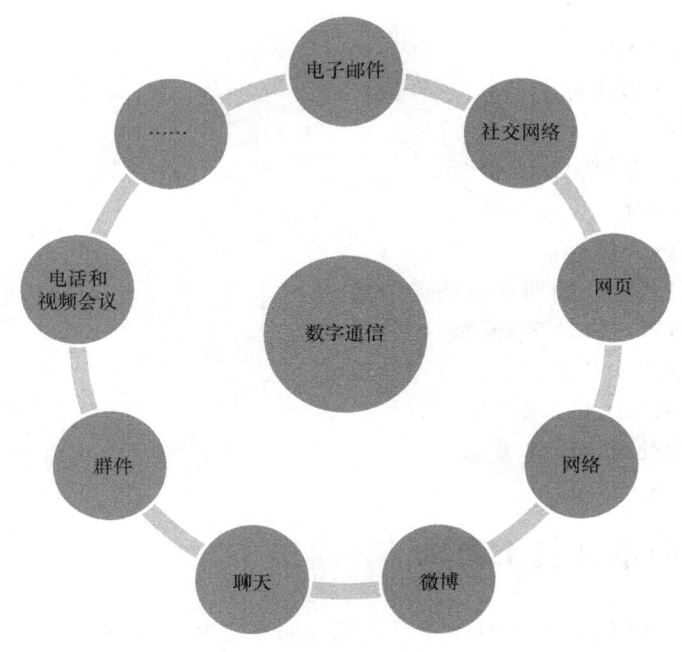

图 7.3　数字通信示例

> 📌**注意：**
> 在差错管理中，人与人之间的沟通更为有利，因为在许多情况下，需要进行严肃的讨论，例如冲突会谈。此外，例如指责，在面对面的谈话中或在现场的团队会议上表达指责要困难得多。

作为管理者，应扮演一个重要的角色，按照精益管理的要素行事：
（1）反省（Hansei）
不要指责，要寻找出现差错的原因。
（2）现地现物，设身处地（Genchi Genbutsu，Gemba）
去现场与员工沟通。

为了在差错管理中成功地进行沟通，以下建议在参与沟通过程时可能会有所帮助（普法布，2020 年）：

> 📌**提示：**
> 1）在谈话中要意识到自己的责任。
> 2）要注意沟通是双向的。
> 3）要有自我批评精神。

4）研究沟通技巧。
5）尊重自己或对方。
6）保持冷静。
7）要有好奇心，认真倾听。
8）保持清醒、专注和警觉。
9）要细腻、敏感。
10）提供真实、简明和透明的消息。
11）以所有人都能理解的方式传达信息。
12）要注意细微差别。
13）始终给予并寻求反馈。
14）设身处地为员工着想。

7.3 成功因素之员工激励

开放和建设性的差错管理加强了员工和雇主之间的情感纽带，促进了每个人的个人发展。被激励的员工认同他们的任务，这会带来良好的产品质量。

在安永的研究中，41%的管理者和57%的员工回答说，他们认为挫伤积极性是公司缺乏差错管理的一个主要风险。

同样，11%的管理者和27%的员工发现，动力只来自于他们自己，如果有必要，他们会在公司里走更多的冒险道路。

主管和员工之间以讨论形式进行的沟通越多，员工的积极性就越高。这意味着，管理行为、沟通和激励是密不可分的。

众所周知，缺乏信息和沟通不畅只会导致员工士气低落。

> **注意：**
> 如果有动力，人们就想实现一些目标。激励的行动意味着积极寻求实现目标的方法。

在实践中，一次又一次地表明，支付给员工更高的工资或奖金只能在短期内起到激励作用。在实践中，已经表明工作绩效甚至会下降，这种情况就是所谓的外在动机。外在动机是指动机是由外部因素提供的，如奖励或惩罚，这意味着进行一项活动是为了获得奖励或避免惩罚。

第二种类型的动机是所谓的内在动机，这意味着活动的开展是出于自己的动机，因为有兴趣，人就会喜欢，内在动机要强得多，更持久，也更有效。

必须满足某些条件，才能产生真正的动力。这些条件包括，例如，绩效结果可以受到相应员工的影响。此外，员工必须感到他们受到了公平的对待，公司应保持公开和透明。

激励员工并非易事。公司管理层和高管愿意积极地激励员工，这是激励员工的基石。除了系统性的方法，如考核面谈、人员发展、辅导或解决冲突等，激励员工的基本前提是开放的沟通和透明的信息，以及各自的管理风格和信任的合作。图7.4通过在激励员工的背景下对差错的处理来说明这种方法。

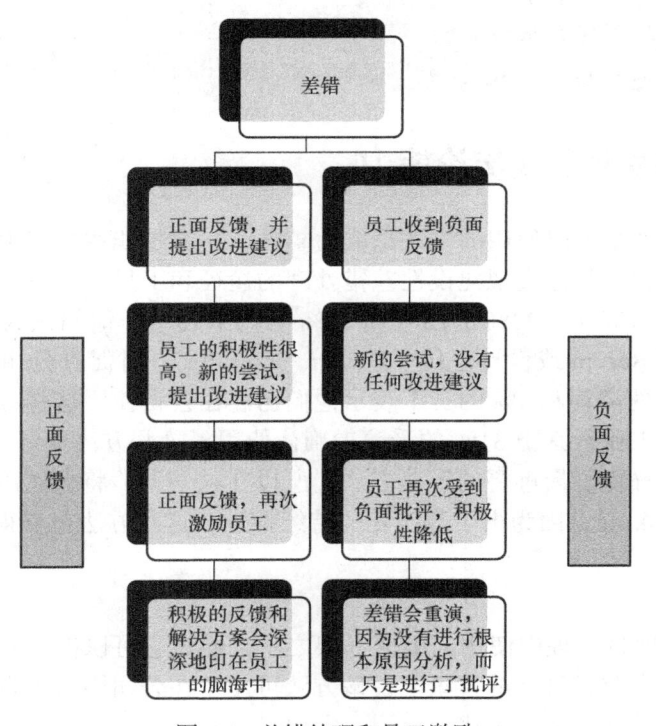

```
                      差错
         ┌─────────────┴─────────────┐
    正面反馈，并              员工收到负面
    提出改进建议                  反馈
         │                         │
    员工的积极性很            新的尝试，没有
    高。新的尝试，            任何改进建议
    提出改进建议
         │                         │
    正面反馈，再次            员工再次受到
    激励员工                 负面批评，积极
                             性降低
         │                         │
    积极的反馈和              差错会重演，
    解决方案会深              因为没有进行根
    深地印在员工              本原因分析，而
    的脑海中                  只是进行了批评
```

正面反馈　　　　　　　　　　　　　　　　负面反馈

图7.4　差错处理和员工激励

> **注意**：
> 员工希望得到认可、表扬和关注。在许多情况下，如果分配给员工以责任和更困难的任务，往往对他们来说是更有价值的。

一般来说，员工的积极性越高，他们就越愿意工作，内部沟通的效果就越好。员工喜欢他们的工作，这反过来又保证了公司的顺利运行，增强了团队精神。此外，员工可以对不同情况作出更灵活的反应。总而言之，正确实施的员工激励要素有助于持续改善差错的处理，并降低离职率。

> **提示：**
> 1）给员工具体的行动空间。
> 2）鼓励员工独立思考。
> 3）鼓励协作学习。
> 4）确保连续性。
> 5）给予表扬和赞赏。
> 6）只能私下发声批评。
> 7）与员工一起庆祝成功。

7.4 成功因素之方法论能力

在差错管理中可以使用的方法论能力越强，它就越能在公司中成功生存，因为方法、技术和工具是实现建设性差错处理的途径和工具。

在安永的研究中，23%的高管和19%的员工表示，他们认为使用创新和敏捷的方法，如Scrum或设计思维（Design Thinking），对促进公司的差错管理是有用的。17%的高管和9%的员工表示他们已经在公司使用这些方法。领先的主要行业是机械工业，其中31%的受访者确认使用了这些方法。

在第4章解释了最重要的经典方法，所以在这一章，将概述敏捷方法Scrum和Design Thinking，因为由于数字化的持续推进，这些方法也变得越来越重要。

7.4.1 框架

Scrum是项目管理中使用的敏捷框架之一，通过它可以推动开发并快速实现目标。然而，在差错管理的背景下，该方法可用于在公司中引入自组织，这一点很重要。下面是该方法的概述。

> **注意：**
> 可以在杰夫·萨瑟兰（Jeff Sutherland）和肯·施瓦伯（Ken Schwaber）的主页上找到大量信息。萨瑟兰和施瓦伯的现行《Scrum指南》可以从 https://www.scrumguides.org 下载。

Scrum注重所有参与者之间的密切沟通，对变化的高度适应性和扁平的等级制度。Scrum不需要大型项目计划，而是与跨学科的团队合作。目标是预先确定的，团队可以自由选择达到目标的方式。

美国软件开发商肯·施瓦伯和杰夫·萨瑟兰被认为是Scrum的发明者。萨瑟兰在20世纪90年代与他的软件开发团队一起开发了该方法的基本原理。

Scrum专注于团队、工件和事件。

1. 角色

Scrum的核心部分是一个由人组成的小团队，即Scrum团队。Scrum团队由以下人员组成。

1）一个Scrum大师，负责Scrum流程。

2）产品所有者，他代表产品的用户或项目的利益相关者。

3）项目开发人员（3～8人），他们代表实施团队并自主工作，自我组织。

在Scrum团队中不存在层级和子团队。一个由专家组成的封闭单元专注于各自的目标。

2. 事件

Scrum方法包括四个事件，它们代表了不同形式的会议，并且有时间限制。冲刺描述了一个时间单位，在这个时间单位里，团队执行之前讨论的计划，以实现一个中间目标。

（1）冲刺计划

在冲刺计划中，团队计划下一个冲刺。要求被分解为应在一天内处理的具体任务。

（2）每日Scrum

每天15min的会议，用于自我反思和自我组织。它用于协调和计划，目的是规划未来24h的工作，并监测冲刺的进展。所有在15min内不能解决的问题都要交给Scrum大师。

（3）冲刺审查

冲刺审查是在每个冲刺结束时进行的，目的是审查冲刺的结果并确定未来的调整，这些结果将提交给关键利益相关者。每月进行一次，最多4h。

（4）冲刺回顾

规划提高质量和效益的方法。对开发过程以及前一个冲刺阶段的合作情况进行分析，必要时决定改进工作安排的措施。

在冲刺回顾之后，下一个冲刺直接从冲刺计划开始。

3. 人工制品

人工制品代表劳动或价值，代表劳动结果。

（1）产品积压

所有需求的列表，由产品所有者维护并不断进一步开发。

（2）冲刺积压

冲刺积压显示了从产品积压中选择的任务，这些任务被选中在下一个冲刺阶段进行处理，这些任务被称为工单。每个团队成员负责一个工单。

(3) 产品增量

增量是实现产品目标的具体步骤。每个增量都是对所有先前增量的累加，并经过彻底审查以确保它们一起发挥作用（施瓦伯，萨瑟兰，2020年）。

Scrum框架本身很简单（见图7.5）。规则、人工制品、事件和角色都很容易理解。该原则和获得的知识见解适用于所有类型的团队工作。沟通渠道短，团队有机会组织自己，管理和文档工作量低，支持持续改进过程。这里仅仅描述该方法的几个优点。

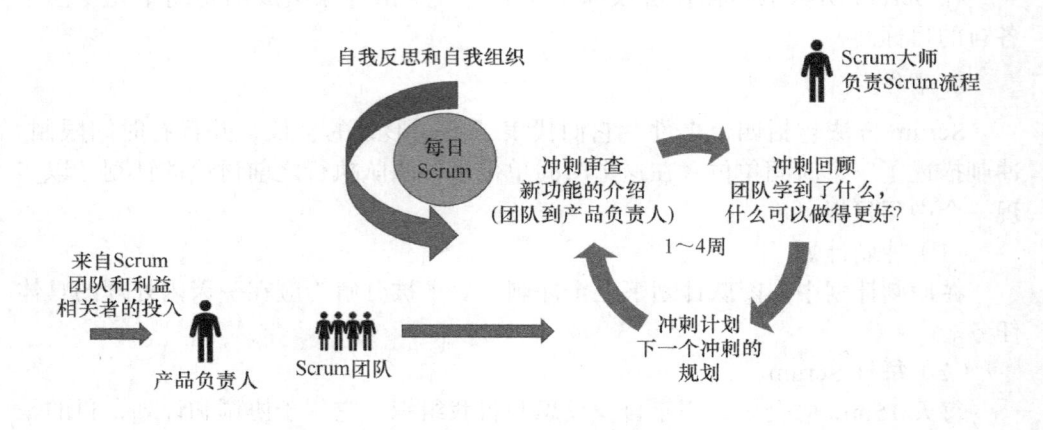

图7.5　Scrum框架

7.4.2　设计思维

设计思维是一种处理复杂问题的特殊方法。其基本程序是基于设计师和建筑师的工作。设计思维同时也是一种方法、一套原则、一种特殊的思维方式和一个拥有各种支持工具的过程。其基本特征是以用户为中心（波贡特克，2018年）。

通过这种方法，人们可以从客户的角度来开发解决方案，权衡经济上的可行性和可取性。该方法是由斯坦福大学教授拉里·莱弗（Larry Leifer）、计算机科学家特里·维诺格拉德（Terry Winograd）和创新机构IDEO的创始人大卫·凯利（David Kelley）开发的。自2007年以来，设计思维的实施一直由波茨坦的哈索·普拉特纳（Hasso Plattner）研究所资助。

设计思维的成功是基于三个要素：

（1）多学科团队

多学科小组应该由 5～6 人组成，因此，在一个团队中寻找想法是超越学科界限的。

（2）可变空间

团队最好在远离正常工作环境的房间里会面，并配备可灵活移动的家具。房间应该为白板、演示区和其他头脑风暴所需的东西提供空间。

（3）设计思维过程

哈索·普拉特纳研究所的设计思维过程包含 6 个阶段（见图 7.6），促进了差错管理的形成。斯坦福大学学院的设计思维过程包含 5 个阶段，与哈索·普拉特纳研究所的过程模型唯一不同的是，对各阶段的命名略有不同，并将理解和观察阶段合并为移情和共情。

了解背景 ➡ 观察人 ➡ 定义视角 ➡ 发展思路 ➡ 开发原型 ➡ 测试原型

图 7.6　哈索·普拉特纳研究所的设计思维过程

1）了解背景。必须对问题进行描述，并确定解决方案的搜索空间。此外，必须确保所有相关人员都理解这个问题，审视相互关系，确定研究问题的措施。

第一阶段的目标是：

① 问题的定义。

② 解空间的定义。

③ 利益相关者或目标群体的定义。

在这个阶段，可以使用思维导图、5W 提问法或 6W 提问法等方法。

2）观察人。在这一阶段中，对目标群体进行了审查，包括观察、提问和互动。应考虑该想法的未来用户。然而，采访同事和雇员也会有帮助。

这一阶段的目标是以确定目标群体和他们的实地需求。

诸如访谈、调查或模拟等方法都是合适的。

3）定义视角。现在，前两个阶段的结果被汇集到一起。该团队专注于它认为是两个研究阶段中最有希望的发现。决定采取哪条路径来制定解决方案，汇编了一个总体情况。

这一阶段的目标是制定一个概念框架，划定解决方案的空间，确定最理想的用户群。

头脑风暴、头脑写作或思维导图等方法可以在这一阶段使用。

4）发展思路。现在，该团队使用不同的创造性方法来研究许多想法。例如，可以借助于头脑风暴、身体风暴或角色扮演游戏来完成。

这一阶段的目标是产生尽可能多的想法。

最后，根据确定的标准，如经济效益、可行性或吸引力，选出最佳建议。

5）开发原型。在这一阶段，想法被更具体地阐述，如果可能的话，会创建原型。原型可以采取不同的形式，如纸质模型、传单、角色扮演或演示文稿。

这一阶段的目标是开发一个原型，让目标群体有机会了解、评估并就提议的解决方案提供反馈。

6）测试原型。与潜在用户和专家一起进行测试。这意味着将原型展示给目标群体，并进行公开对话和直接反馈。这可能导致进一步的改进，但也可能导致放弃一个想法。

如果使用得当，这种方法也被许多初创公司所采用，它有许多优点，仅举几例：

① 促进公司内的团队合作。
② 可以快速且廉价地验证解决方案。
③ 设计思维是公司文化的重要组成部分。
④ 与其他敏捷项目管理方法结合的可能性，例如 Scrum 或看板。
⑤ 使用原型进行试验是差错友好的，而不是避免差错。
⑥ 员工反馈作为设计思维的基础，有助于建立差错管理。

> **提示：**
> 1）就公司或部门应该使用哪些方法制定策略。
> 2）培训员工并让他们成为知识传播者。
> 3）牢记方法论能力是专业能力的基础。
> 4）方法论能力使员工能够独立、灵活地应对新的、复杂的任务和问题。
> 5）使用专业工具，这会提高员工的积极性和能力。
> 6）使用各种复杂且差异化的手段，让员工学会以专业的方式处理差错。
> 7）技术、方法和工具的使用促进员工从差错中共同学习。

7.5 成功因素之学习型组织

能否从错误中吸取教训的根本成功因素是如何处理这些差错。员工是否会遇到负面的批评，或者环境设计是否让人接受差错、分析差错并寻找原因？

大卫·嘉文（David Garvin）非常贴切地定义了学习型组织，该词是于 20

世纪 90 年代初由美国组织研究人员彼得·圣吉在其《第五项修炼》一书中提出的。它是一个组织不断发展的能力，能够以战略性、系统性和面向未来的方式对新的内部和外部挑战作出反应。在一个学习型组织中，员工具有创造、获取和应用知识的能力，从而使组织本身在面对变化、新知识和新见解时能够灵活自如。学习型组织有 5 个特征，即系统的（基于数据的）解决问题的能力，愿意试验，愿意从以前的经验和他人那里学习，并在组织内分享新的知识（嘉文，1993 年）。

在数字化和企业界快速变化的背景下，公司有必要不断提出新的组织学习方法。然而，进一步的培训和强大的学习文化是应对这些挑战的关键因素，并为公司在市场上自信地采取行动的能力做出了重大贡献（德国联邦经济和能源部，2019 年）。

在其宣传册中，德国联邦经济和能源部谈到了有利于学习文化或学习型组织的三个分支：

1）公司文化和管理文化，其中也包括差错管理。
2）组织和结构。
3）个人责任。

这些分支机构将始终保持其重要性，并在数字世界中变得越来越重要。

1）因为公司文化和管理文化必须考虑如何处理差错的问题，给员工犯错的机会，以便他们从中学习，尝试新的方法，让知识持有者有机会在公司传授他们的知识。
2）必须使新的学习形式成为可能并得到支持。
3）提供资源、时间和金钱。
4）管理者总是要以身作则。
5）员工要有积极的态度，能够独立地遵循学习路径并选择相应方法。

未来会有哪些数字化学习趋势？哪些学习方法能在快速变化中生存下来？哪种学习形式适合哪家公司？这些问题需要澄清。

自 2008 年以来，mmb 研究所定期发布各种数字形式的学习和学习工具的概述。图 7.7 所示为根据自学程度对不同电子学习工具的粗略分类。

但是，接下来会发生什么？根据 2019/2020 年 mmb 趋势监测结果，在 2019 年 11 月至 2020 年 1 月期间，共有来自德国、奥地利和瑞士的 61 名专家参与了在线调查，未来几年内，公司将出现三种具体的学习形式：

1）视频/解说片（94% 的受访者）。
2）微学习/学习锦囊（92% 的受访者）。
3）混合式学习（90% 的受访者）。

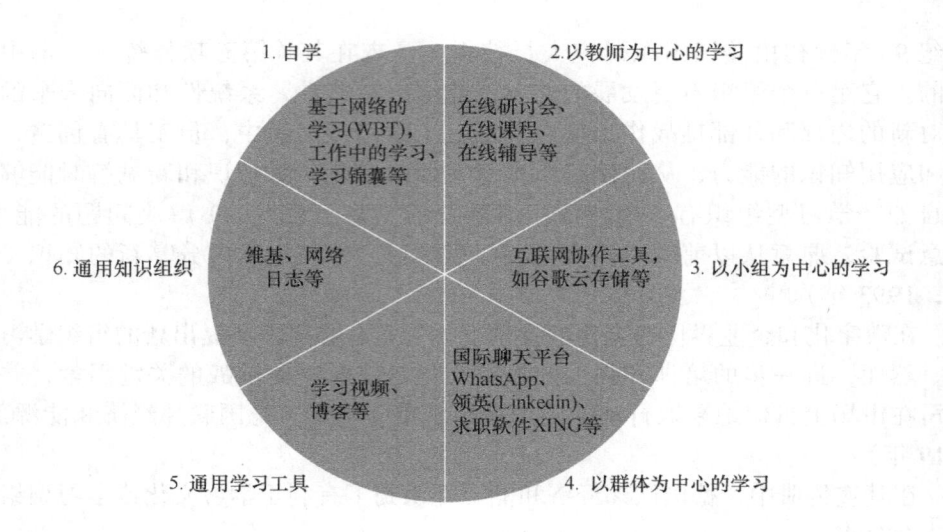

图 7.7 学习的形式（mmb 研究所，2020 年）

7.5.1 视频

视频可以很好地起到知识传递的作用，因为它们可以唤起人们的情感，可以通过有魅力的演讲者，引起人们的关注。对于差错管理，此类视频可以用来解释公司的程序和常见的差错，也可以用来介绍改进和程序。

7.5.2 微学习

微学习意味着向学习者呈现一小部分。内容可以通过视频、博客、错误消息、白板等形式提供。最大的优势在于学习时间更短。

例如，通过这种方式，可以每周提出一个具体的差错，并概述改进措施。

7.5.3 混合式学习

《盖布勒经济学辞典》对混合式学习的定义为：混合式学习（混合指混合在一起）是指不同方法和媒体的结合，例如面对面的教学和电子学习。在学术方面，人们也谈到了媒体网络中的学习或混合学习安排。根据普遍的观点，正式和非正式学习的混合也属于这一概念。此外，还有专家把用二维码（尤其是 QR 码）丰富印刷媒体的内容描述为混合式学习（本德尔，2018 年）。混合式学习通常用于引进新员工，但也用于持续培训。

无论如何，面对面研讨会的经典形式仍有其合理性，它与现代的电子学习的可能性相结合。例如，这意味着，新员工在上班的第一天就受到欢迎，并被引导到他们的工作场所，但随后有机会通过应用程序调用所有必要的信息：从假期、生病等方面的规定，到食堂的膳食计划和公司的其他福利。

该方法可以在任何地方使用，例如用于合规、职业安全、错误焦点、机器操作。如果做得好，混合式学习可以成为公司文化的一部分，让员工有机会通过他们自己设置和使用的电子学习平台进行自我学习、完成自学阶段。

电子学习平台有不同的供应商。它们可以非常快速地填充内容，并且可以用作面对面活动、入职培训或电子学习的补充。

> **提示：**
> 1）如有必要，调整管理系统。
> 2）让员工学习。
> 3）如有必要，扩展基础设施，让员工有机会学习。
> 4）使用自学形式，例如电子学习。
> 5）评估培训活动。
> 6）给员工时间和空间，从差错中学习。

7.6 参考文献

Bayerisches Landesamt für Umwelt: *Mitarbeitermotivation für umweltbewusstes Verhalten. Ein Leitfaden für Umweltbeauftragte in Unternehmen*. Augsburg 2009

Bendel, Oliver: „Blended Learning". Von https://wirtschaftslexikon.gabler.de/definition/blended-learning-53492/version-276579, 2018

Bendel, Oliver: „VUCA", Revision. Von https://wirtschaftslexikon.gabler.de/definition/vuca-119684/version-368877, 2019

Blazek, Anna: „Warum die Zeiten von Top-Down für die interne Kommunikation im Unternehmen vorbei sind". Von https://internekommunikation.net/interne-kommunikation-im-unternehmen-warum-die-zeiten-von-top-down-fuer-die-interne-kommunikation-im-unternehmen-vorbei-sind_ZeF, 2018

blink.it: „Blended Learning im Mittelstand - einfache Lösungen für maximale Effizienz". In: *Handelsblatt* vom 03.08.2020. Von https://unternehmen.handelsblatt.com/blended-learning-im-mittelstand.html

BMWi: *Für eine zukunftsfähige Lernkultur im Unternehmen. Arbeitsgruppe 5: Arbeit, Aus- und Weiterbildung der Plattform Industrie 4.0*. Berlin 2019

Buhse, Willms: „Digital Leadership bei der Robert Bosch GmbH". In: *Wissensmanagement – Das Magazin für Führungskräfte* 6/2014

Dehler Coaching: „Fehlerkultur: Was Führungskräfte beim Fehlermanagement stärkt". Von https://www.dehlercoaching.de/fehlerkultur-fuehrungskraefte/, o.J.

Diehl, Andreas: „Design Thinking – Mit Methode komplexe Aufgaben lösen und neue Ideen entwickeln". Von https://digitaleneuordnung.de/blog/design-thinking-methode/, 2021

Drumond, Claire: „Was ist Scrum?". Von https://www.atlassian.com/de/agile/scrum, o.J.

Ernst & Young (EY): Studie „Fehlerkultur in deutschen Unternehmen". Ernst Young GmbH Wirtschaftsprüfungsgesellschaft 2018

Frick, Thomas W.: „Shopfloor Management – Die vier Bestandteile". Von https://industrie-wegweiser.de/shopfloor-management/, 2018

Garvin, David: „Building a Learning Organization", in: *Harvard Business Review* Juli-August 1993. Von https://hbr.org/1993/07/building-a-learning-organization

Goertz, Lutz: „Systematik der Lernformen im neuen Gewand". Von https://www.mmb-institut.de/blog/systematik-der-lernformen-im-neuen-gewand/, 2020

Grätsch, Susanne; Knebel, Kassandra: „Agile Führung – Was ist Agile Leadership? Die 10 Prinzipien". Von https://www.berlinerteam.de/magazin/agile-fuehrung-agile-leadership/#Agile_Fuehrung_in_der_Praxis_Die_10_wichtigsten_Prinzipien_agiler_Fuehrung, 2020a

Grätsch, Susanne; Knebel, Kassandra: „Fehlerkultur vor Fehlermanagement! Wie Ihr Unternehmen aus Fehlern lernt". Von https://www.berlinerteam.de/magazin/fehlerkultur-vor-fehlermanagement-wie-ihr-unternehmen-aus-fehlern-lernt/, 2020b

Groß, Michael: *Digital Leader Gamebook. Erfolgreich führen im digitalen Zeitalter*. 1. Auflage, Haufe, Freiburg im Breisgau 2019

Hegewald, Jan: „Das agile Manifest". Von https://www.agil-gefuehrt.de/das-agile-manifest/, 2020

Hochreither, Peter: *Erfolgsfaktor Fehler! Persönlicher Erfolg durch Fehler*. BusinessVillage, Göttingen 2005

INQA: „Warum agile Führung immer wichtiger wird". Von https://inqa.de/DE/wissen/fuehrung/fuehrungskultur/agile-fuehrung.html, o. J.

Kaßbohm, Kai: „Erwartungen an Führungskräfte: Diesen Ansprüchen müssen Sie sich stellen". Von https://praxistipps.focus.de/erwartungen-an-fuehrungskraefte-diesen-anspruechen-muessen-sie-sich-stellen_124926, 2020

Keeunit: „Blended Learning: Was Unternehmen über das Konzept wissen sollten". Von https://www.keeunit.de/blog/blended-learning/, 2019

Koprek, Matthias: „Warum eine positive Fehlerkultur über den Erfolg Ihres Unternehmens entscheidet". Von https://www.personalwissen.de/fuehrung/motivation/positive-fehlerkultur-einfuehren/, 2018

Krämer, Manuela M. A.: *Whitepaper DIGITALE LERNTRENDS, Wohin geht die Reise?* Microlearning, Social Learning & Co. WEKA MEDIA GmbH & Co. KG, Kissing o. J.

Kuckertz, Andreas; Mandl, Christoph; Allmendinger, Martin: *Gute Fehler, schlechte Fehler – wie tolerant ist Deutschland im Umgang mit gescheiterten Unternehmern?* Von www.neue-unternehmerkultur.de, Universität Hohenheim, Stuttgart 2015

Kununu engage: „So gelingt der Bottom-Up-Prozess in deinem Unternehmen". Von https://engage.kununu.com/de/blog/bottom-up-prozess-im-unternehmen/, 2018

Leyendecker, Bert; Pötters, Patrick: *Shopfloor Management*. Hanser, München 2018

mmb Institut: *KI@Ednoch nicht in der Fläche angekommen. mmb-Trendmonitor 2019/2020*. Von https://www.mmb-institut.de/wp-content/uploads/mmb-Trendmonitor_2019-2020.pdf, 2020

Montua, Andrea: *Führungsaufgabe Interne Kommunikation. Erfolgreich in Unternehmen kommunizieren – im Alltag und in Veränderungsprozessen*. 1. Auflage, Springer, Gabler, Wiesbaden 2020

Niermeyer, Rainer; Seyffert, Manuel: *Motivation*. Haufe, Freiburg im Breisgau 2010

Pfab, Werner: *Kommunikation in der Arbeitswelt*. Springer, Wiesbaden 2020

Poguntke, Sven: „Design Thinking". Von https://wirtschaftslexikon.gabler.de/definition/design-thinking-54120/version-277174, 2018

Preußig, Jörg; Sichart Silke: *Agil Führen*. 1. Auflage, Haufe, Freiburg im Breisgau 2019

QZ-online: „Fehlerkultur in Deutschland ist ausbaufähig". Von *https://www.qz-online.de/news/ueber sicht/nachrichten/fehlerkultur-in-deutschen-firmen-ist-ausbaufaehig-7179989.html*, 2018

Rath, Carsten K.: „Deutschland braucht eine neue Fehlerkultur". Von *https://www.welt.de/wirtschaft/bilanz/article178370014/Unternehmensfuehrung-Deutschland-braucht-eine-neue-Fehlerkultur.html*, 2018

Reinke, Marcus; Fischer, Thomas; Lengler, Sandra: *Digitale Veränderungen meistern Vorsprung durch Changekompetenz*. 1. Auflage, Haufe, Freiburg im Breisgau 2020

Roock, Stefan; Wolf, Henning: *Scrum – verstehen und erfolgreich einsetzen*. 2., aktualisierte und erweiterte Auflage, Dpunkt, Heidelberg 2018

Rundstedt: „Wie bewerten Arbeitnehmer in Deutschland die Fehlerkultur in ihrem Unternehmen?". Von *https://newsroom.rundstedt.de/pressemitteilungen/talents-trends-fehlerkultur*, 2016

School of Design Thinking: „Was ist Design Thinking?". Von *https://hpi.de/school-of-design-thinking/design-thinking/was-ist-design-thinking.html*, o. J.

Schuster, Heidemarie: „Was ist die Bottom-up-Kommunikation?". *https://www.it-business.de/was-ist-die-bottom-up-kommunikation-a-932304/*, 2019

Schüttelkopf, Elke M.: „Erfolgsstrategie Fehlerkultur: Wie Organisationen durch einen professionellen Umgang mit Fehlern ihre Performance optimieren". In: Ebner, Gabriele; Heimerl, Peter; Schüttelkopf, Elke M.: *Fehler – Lernen – Unternehmen. Wie Sie die Fehlerkultur und Lernreife Ihrer Organisation wahrnehmen und gestalten*. Peter Lang, Frankfurt am Main et al. 2008

Schwaber, Ken; Sutherland, Jeff: *Der Scrum Guide – Der gültige Leitfaden für Scrum: Die Spielregeln*. 2020

Squared Online: „Was ist Digital Leadership?". Von *https://www.wearesquared.de/glossar/was-ist-digital-leadership*, o. J.

Taapken, Nelson: *Fehlerkultur in deutschen Unternehmen*, Studie August. Springer Fachmedien, Wiesbaden 2018

Taapken, Nelson: „Studie: Eine offene Fehlerkultur leben!". In: *Automobilindustrie* vom 09.11.2018. Von *https://www.automobil-industrie.vogel.de/studie-eine-offene-fehlerkultur-leben-a-774266/*

Tödtmann, Claudia: „EY-Studie Fehlerkultur: Wenn Mitarbeiter vertuschen, um nicht selbst Bauernopfer zu werden". Von *https://blog.wiwo.de/management/2018/12/04/ey-studie-fehlerkultur-wenn-mitarbeiter-vertuschen-um-nicht-selbst-bauernopfer-zu-werden/*, 2018

Wolf, Maximilian: „Shopfloor-Management: Ablaufplan zur Einführung in Unternehmen". Von *https://unternehmer.de/management-people-skills/259966-shopfloor-management-ablaufplan*, 2020

WPGS: „21. Agile Führung: Definition und Prinzipien". Von *https://wpgs.de/fachtexte/fuehrung-von-mitarbeitern/agile-fuehrung-definition-und-prinzipien/#Agile_Prinzipien_und_Fuehrungsmethoden*, o. J.

后记

在德国，犯错仍被视为坏事，失败被视为缺陷，但为什么会这样呢？许多错误已经带来了伟大的创新，如亚历山大·弗莱明的青霉素、特氟隆的发现、拜尔斯道夫公司的特萨芬或阿尔弗雷德·诺贝尔的炸药。

以下是一些名人名言，这些名言直指差错管理的核心。

> 1）让我看看一个从未犯过错误的人，我就会让您看看一个从未做过任何事情的人。（西奥多·罗斯福）
>
> 2）尽可能早地犯下可以从中学习的错误，这是人生的一大优势。（温斯顿·伦纳德·斯宾塞－丘吉尔爵士）
>
> 3）子曰："过而不改，是谓过矣。"（孔子）
>
> 4）用谎言来掩盖错误，就是用漏洞来代替污点。（亚里士多德）
>
> 5）不要寻找错误，要寻找解决方案。（亨利·福特）。
>
> 6）我们的失败往往比我们的成功更成功。（亨利·福特）。
>
> 7）人生中可能犯的最大错误就是，总是害怕犯错。（迪特里希·朋霍费尔）
>
> 8）最糟糕的事情不是犯错误，甚至不与错误做斗争，都是不好的。糟糕的是，掩盖它们。（贝托尔特·布莱希特）
>
> 9）无论谁工作都会犯错。工作越多，犯的错误更多。只有无所事事的人才不会犯任何错误。（阿尔弗雷德·克虏伯）

觉得这些语录怎么样？它们不正是说明了差错管理的含义吗？

通过阅读本书，可获得很多关于差错管理意味着什么，以及如何和使用哪些工具来实施差错管理的信息和想法。

只有引入差错管理，你才能有所收获。朝着目标迈出的每一步都将使员工和公司受益。

如果能及早发现差错，肯定会降低成本。想想第 2 章解释的 10 倍法则：如果在计划和开发过程中没有预防差错，而只是在设计工作步骤和过程（工作准备、过程组织）时才注意到差错，甚至只是在生产、最终检验甚至在客户那里发现差错——那么它们比计划和开发中的差错预防成本高 1000 倍。

但是，只有当员工有勇气和信心去沟通时，才有可能及早发现差错。

管理者是先驱，因为他们必须以一种每个人都能看到的方式来体现容忍和接受差错，最重要的是，他们必须不加以任何制裁。这是员工获得信任并接受和承认差错的唯一途径。

综上所述，我想再次给出最重要的提示，以便你能从公司的差错管理中受益：

1）制定一个对差错友好和差错开放的差错策略，因为差错应该总是被积极地看待。

2）注意差错管理的三大支柱，考虑到一切必要的因素：

① 规范和价值。

② 能力。

③ 手段。

3）寻找解决方案，而不是寻找罪魁祸首。不要问："谁干的？"，而要问："发生了什么？"

4）视差错为机会。及时识别差错可以提供机会、节约成本、创造力甚至带来创新。

5）不断培训员工，使公司有足够的方法论能力。

6）为差错管理创建指南，或将其纳入公司文化中。有了这样的指导方针，公司的每个人都从相同的事实和程序出发。

7）作为一个管理者，要活用差错管理，承认自己的错误，自己的自我批评行为将会影响其员工。

8）用差错管理系统将差错的处理系统化。这种结构化的方法允许无缝处理差错，直至长期纠正措施。

9）与员工沟通，这会显著提高积极性。

10）成为一个学习型组织，让员工从差错中学习，这将极大地限制差错的重复发生。

11）还要注意数字化转型，也不要忽视使用新的方法和工具，这样才能跟得上越来越快的工作节奏。

差错管理代表了一种建设性地处理差错的系统。一个系统需要一个概念、规则和习惯，但差错管理并不意味着差错被完全忽视。差错管理也不意味着任何人想犯多少错误就能犯多少错误。不，绝对不是那样，因为一概允许甚至邀请犯错，既没有目的性，也没有成效。

差错管理意味着以正确的方式处理差错，并利用差错带来的机会。

附录

供下载的附加材料

扫描下方二维码可以免费下载本书的附加材料。原版附加材料可以在外方出版社的下载门户网站 *plus.hanserfachbuch.de* 上找到它们,并输入以下代码:plus-k455o-sf3qn。

附表1　8D报告

名称		报告编号	
物品编号		报告日期(开始)	
确认日期		供应范围	
供应商		联系人	
供应地点		联系方式	
客户		联系人	
地点		联系方式	

1.

触发区	公司	部门	姓名	电话号码

组长+员工

（续）

2.			
问题描述			
在哪些产品和流程中发生了同样的问题			

3.			
应急措施	责任人	时间	完成
			☐
			☐
			☐

4.			
差错原因			

5.			
长期消除措施计划	责任人	时间	完成
1）			☐
2）			☐
3）			☐

6.			
消除措施的落实	责任人	时间	完成
1）			☐
2）			☐
3）			☐

7.			
防范措施	责任人	时间	完成
在设计 FMEA 中的实施			☐
在流程 FMEA 中的实施			☐
在 FMEA-MSR 中的实施			☐
在控制计划中的实施			☐

（续）

防范措施	责任人	时间	完成
			□
			□
			□
			□

8. 8D 结束日期/验证	责任人	时间	完成
			□

确认团队的成功	责任人	时间	完成
			□

附表 2　A3 报告

计划		执行、检查、行动			
题目：		制作人：　　　　时间：			
1. 问题描述		5. 解决措施			
		行动方案	负责人	时间	状态
2. 初始情况描述（包括差错的发生地）				
3. 目标描述		6. 效果检测			
		日期	负责人	正常	非正常
4. 差错分析（如石川图）		7. 结果描述和措施			

（石川图：人、测量工具、方法、环境、机器、管理、材料 → 问题）

中心问题

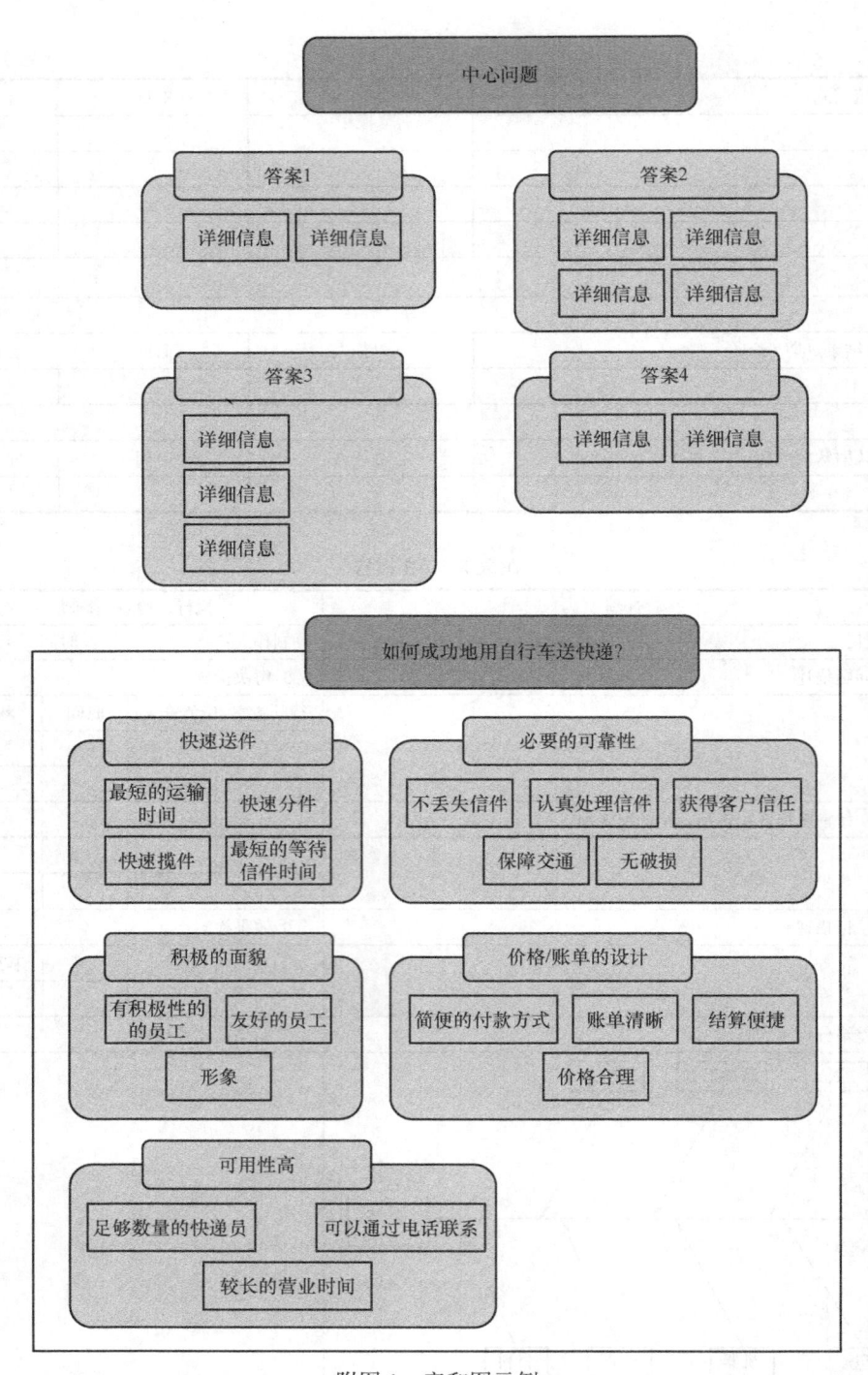

- 答案1
  - 详细信息
  - 详细信息
- 答案2
  - 详细信息
  - 详细信息
  - 详细信息
  - 详细信息
- 答案3
  - 详细信息
  - 详细信息
  - 详细信息
- 答案4
  - 详细信息
  - 详细信息

如何成功地用自行车送快递？

- **快速送件**
  - 最短的运输时间
  - 快速分件
  - 快速揽件
  - 最短的等待信件时间
- **必要的可靠性**
  - 不丢失信件
  - 认真处理信件
  - 获得客户信任
  - 保障交通
  - 无破损
- **积极的面貌**
  - 有积极性的员工
  - 友好的员工
  - 形象
- **价格/账单的设计**
  - 简便的付款方式
  - 账单清晰
  - 结算便捷
  - 价格合理
- **可用性高**
  - 足够数量的快递员
  - 可以通过电话联系
  - 较长的营业时间

附图1　亲和图示例

附表 3　5S 审计清单

序号	主题	目标状态	没准备好	0	4	6	8	10	论断
1	车道是否干净整洁	车道上没有容器、没有纸张、抹布、烟头、杯子等垃圾							
2	货架是否干净整洁	没有纸张、抹布、烟头、杯子等垃圾							
3	机器和机器区域是否干净整洁	没有纸张、抹布、烟头、杯子等垃圾							
4	电池充电区是否干净整洁	车道上没有容器、没有纸张、抹布、烟头、杯子等垃圾							
5	工作场所是否干净整洁	没有私人物品、没有纸张、抹布、烟蒂、杯子等垃圾、没有其他人物品、过时的说明书、图样							
6	运行设备和机器是否清洁、是否处于良好的工作状态并得到维护	目前的维护计划							
7	所有的垃圾桶和容器都贴有适当的标签吗	完整的标签、标记为红色的废旧容器、产品的状态可识别、可回收的容器							
8	用于处理废物的容器区域是否干净整洁	地面上没有可回收物、可回收物放在正确的容器中							
9	所有的文件目前在工作场所是否都能得到	工作指示、流程描述、图样、测试计划							
10	在工作场所是否有所有必要的表格	生产订单、轮班簿							
11	是否有所有必要的测试设备	订单所必需的							
12	检查状态是否可识别	当前已校准、已释放、已锁定							
13	所有设备是否都得到了维护	地面输送机（维护标记贴纸）							
14	所有机器是否都受到保护	保护装置							
15	所有工人是否都穿戴安全设备	鞋子、护目镜、听力保护装置							
16	社交房间和卫生设施是否干净整洁	总体秩序状况							
17	办公室是否干净整洁	总体秩序状况							

(续)

序号	主题	目标状态	没准备好	0	4	6	8	10	论断
18									
19									
20									
21									
22									
23									
24									
25									
26									
27									
28									
29									
30									

需要达到的分数：170　　　实际达到的分数：0　　　最终结果：0　　　最终结果（%）：0.0

日期：　　　　　　　　　签名：

班次：

早班：□　　晚班：□　　夜班：□　　90%～100%　完全满意

论断：　10分　完全满意　　　　　　　　　　　75%～89%　有条件地满意

　　　　8分　基本满意　　　　　　　　　　　<75%　不满意

　　　　6分　有条件地满意

　　　　4分　不满意

　　　　0分　不合格

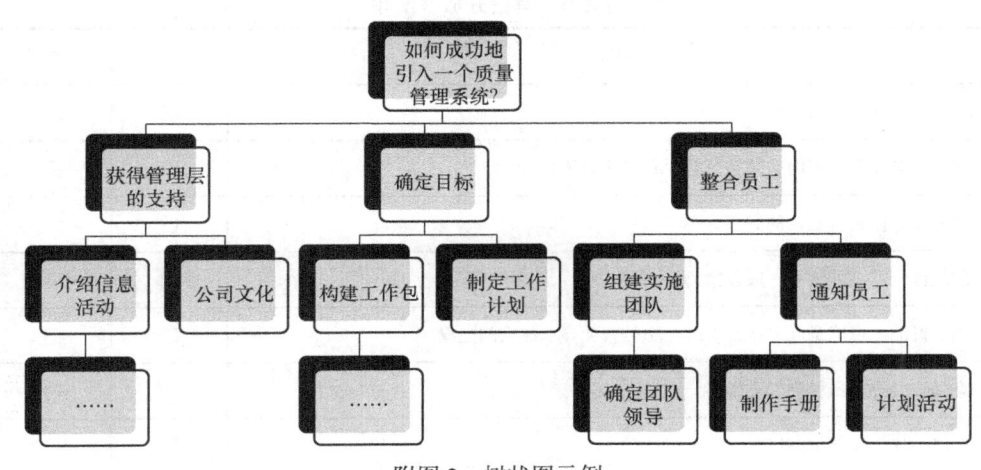

附图 2　树状图示例

附表 4　差错管理准备清单

序号	问题	是	否	解释
1	公司是否有处理差错的规则和准则	☐	☐	
2	公司里的每个人都被允许犯错吗	☐	☐	
3	出现差错时,是否立即通知高管	☐	☐	
4	高管是否客观地回应小差错和大差错,不推卸责任	☐	☐	
5	是否一起寻求解决方案	☐	☐	
6	是否传达发现的差错并提供实际反馈	☐	☐	
7	如果员工承认自己或同事的差错,他们是否需要担心后果	☐	☐	
8	上司是否将自己视为榜样并交流自己的差错	☐	☐	
9	是否鼓励开放式沟通,允许承认差错	☐	☐	
10	高管是否会在员工队伍中交流发现的差错	☐	☐	
11	在处理完差错后是否提供反馈	☐	☐	
12	员工是否也可以向高管指出差错	☐	☐	

附表5 差错开放性清单

问题	是	否
您有明显的差错意识吗	☐	☐
您是否对职责范围内的差错可能性有广泛的了解	☐	☐
通常您对差错有敏锐的洞察力吗	☐	☐
您能区分严重差错和一般差错吗	☐	☐
当有疑问（可能是严重差错）时，您是否会寻求他人的建议	☐	☐
您是否会提前预料到严重错误	☐	☐
您能快速发现严重差错吗	☐	☐
您是否会立即指出严重差错	☐	☐
您会谈论严重的差错吗	☐	☐

附表6 分析冲突清单

日期：	
参与者：	
主持人：	

方面	问题	评论
冲突项目	冲突的背景是什么	
	冲突各方是为了什么	
	冲突各方如何解释冲突	
	冲突是否公开进行	
冲突各方	谁是冲突的参与者	
	冲突存在于谁和谁之间	
	各方如何处理冲突	
冲突各方之间的关系	各方之间是什么关系	
	他们之间的互动是怎么样的	
	企业/部门在他们的冲突中扮演什么角色	

（续）

方面	问题	评论
冲突各方的目标	各方希望通过冲突达到什么目的	
	他们冲突的背景是什么	
	从冲突中可以获得什么好处	
冲突的过程	冲突的原因是什么	
	冲突的现状是什么	
	各方使用什么手段	
	情绪上有表现吗	
冲突的解决	到目前为止，是否使用过解决冲突的策略	
	这些策略有多成功	
	哪些解决方案可以带来成功	
主管的角色	主管在这场冲突中扮演什么角色	
	主管追求什么利益	
	主管是否能够解决冲突	
	是否应该让其他人参与解决方案	

附表 7　防错法核对表

工作步骤/操作	是	否	不相关
1. 是否可能出现遗漏/遗忘的情况	□	□	□
2. 是否可能重复次数过多/过少	□	□	□
3. 顺序是否可能错误	□	□	□
4. 工作是否可能太早或太晚执行	□	□	□
5. 是否可以未经授权执行工作	□	□	□
6. 是否有可能选择错误（零部件、工具、清单）	□	□	□

（续）

工作步骤/操作	是	否	不相关
7. 是否可能出现不正确的计数（数量、材料）	□	□	□
8. 是否可能出现错误识别（读取/记录读取、缺陷识别、质量水平）	□	□	□
9. 是否可能发生未被察觉的危险	□	□	□
10. 是否可能出现夹持错误（零部件/材料对齐、工具夹持、装载、表格填写）	□	□	□
11. 是否可能出现定位错误（零部件/材料对齐、工具夹持、装载、表格填写）	□	□	□
12. 执行操作的方向是否可能错误	□	□	□
13. 操作的数量是否可能错误	□	□	□
14. 修复时是否可能出错	□	□	□
15. 是否可能发生碰撞	□	□	□
16. ……	□	□	□

附表 8　知识管理准备清单

序号	问题	注释
	技术	
1	哪项技术对公司有意义	
2	哪些平台已经存在	
3	哪些员工需要哪些信息	
……		
	公司现有的机构	
1	现有的结构是否允许跨部门和跨领域的知识管理	
2	知识是否已经可用	
3	是否已经在使用知识管理方法（如果是，那么是哪些方法）	
4	提供的知识是否在流程和/或工作说明和其他文件中已考虑在内	

（续）

序号	问题	注释
……		
员工和管理层		
1	知识持有者和知识使用者在公司内是否得到认可	
2	是否引入了有关管理人员的榜样功能的程序	
3	盗用知识是否受到制裁	
4	知识持有者在公司内是否知名	
5	是否培养了反馈文化	
6	是否有统一规范差错处理的程序	
7	是否存在整合了知识处理的目标协议	
……		

附表 9　差错收集卡示例

差错收集卡

产品编号	012345	大厅	2
产品标识	后视镜	流程	最终检测
检测人	H. 穆斯特	已检数量 / 个	200
检测类型	抽样检查	工作周数 / 周	44

编号	差错类型	画线表	绝对频率 / 次	差错率（相对频率）
1	划痕	ⅠⅠⅠⅠⅠ　ⅠⅠⅠⅠⅠ	10	5.0%
2	污渍	ⅠⅠ	2	1.0%
3	组装错误	ⅠⅠⅠⅠ	4	2.0%
4	腐蚀	ⅠⅠⅠⅠ	4	2.0%
……	……	……	……	……

附表 10 FMEA 表格

计划和准备（步骤 1）				页数 1 共 1	
公司：	主题：				
流程地点：	P-FMEA 开始日期：				
客户：	P-FMEA 修订日期：				
模型/年份/计划：	跨领域团队				
	流程负责人：				
	保密级别：				

流程-失效模式及影响分析（FMEA）

结构分析（步骤 2）			作用分析（步骤 3）			差错分析（步骤 4）			风险分析（步骤 5）							完善（步骤 6）					流程-失效模式及影响分析-分析流程	特殊特征	意见
1.流程对象（系统、分系统、子元素、流程标识）	2.流程步骤（站点编号/核心元素名称）	3.流程原因要素（类型4～6M）	1.流程对象的功能（流程对象功能的系统、子系统、子元素或流程）	2.流程步骤和流程特征的要素的功能	3.流程原因要素的功能和流程特征	1.差错后果的意义	2.流程步骤的差错类型	3.差错原因的原因要素	当前差错原因的防范措施	现有差错原因的发现的出现	特殊特征	筛选代码（可选）	发现避免措施	发现措施	任务优先级	负责人姓名	完成日期（计划）	状态	实施的措施（证明）	完成日期	意义 出现 发现		

附表 11　冲突会谈的谈话指南

日期：

参与者：

主持：

	关键词	解释	自己的疑问
1. 准备			
	明确自身的感受和需求	我察觉到了什么，我是怎么理解的——这在我身上引发了什么	
	定义自己的目标	我想在谈话中达到什么目的（最低目标、最高目标）？谈话结束时，关系层面应该是什么样子	
	把自己设想成冲突伙伴	对方是如何看待这种情况的 他/她的愿望和需求是什么 什么对他/她来说是重要的	
	心理准备	我怎样才能使自己进入一个良好的精力充沛和无恐惧的状态？我与对方已经有哪些积极或至少是中性的经验	
	创建合适的框架	需要安静、不受干扰的环境和充足的时间	
2. 开启对话			
	建立联系	在这里，关系层面很重要。然而，作为一项规则，冲突越强烈，就能越快地进入主题	
	说明谈话的原因和目的	例如：我很高兴您能抽出时间，因为我有一些事情想和您谈谈。我想和您谈 x 问题，我希望我们能找到一个我们都满意的解决方案	

(续)

关键词	解释	自己的疑问
协商的程序	例如：我想简单地告诉您我是如何看待这种情况的，然后我很好奇地想听听您的看法。然后我想看我们双方对未来说什么是重要的，这样我们才能找到最佳协议。如果冲突已经升级，就某些谈话规则达成一致可能会有所帮助，例如，大家都让对方把话说完	
3. 澄清阶段		
建设性地解决冲突	使用SAG-ES方案或6W提问技术（指南后面的解释）	
回应冲突伙伴	提出开放性问题，积极倾听，总结，具体说明，但在必要时也要保持距离（在不公平攻击的情况下）	
释义	用我自己的话反复总结我所理解的内容。这会减慢对话、建立积极的关系并避免误解	
4. 解决方案		
表达愿望和需求 收集解决方案的想法 达成协议，尽可能具体化（什么、谁、何时）	从立场到利益	
5. 收尾阶段		
澄清，是否已讨论了所有该谈的问题 反思谈话 找到一个积极的结论		

附表 12　差错管理准则

基础	差错是学习的重要组成部分，给了我们改进的机会
差错的定义	将差错定义为：事后证明，就预期结果而言，这些活动不是最佳的甚至是不理想的
承诺	管理人员和员工都致力于促进和保持对差错的开放态度 1）差错是可以接受的 2）通过透明、开放和理解建立对建设性处理差错的信任
目标	中心目标是对差错进行全面的、以解决方案为导向的分析
差错管理的原则和责任	我们知道，差错可能发生在任何级别和任何时间。我们把自己看作是一个团队，与我们的管理人员一起，以求不断地改进。为此，我们创造了一个没有恐惧的环境，在这个环境中，我们的管理人员应 1）倾听我们员工的心声 2）公平和谨慎地行事 3）创造信任和透明度 4）站在我们员工一边 5）与我们的员工一起寻找解决方案 6）腾出时间来促进团队内部的解决方案 7）交流已开发的解决方案
报告途径	差错管理的过程和子过程在我们的质量管理体系中得到了描述
沟通	定期讨论差错，以便优化流程并从差错中学习 沟通的发生： 1）在差错发生后，立即沟通 2）恭敬地，不指责
学习文化	我们的差错管理是学习文化的一部分。为了让我们从差错中学习、吸取教训，以非评判性和面向解决方案的方式对待差错 1）利用差错来分析原因并找到解决方案 2）避免差错的措施是共同制定和实施的 3）这些解决方案和认知会进入我们的知识管理

质量的保证和有针对性的改进是我公司全体员工的任务。它需要有意识的承诺、独立的行动以及跨越部门和职能界限的积极合作。

公司管理层和高管人员负责执行并进一步发展我们的差错管理准则。

所有员工都被告知这些准则的约束性和他们的任务；他们共同承担着实施我们差错战略的责任。

管理人员必须树立榜样，践行这些公司原则并监督其遵守情况。

所有的流程和我们整个公司都以避免差错和从差错中学习为目标。

日期　　　　　20

管理部门

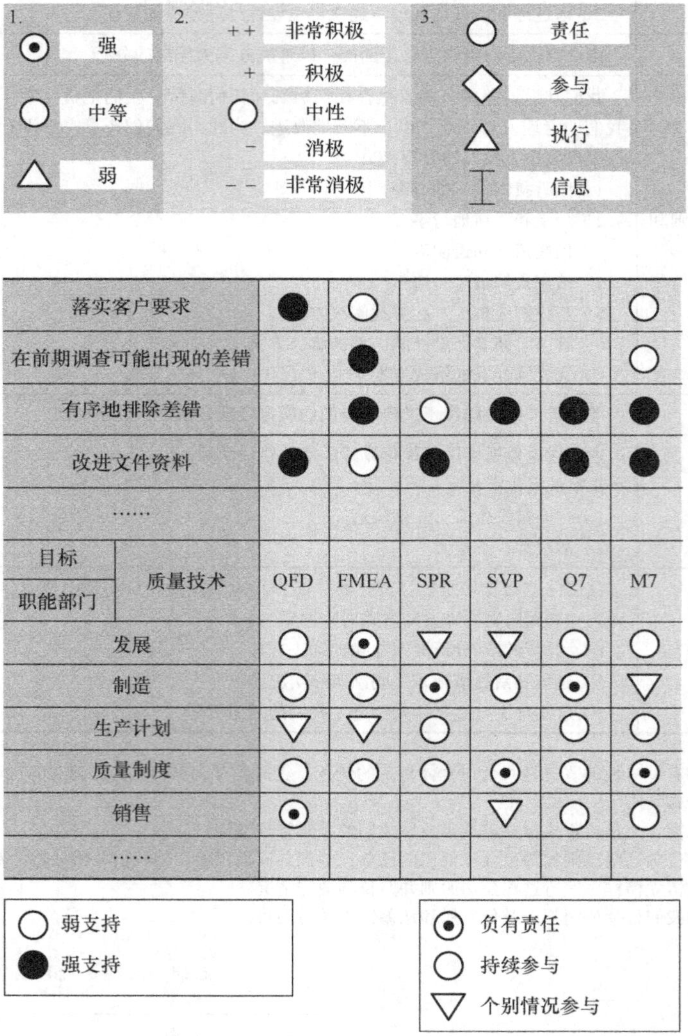
1.
强
中等
弱
2.
++ 非常积极
+ 积极
中性
− 消极
−− 非常消极
3.
责任
参与
执行
信息
落实客户要求
在前期调查可能出现的差错
有序地排除差错
改进文件资料
……
目标
职能部门
质量技术
QFD
FMEA
SPR
SVP
Q7
M7
发展
制造
生产计划
质量制度
销售
……
弱支持
强支持
负有责任
持续参与
个别情况参与

附图 3　矩阵图

附录 供下载的附加材料 ❖ 223

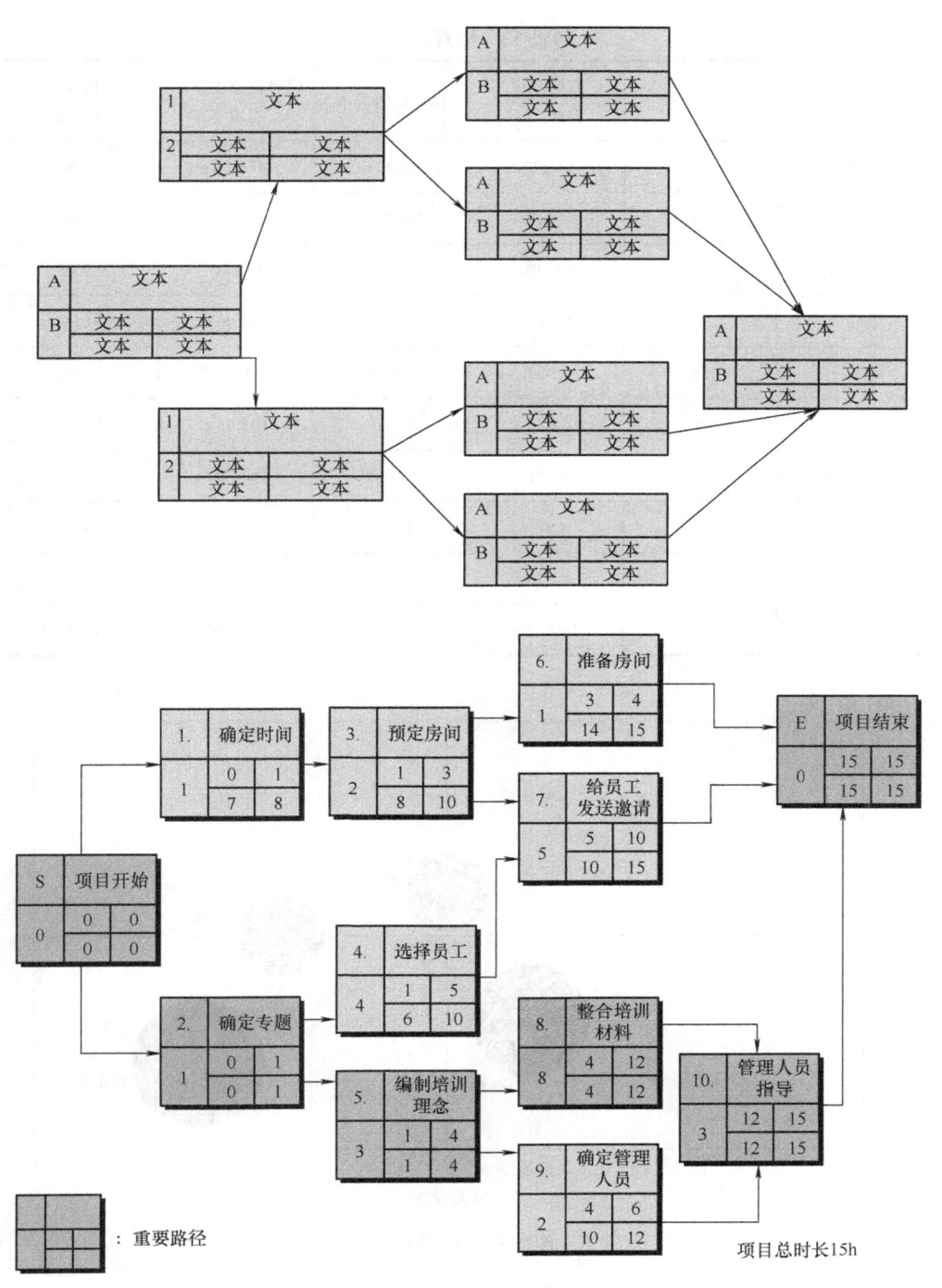

附图 4 网络计划图示例

附表 13 帕累托分析

差错类型	差错频率	差错频率占比（%）	排除差错成本	每种差错类型的总成本	差错成本占比（%）
差错 2	423	44.39%	20.00 €	8460.00 €	63.35%
差错 3	25	2.62%	100.72 €	2518.00 €	18.85%
差错 11	102	10.70%	13.00 €	1326.00 €	9.93%
差错 8	201	21.09%	2.00 €	402.00 €	3.01%
差错 1	58	6.09%	4.13 €	239.54 €	1.79%
差错 12	66	6.93%	2.66 €	175.56 €	1.31%
差错 10	11	1.15%	14.00 €	154.00 €	1.15%
差错 13	62	6.51%	1.00 €	62.00 €	0.46%
差错 7	5	0.52%	3.50 €	17.50 €	0.13%
总计	953	100.00%		13354.60 €	100%

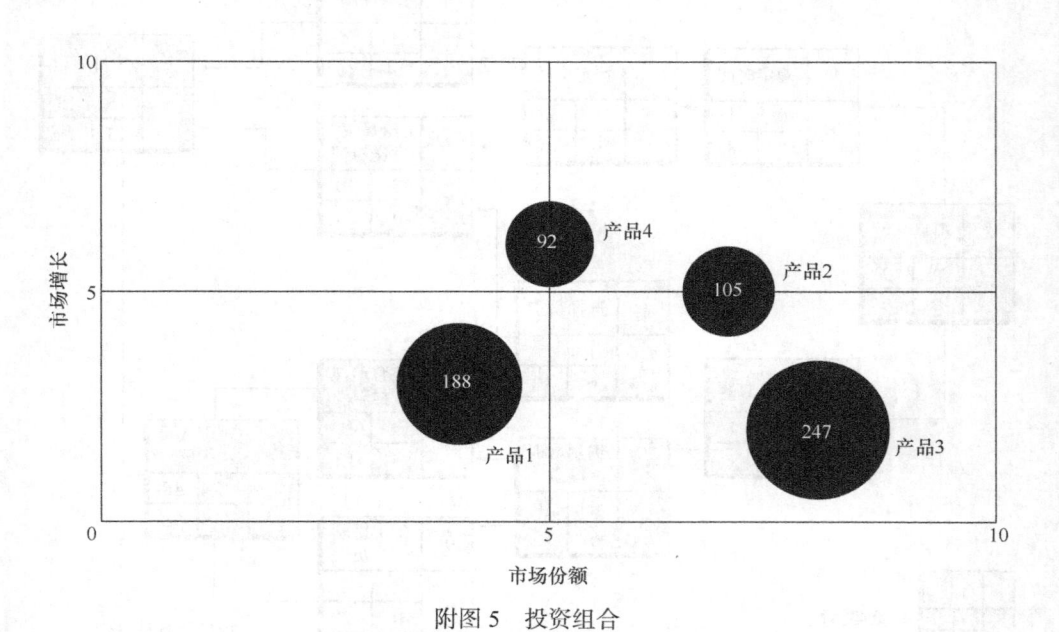

附图 5 投资组合

附录 供下载的附加材料 ❖ 225

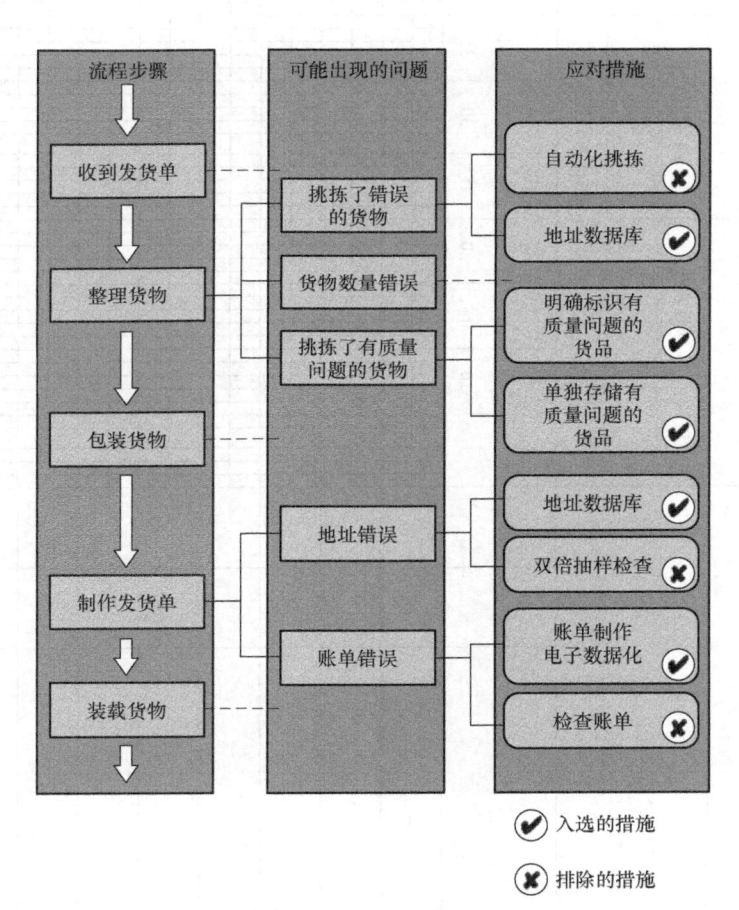

流程步骤	可能出现的问题	应对措施
收到发货单	挑拣了错误的货物	自动化挑拣 ✗
		地址数据库 ✓
整理货物	货物数量错误	
	挑拣了有质量问题的货物	明确标识有质量问题的货品 ✓
包装货物		单独存储有质量问题的货品 ✓
制作发货单	地址错误	地址数据库 ✓
		双倍抽样检查 ✗
	账单错误	账单制作电子数据化 ✓
装载货物		检查账单 ✗

✓ 入选的措施
✗ 排除的措施

附图 6　问题决策计划

附表 14　引入差错管理的项目计划

项目计划　　　　　　　　　　　　　　　　　　　　　　　　日期：

×＝期限　　〇＝完成

项目/项目经理　　　　　　项目号：　　项目类型：　　项目目标：　　项目实际：

序号	任务	职责	部门	2021 年日历周 1~5	6~10	11~15	16~20	21~25	26~30	31~35	36~40	41~45	46~50
1													
2													
3													
4													
5													
6													
7													
8													
9													

(续)

序号	任务	职责	部门	2021年日历周									
				1~5	6~10	11~15	16~20	21~25	26~30	31~35	36~40	41~45	46~50
10													
11													
12													
13													
14													
15													
16													
17													
18													
19													
20													

附表 15 差错评估流程

过程/活动	执行（D）	参与（M）	信息（I）	输入 输出 解释
开始 → 同现存数据进行对比	员工			发现差错，引入应急措施
鉴别和检查偏差	员工			员工识别差错并将其录入到差错收集卡中
排除的可能	员工			员工对偏差进行检查和确认
否/是				员工检查差错是否可以排除
引入应急措施	员工	领导		员工引入应急措施并将差错记录在案，并使用差错工具中的措施
向上级传达信息	员工	领导		排除错误超出了员工的职责范围，因此他通知了上司
对流程差错进行分类和评估	员工			完成数据收集和应急措施的启动，并触发了对差错进行分类和评估的下个流程

附表 16 差错识别过程

过程/活动	执行 (D)	参与 (M)	信息 (I)	输入 / 输出 / 解释
开始				领导 / 差错
识别并记录差错	员工			员工识别出差错并将其人录入到差错收集卡中
鉴别和检查偏差	员工			员工对偏差进行检查和确认
排除的可能？	员工			员工检查差错是否可以排除
引入应急措施	员工		领导	员工引入应急措施并将差错记录在案，并使用差错工具中的措施
向上级传达信息	员工		领导	排除错误超出了员工的职责范围，因此他通知了上司
对流程差错进行分类和评估	员工			完成数据收集和应急措施的启动，并触发了对差错进行分类和评估的下个流程

附表17 资格矩阵

专业领域：

		工序												生产		重复性活动					
姓名	工序1	工序2	工序3	工序4	工序5	工序6	工序7	工序8	工序9	工序10	工序11	工序12	工序13	工序14	轮班管理	操控	规划	交流	团队合作	其他	
某某	4	1	2	3	×	1	1	2	2	3	×	1	1	1	×	4	×	2	2	×	
		日历周36				日历周38	日历周38					日历周40	日历周40	日历周42							

（续）

专业领域：

姓名	工序														重复性活动					
	工序1	工序2	工序3	工序4	工序5	工序6	工序7	工序8	工序9	工序10	工序11	工序12	工序13	工序14	轮班管理	操控	规划	交流	团队合作	其他
某某	4	1	2	3	×	1	1	2	2	3	×	1	1	1	×	4	×	2	2	×
		日历周36				日历周38	日历周38					日历周40	日历周40	日历周42						

	技能水平
×	不适用
1	培训需求
2	训练有素
3	可以培训
4	培训中

资格评估由以下机构进行： 日期：

232 ❖ 质量管理——以盈利的方式管理差错

数值可以改变		数值计算(计算表)	
物品:	支架		
A-序号:	C2G234824β		
图纸:	UZT1340124357		
检测员:	麦耶尔		
测量设备:	游标卡尺 47.22452		
日期:	10.12.2014		
特征:			
测量单位:	mm		
目标值 μ_{soll}=	740000		
下限UGW=	739500		
上限OGW=	740500		
类数直方图:	20		
$C_{pk}(P_{pk})>$	1.33	工艺无法处理	
$C_{pk}(P_{pk})<$	之间	工艺有条件地处理	
$C_{pk}(P_{pk})<$	1.66	工艺能力范围	
样本量	72		
样本数	36		
每个采样的零件	2		
平均值 μ	739999		
标准偏差 $\sigma(s_{ges})$	0.0112		
X quer控制图			
UEG X Quer	739745		
OEG X Quer	740252		
R控制图			
OEG 范围quer	0.0441		
quer范围	0.0135		
能力值基于VDA第四卷和DGQ	$C_{pu}(P_{pu})$	1.48	
	$C_{po}(P_{po})$	1.49	
	$C_p(P_p)$	1.49	
	$C_{pk}(P_{pk})$	1.48	
评价 $C_{pk}(P_{pk})\geqslant$			工艺有条件地处理

X quer控制图

R控制图

中位数ζ	740000
范围P	0.0630
最小值	739670
最大值	740300

附图 7 X quer 控制图和 R 控制图

附图 8　关系图示例（一）

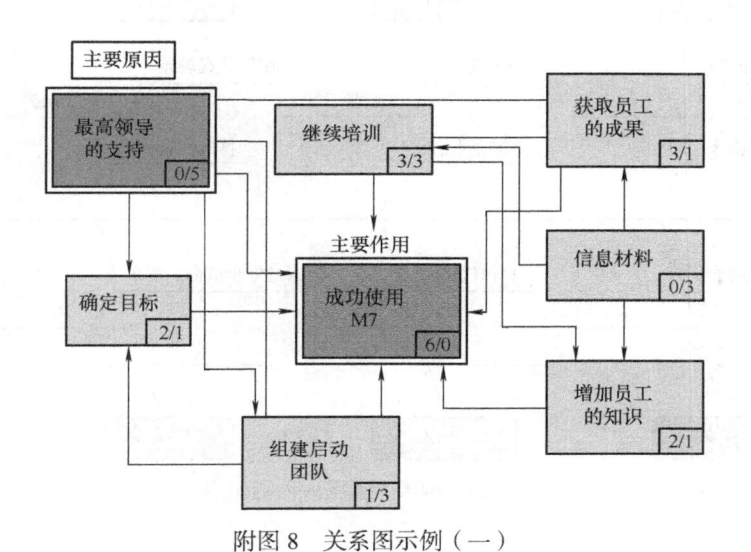

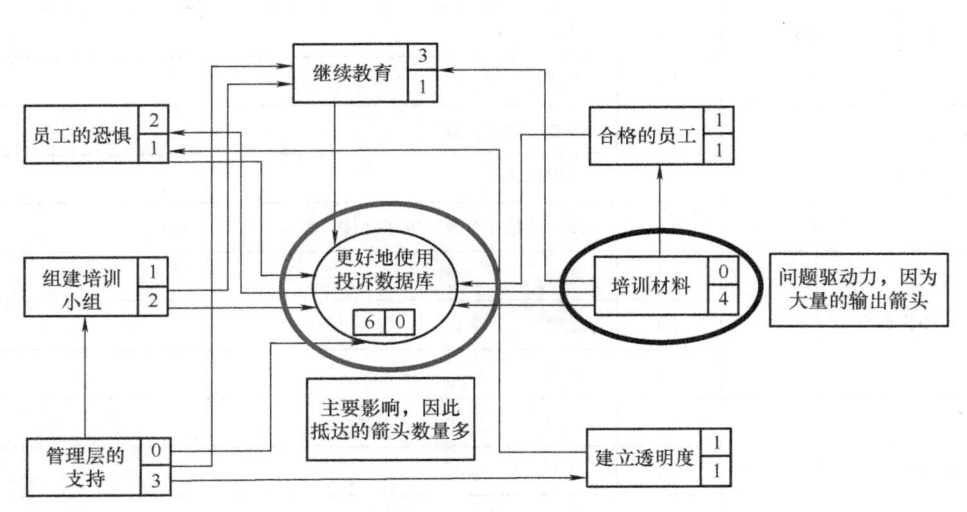

附图 9　关系图示例（二）

质量管理——以盈利的方式管理差错

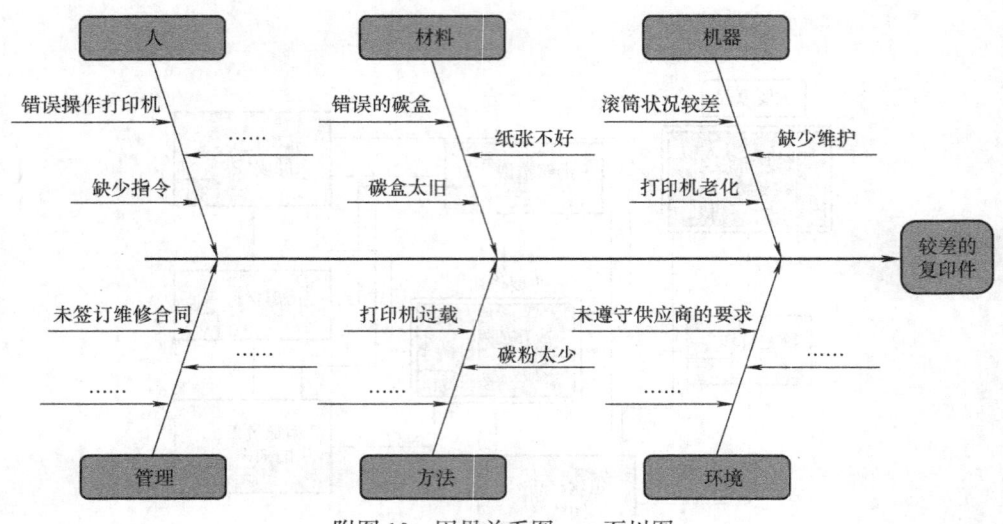

附图10 因果关系图——石川图

鱼骨图分支：
- 人：错误操作打印机、缺少指令、……
- 材料：错误的碳盒、纸张不好、碳盒太旧
- 机器：滚筒状况较差、缺少维护、打印机老化
- 管理：未签订维修合同、……
- 方法：打印机过载、碳粉太少、……
- 环境：未遵守供应商的要求、……

结果：较差的复印件

附表18 信息发布清单

方面		内容
1. 信息	1）	公司
	2）	差错管理
2. 信息内容（示例）	1）	发生的差错
	2）	差错知识库
	3）	差错沟通
3. 信息的形成	1）	内容（数据、数字）
	2）	呈现形式
	3）	传播途径（个人、电子邮件、邮寄、内联网……）
4. 由谁提交	1）	高管
	2）	经理
	3）	员工
5. 给谁	1）	经理
	2）	员工
	3）	客户

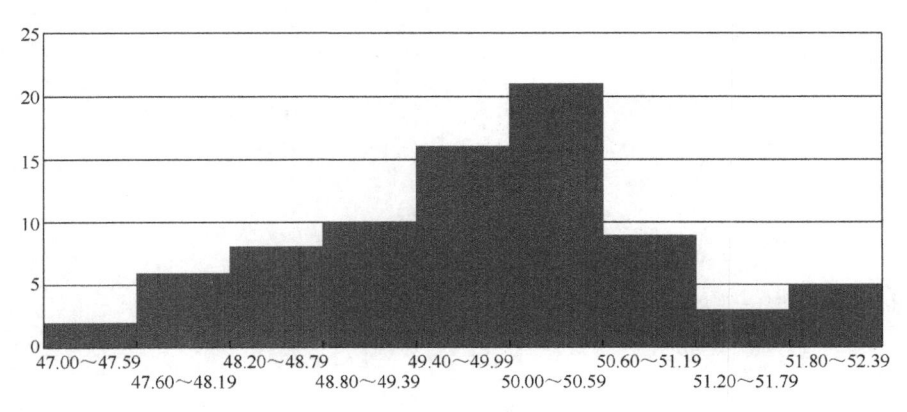

附图 11　直方图示例

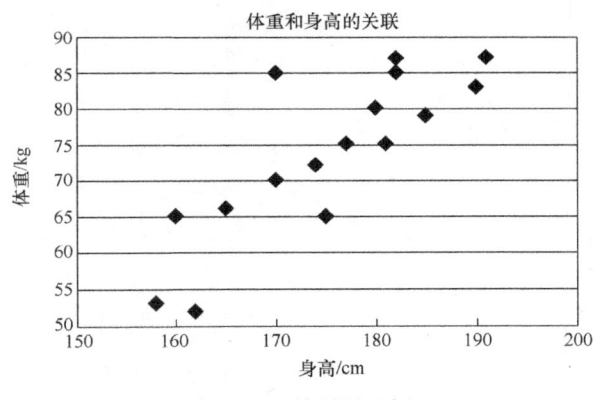

附图 12　关联图示例

头脑风暴的规则

为了使头脑风暴环节获得实用的成果，参与者应该遵守一定的规则。

1）每一个参与者都可以自由地表达意见而不被打断，对个别意见的想法可以在随后的讨论中表达。

2）每个人的意见都很重要，每个参与者都应该（且必须）为头脑风暴做出贡献。不应被少数人支配。

3）时间限制和流程不应过于刻板，如果有一个好的想法，构思过程可能要比讨论花费的时间更长。

4）对提出的想法不予批评。

5）自由表达自己的思想。

6）重要的是想法的数量而非质量。

7）现有的想法可以被采纳和使用。